월배당 **ETF** 재무제표 완전정복

일러두기

1. 이 도서는 저작권법의 보호를 받는 창작물입니다. 개인적인 학습이나 기록 목적이라 하더라도 출판사의 사전 동의 없이 책의 전부 또는 일부를 블로그, SNS 등에 게시하는 행위, 책의 내용을 바탕으로 2차 저작물(ex. 유튜브 영상, 카드뉴스)을 만드는 행위는 저작권법 위반에 해당할 수 있습니다. 독자 여러분의 이해와 협조를 부탁드립니다.

2. 티더블유아이지 출판사의 카카오톡 채널을 친구 추가하시면, 다양한 월배당 ETF 정보와 곧 출간될 〈분기배당 ETF 재무제표 완전정복〉 소식을 카카오톡으로 편리하게 받아보실 수 있습니다.

pf.kakao.com/_nPEGG

월배당 ETF 재무제표 완전정복

미국 회계사 EK 지음

티더블유아이지

프롤로그

직장인이라면 누구나 손꼽아 기다리는 날이 있습니다. 바로 월급날이죠. 한 달에 한 번 받는 월급은 그동안의 피로를 잊게 해줍니다. 그런데 월급을 두 번 받는 사람들도 있습니다. 바로 월배당 ETF 투자자들입니다.

월배당 ETF는 이름 그대로 매달 배당금을 지급하는 ETF를 말합니다. 월배당 ETF에 투자하면 일을 하지 않아도 매달 돈이 들어와 심리적으로 안정감을 얻을 수 있고, 생활비, 교육비 등 고정적인 지출을 배당금으로 해결함으로써 경제적으로 더 윤택한 삶을 누릴 수 있습니다. 나아가 매달 유입된 현금을 ETF에 재투자해 복리 효과를 극대화할 수도 있죠.

그렇다면 수많은 월배당 ETF 중 어떤 것을 골라야 할까요? 단순히 배당을 많이 준다고 해서 다 좋은 ETF일까요? 안타깝게도 그렇지 않습니다.

일부 월배당 ETF는 두 자릿수라는 파격적인 배당수익률로 투자자를 유혹합니다. 그러나 그 달콤한 숫자는 자칫 투자자의 눈을 가리기도 합니다. 높은 배당금의 원천이 우수한 성과에서 비롯된 이익인지, 아니면 투자 원금을 돌려주는 자본반환Return of Capital인지를 꼼꼼히 따져봐야 합니다. 이때 필요한 것이 바로 재무제표입니다. 재무제표는 지난 성과를 보여주는 정직한 성적표이자, 배당의 지속가능성을 엿볼 수 있는 훌륭한 지도입니다. 재무제표를 통해 우리는 ETF가 창출한 손익과 그중 투자자에게 분배된 배당금의 규모를 명확하게 알 수 있습니다.

이 책은 미국 시장에 상장된 85가지 월배당 ETF의 운용 전략을 소개하고, 과거 10년 치 재무제표를 분석합니다. 각자의 투자 성향과 목표에 맞는 ETF를 선별해 포트폴리오를 구성한다면, 누구나 월급보다 든든한 두 번째 월급을 만들 수 있습니다. 이 책이 경제적 자유에 다가가는 첫걸음이 되길 바랍니다.

차례

프롤로그 — 4

PART 1　ETF 투자의 첫걸음

ETF의 기본 개념 — 13
- 펀드와 ETF — 13
- 자산운용사와 총보수 — 14
- 패시브 운용 VS 액티브 운용 — 15
- ETF의 AUM — 16
- NAV와 괴리율 — 18
- 폐쇄형 펀드 — 18

PART 2　매달 배당을 주는 커버드콜 ETF

커버드콜 ETF의 기본 개념 — 23
- 옵션의 이해 — 23
- 커버드콜 전략 — 32

주요 커버드콜 ETF 심층 분석
- 기초자산 – 주요지수 — 39
- 기초자산 – 개별 주식 & 코인 — 77

PART 3 매달 배당을 주는 고배당 ETF

고배당 ETF의 기본 개념 — 113
주요 고배당 ETF 심층 분석 — 114
- 고배당 주식 — 114
- 고배당 주식과 채권 — 149
- 고배당 주식과 커버드콜 전략 — 169

PART 4 매달 배당을 주는 채권 ETF

채권 ETF의 기본 개념 — 187
- 채권의 이해 — 187
- 채권 가격과 금리의 관계 — 188
- 채권의 안정성, 신용등급 — 188
- 채권의 온도계, 듀레이션 — 190
- 신용위험과 금리위험 — 190
- 채권 ETF — 191

주요 채권 ETF 심층 분석 — 192
- 투자등급 채권 — 192
- 투기등급 채권 — 218
- 멀티 섹터 — 230
- 채권과 옵션 매도 — 242

PART 5 매달 배당을 주는 리츠

리츠의 기본 개념 — 251

주요 리츠 심층 분석 — 253
- 리츠 — 253
- 리츠 ETF — 272

PART 6 매달 배당을 주는 BDC

BDC의 기본 개념 — 285

주요 BDC 심층 분석 — 290

PART 7 매달 배당을 주는 MLP

MLP의 기본 개념 — 321

주요 MLP ETF 심층 분석 — 323

PART 8 매달 배당을 주는 멀티애셋 ETF & 펀드 오브 펀드 ETF

멀티애셋 ETF의 기본 개념 — 341

주요 멀티애셋 ETF 심층 분석 — 342

펀드 오브 펀드 ETF의 기본 개념 — 354

주요 펀드 오브 펀드 ETF 심층 분석 — 355

PART 9 매달 배당을 주는 배당 & NAV 성장 ETF

배당 & NAV 성장 ETF의 기본 개념 — 381

주요 배당 & NAV 성장 ETF 심층 분석 — 382

PART 10 포트폴리오 완성하기

투자자가 빠지기 쉬운 7가지 함정 — 413
- 특정 섹터 & 전략으로만 구성하는 함정 — 414
- 신규 ETF로만 구성하는 함정 — 415
- 배당수익률이 높은 ETF로만 구성하는 함정 — 415
- 금리 민감도가 높은 ETF로만 구성하는 함정 — 416
- 변동성이 높은 ETF로만 구성하는 함정 — 417
- 운용자산 규모가 작은 ETF로만 구성하는 함정 — 418
- 총보수가 높은 ETF로만 구성하는 함정 — 419
- 총정리 — 420

에필로그 — 422

PART 1

ETF 투자의 첫걸음

ETF의
기본 개념

🎯 펀드와 ETF

펀드Fund란 여러 투자자의 자금을 모은 다음, 투자 전문가인 자산 운용사가 이를 대신 운용해 주고, 그 성과를 투자자에게 돌려주는 금융 상품입니다. 투자자는 펀드를 통해 적은 돈으로도 전문가에게 운용을 맡길 수 있고, 여러 자산에 손쉽게 분산 투자하는 효과를 누릴 수 있습니다. 하지만 펀드는 가입과 해지가 번거롭고 불편하다는 단점이 있죠. 그래서 등장한 것이 바로 ETFExchange Traded Fund입니다.

ETF란 이름 그대로 주식시장Exchange에서 매매가 가능한Traded 펀드Fund를 말합니다. 주식시장에 상장되어 있어 주식처럼 실시간으로 거래가 가능합니다. 시중에는 주식형, 채권형 등 다양한 종류의 ETF가 있는데, 월배당 ETF는 현금 창출 능력이 우수한 자산에 투자하고, 여기서 발생하는 현금을 투자자에게 매월 배당*으로 지급하는 ETF를 통칭합니다. 월배당 ETF에 투자하면 월급처럼 매달 비교적 일정한 현금이 들어오므로 생활비 등의 예산 계획을 짜기 쉽고, 받은 배당금을 곧바로 재투자해 복리 효과를 극대화할 수 있다는 장점이 있습니다. 이러한 특징 덕분에 매달 수입이 필요한 은퇴자나 정기적인 현금흐름을 원하는 투자자에게 인기가 많습니다.

자산운용사와 총보수

자산운용사는 ETF를 설계하고 운용하는 전문 기관입니다. 해외에는 블랙록BlackRock, 뱅가드Vanguard, 인베스코Invesco 등 세계적인 자산운용사들이 있습니다. 이들이 운용하는 펀드 자산만 수백조 원에서 수천조 원에 이릅니다.

총보수는 ETF 운용에 들어가는 모든 비용을 의미하며 운용보수, 판매 수수료, 신탁보수, 사무처리 비용 등이 포함됩니다. ETF 투자자가 부담하는 일종의 연간 구독료 또는 관리비라고 생각하면 쉽습니다.

---

* ETF에서 받는 수익금은 분배금입니다. 이 책에서는 이해를 돕기 위해 분배금 대신 배당 또는 배당금이라는 용어를 사용했습니다.

물론 이 비용을 투자자가 따로 납부하는 것은 아닙니다. 총보수는 이미 ETF 가격에 반영되어 있기 때문에* 별도로 계산하거나 신경 쓸 필요 없이 시장가격대로 매매하면 됩니다.

동일한 목표와 구조를 갖는 ETF라면 총보수가 낮은 ETF를 선택하는 것이 수익률을 높이는 데 도움이 되겠죠?

🎯 패시브 운용 VS 액티브 운용

ETF의 운용 방식은 크게 패시브Passive 운용과 액티브Active 운용으로 나뉩니다.

패시브 운용은 특정 지수Index를 그대로 따라가는 방식입니다. S&P 500, 나스닥 100, 코스피 200 같은 대표 지수와 거의 동일한 수익률을 내는 것을 목표로 합니다. 이를 위해 펀드매니저는 지수 구성 종목을 그대로 복사해서 보유합니다. 운용 과정이 단순하므로 총보수가 저렴하다는 장점이 있습니다.

액티브 운용은 펀드매니저가 자신의 판단으로 투자 종목을 선정하고 비중을 조절하는 방식입니다. 시장 평균 수익률을 뛰어넘는 것을 목표로 합니다. 전문가의 판단이 개입되므로 총보수가 높고, 운용 역량에 따라 성과가 크게 달라지는 특징이 있습니다.

---

* 연간 총보수를 일 단위로 나눠 매일 ETF의 순자산가치(NAV)에서 차감합니다.

ETF의 AUM

AUM_{Assets Under Management}은 ETF의 운용자산 규모를 뜻합니다. 투자 자금이 유입되거나 보유 자산의 가치가 상승하면 AUM이 증가하고, 반대의 경우에는 감소합니다.

AUM은 ETF의 인기와 안정성을 가늠할 수 있는 핵심 지표로, 규모가 클수록 투자자에게 유리합니다. 자산 규모가 큰 ETF는 거래량이 풍부해 원할 때 쉽게 사고 팔 수 있으며, 풍부한 유동성 덕분에 매수호가와 매도호가 간의 차이(스프레드)가 좁아져 매매 시 발생하는 숨은 비용을 줄일 수 있습니다.* 또한 운용보수를 더 많은 투자자가 나눠 부담하기 때문에 상대적으로 낮은 수수료가 적용되는 경우가 많습니다. 한편 운용사 입장에서도 AUM이 클수록 규모의 경제가 작동해 보다 안정적이고 효율적인 운용이 가능해집니다.

반면 AUM이 작은 ETF는 몸집이 가벼운 만큼 시장 변화에 빠르게 대응할 수 있고, 우량한 중소형 종목의 비중을 늘리기 쉽다는 장점이 있습니다. 그러나 거래량이 적어 원하는 시점에 매매하기가 어렵고, 호가 스프레드가 넓어 거래비용이 높아질 수 있습니다. 또한 운용사 입장에서 수익성이 낮은 ETF로 분류되어 관리 우선순위에서 밀리거나, 경우에 따라 상장폐지가 될 위험이 존재합니다. 따라서 특

---

* 현재가가 10,500원일 때, 매수호가가 10,400원이고 매도호가가 10,600원이라면 스프레드는 200원입니다. 매수자는 10,600원에, 매도자는 10,400원에 거래해야 하므로 각각 100원씩 불리합니다. 반면 호가가 촘촘해서 매수호가가 10,490원, 매도호가가 10,510원이라면 스프레드가 20원으로 줄어들어 거래비용을 절약할 수 있습니다.

별한 목적이 있는 게 아니라면 AUM이 큰 ETF를 선택하는 것이 좋습니다.

그렇다면 AUM이 어느 정도 되는 ETF에 투자해야 할까요? 미국 시장 기준, AUM 규모에 따른 ETF의 구분은 다음과 같습니다.*

AUM 규모에 따른 ETF의 구분

ETF의 구분	AUM 규모 (단위: $)	원화 환산 금액 ($1=₩1,400)	특징
초대형 ETF	10B 이상	14조 원 이상	시장을 대표하는 최상위 ETF로 안정성과 유동성이 매우 뛰어남.
대형 ETF	5B~10B	7조 원~ 14조 원	신뢰도 높은 우량 ETF로 유동성이 풍부해 안정적인 거래가 가능함.
중형 ETF	1B~5B	1.4조 원~ 7조 원	시장에서 검증이 완료되어 안정 궤도에 오른 ETF로 유동성이 양호함.
중소형 ETF	500M~1B	7,000억 원~ 1.4조 원	성공적인 틈새 상품으로 자리 잡아 상장폐지 위험이 현저히 낮아짐.
소형 ETF	100M~500M	1,400억 원~ 7,000억 원	최소 생존 기준($100M)**은 통과했지만 유동성 확인이 필요함.
초소형· 신규 ETF	100M 미만	1,400억 원 미만	유동성이 부족하고 상장폐지 위험이 높아 각별한 주의가 필요함.

---

* 공식적인 기준이 있는 것은 아니므로 참고 지표로만 활용하세요.
** 업계에서 통용되는 기준이지만, 섹터나 전략에 따라 차이가 있습니다.

🎯 NAV와 괴리율

NAV$^{\text{Net Asset Value}}$는 ETF의 주당 순자산가치를 뜻합니다. ETF가 보유한 모든 자산의 현재가치 총합에서 부채를 차감한 값을 ETF 발행주식 수로 나눠 계산합니다. 예를 들어, ETF가 보유한 모든 자산의 현재가치가 1,200억 원, 부채가 200억 원, 발행주식 수가 1,000만 주라면 ETF의 NAV는 10,000원이 됩니다. 이렇게 계산된 NAV는 ETF 1주의 본질적인 가치를 나타내며, ETF의 이론상 가격이라고 할 수 있습니다.

NAV가 ETF의 이론상 가격이라면, 시장가격은 주식시장에서 수요와 공급에 의해 실시간으로 결정되는 가격을 의미합니다. 그리고 이 둘의 차이를 괴리율$^{\text{Premium/Discount}}$이라고 부릅니다. 예를 들어, NAV가 10,000원인 ETF의 시장가격이 10,300원이라면 괴리율은 +3%이고, 9,700원이라면 -3%가 됩니다. 괴리율이 플러스(+)이면 시장가격이 NAV보다 높은 '프리미엄(고평가)' 상태임을, 마이너스(-)이면 시장가격이 NAV보다 낮은 '할인(저평가)' 상태임을 의미합니다. 이처럼 투자자는 NAV를 기준으로 ETF의 내재가치를 파악하고, 현재의 시장가격이 적정한지 판단할 수 있습니다.

🎯 폐쇄형 펀드

이 책에서는 ETF뿐만 아니라, ETF와 유사하면서도 다른 특징을 지닌 폐쇄형 펀드$^{\text{Closed-End Fund, CEF}}$를 함께 다룹니다. 폐쇄형 펀드는

ETF와 마찬가지로 증권거래소에 상장되어 있어 주식처럼 손쉽게 매매가 가능하지만, 운용 방식에서 차이를 보입니다.

뮤추얼 펀드*와 같은 일반적인 개방형 펀드는 투자자가 언제든 자금을 추가 납입(설정)하거나 현금으로 돌려받을(환매할) 수 있습니다. 반면 폐쇄형 펀드는 최초 모집 시에 정해진 수의 주식만 발행하고, 그 이후에는 추가적인 자금 유입이나 투자금을 돌려주는 방식의 환매가 원칙적으로 허용되지 않습니다. 따라서 투자자가 자금을 회수하려면, 증권시장에서 다른 투자자에게 주식처럼 매도해야만 합니다.

이러한 방식으로 인해 폐쇄형 펀드는 다음과 같은 특징을 갖습니다. 첫째, NAV와 시장가격의 괴리가 상대적으로 큽니다. ETF는 설정·환매 메커니즘을 통해 NAV와 시장가격의 차이를 지속적으로 조정하지만, 주식 수가 고정된 폐쇄형 펀드는 이러한 메커니즘을 활용할 수 없습니다. 그 결과 투자자들의 심리와 수급에 따라 NAV 대비 프리미엄 또는 할인된 가격으로 거래되는 경우가 많습니다. 둘째, 펀드 운용을 보다 유연하게 할 수 있습니다. 개방형 펀드는 투자자의 환매 요구에 대응하기 위해 항상 일정 수준의 현금을 보유해야 하지만, 폐쇄형 펀드는 환매 의무가 없어 이러한 제약에서 자유롭습니다. 덕분에 펀드매니저는 단기적인 자금 유출입에 구애받지 않고 더 장기적인 관점에서 포트폴리오를 운용할 수 있으며, 부동산이나 비상장주식처럼 유동성이 낮은 자산에도 적극적으로 투자할 수 있습니다.

---

* 상장되지 않은 펀드로, 투자자는 펀드 운용사(혹은 판매사)를 통해서만 가입이나 환매를 요청할 수 있습니다.

PART 2

매달 배당을 주는

커버드콜 ETF

커버드콜 ETF의
기본 개념

 **옵션의 이해**

옵션 계약

옵션Option은 구조가 매우 복잡한 금융 상품입니다. 일반 투자자가 그 원리와 구조를 모두 이해하기란 쉽지 않습니다. 다행히 커버드콜 ETF를 이해하는 데 필요한 지식은 그중 일부에 불과합니다. 지금부터 꼭 알아야 할 핵심 내용을 중심으로 최대한 쉽게 설명드리겠습니다.

옵션이란 특정 자산을 미리 정한 가격(행사가)으로, 미래의 특정 시점(만기일)에 사거나 팔 수 있는 권리입니다. 우리에게 친숙한 애플Apple

주식을 예로 들어보겠습니다.

현재 애플 주가가 $180이라고 가정해 봅시다. 철수는 한 달 후 애플 주가가 오를 것으로 예상하고, 영희는 떨어질 것으로 예상합니다. 이에 영희는 한 달 후 애플 주식을 $190에 '살 수 있는 권리'를 증서 형태로 만들어 $5에 매도(판매)하고, 철수는 이 권리를 매수(구매)합니다. 그 결과 두 사람 사이에는 아래와 같은 내용의 계약이 체결됩니다. 이렇게 권리를 사고파는 행위가 바로 옵션 계약입니다.

권리 증서(옵션 계약)
- **기초자산**: 애플 주식
- **만기일**: 지금으로부터 1개월 후
- **행사가격**: $190
- **옵션 프리미엄**: $5
- **옵션 매수자(구매자)**: 철수
- **옵션 매도자(판매자)**: 영희

한 달 후 애플 주가에 따라 철수와 영희의 투자 결과가 어떻게 달라지는지 살펴봅시다.

① 주가가 $300으로 크게 상승한 경우

철수는 '살 수 있는 권리'를 행사하여 영희로부터 애플 주식을 $190에 매수한 뒤, 바로 $300에 매도합니다. 이로써 $110($300 - $190)의 차익을 얻게 되고, 최종 손익은 권리 증서 구매 비용(옵션 프리미엄) $5를 차감한 $105입니다.

영희는 현재 주가가 $300인 애플 주식을 철수에게 $190에 넘겨야 하므로 $110을 손해봅니다. 다만, 권리 증서를 판매해 $5를 받았기 때문에 최종 손익은 -$105입니다.

② 주가가 $195로 소폭 상승한 경우

철수는 '살 수 있는 권리'를 행사하여 영희로부터 애플 주식을 $190에 매수한 뒤, 바로 $195에 매도해 $5의 차익을 얻습니다. 그러나 권리 증서 구매 비용으로 $5를 지불했기 때문에 최종 손익은 $0입니다.

영희는 현재 주가가 $195인 애플 주식을 철수에게 $190에 넘겨야 하므로 $5를 손해봅니다. 그러나 권리 증서를 판매해 $5를 받았기 때문에 최종 손익은 $0입니다.

③ 주가가 $180으로 동일한 경우

철수는 $190에 애플 주식을 살 수 있는 권리를 행사하지 않습니다. 현재 주가가 더 저렴하므로 주식시장에서 직접 매수하면 되기 때문입니다. 따라서 권리는 행사되지 않고 만료되며, 최종 손익은 권리 증서 구매에 쓴 -$5입니다.

영희는 옵션의 권리가 행사되지 않았으므로 권리 증서 판매 금액인 $5를 수익으로 얻습니다.

한 달 후 애플 주가에 따른 철수와 영희의 손익 그래프는 다음과 같습니다.

만기일 애플 주가에 따른 손익 그래프

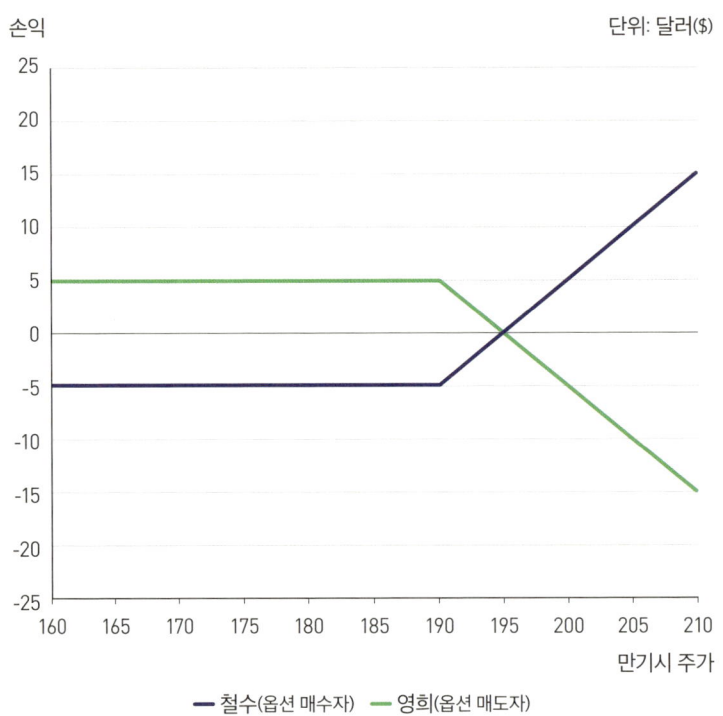

철수(옵션 매수자) – 주가가 $190 이하에서는 권리를 행사하지 않으므로 최종 손실은 권리 증서 구매 비용인 $5로 고정됩니다. 주가가 $190~$195 사이에서는 손실이 점차 줄어들며, 손익분기점BEP은 $195입니다. 주가가 $195 이상에서는 수익이 계속 증가합니다. 주가 상승에는 상한선이 없으므로 이론상 철수는 무한대의 수익을 얻을 수 있습니다.

영희(옵션 매도자) – 주가가 $190 이하에서는 철수가 권리를 행사하지 않으므로 최종 수익은 권리 증서 판매 금액인 $5로 고정됩니다. $190~$195 사이에서는 수익이 점차 줄어들며, 손익분기점은 $195입니다. 주가가 $195 이상에서는 손실이 계속 증가합니다. 주가 상승에는 상한선이 없으므로 이론상 영희는 무한대의 손실을 볼 수 있습니다.

여기서 한 가지 의문이 생깁니다. 주가 상승이 예상된다면 곧바로 주식을 매수하면 될 텐데, 왜 굳이 비용을 지불하며 옵션을 매수하는 것일까요? 여러 이유가 있지만, 레버리지^{Leverage} 효과로 수익을 극대화할 수 있다는 점을 꼽을 수 있습니다. 현재 애플 주식 1주를 사기 위해서는 $180이 필요합니다. 하지만 주식을 직접 사는 대신, 옵션 4계약(권리 증서 4장)*을 매수하면 $20만 있어도 됩니다.

한 달 후 애플 주가가 $250으로 상승했다고 가정해보죠. 애플 주식 1주를 보유한 투자자의 수익은 $70입니다. 반면 옵션 매수자는 권리를 행사해 $190에 주식을 살 수 있고, 이를 $250에 매도하면 $60이 남습니다. 4계약을 체결했으므로 옵션에서 총 $240($60 × 4)의 수익이 발생합니다. 최종 손익은 옵션 프리미엄 $20을 제외한 $220입니다. 결과적으로 주식 매수(투자금 $180)보다 훨씬 적은 금액(투자금 $20)으로 더 큰 수익을 올렸습니다.

지금까지의 설명만 보면 옵션 매수가 옵션 매도보다 구조적으로 유리해 보입니다. 그렇다면 왜 누군가는 큰 손실 위험을 감수하면서까

---

* 책에서는 옵션 1계약을 주식 1주로 단순화해 설명했지만, 실제 미국 옵션 시장에서는 옵션 1계약 = 주식 100주가 표준입니다.

지 옵션을 매도하는 것일까요? 그 답은 주가가 움직일 '확률'에 있습니다. 만기일의 주가 움직임은 아래 5가지 국면으로 나뉩니다.

① 대폭 하락
② 소폭 하락
③ 변동 없음(보합)
④ 소폭 상승
⑤ 대폭 상승

①, ②, ③ 국면에서는 주가가 행사가보다 낮으므로 옵션 매수자가 권리를 행사하지 않습니다. 그 결과 옵션 매도자는 권리 증서 판매 금액(옵션 프리미엄)을 수익으로 얻습니다.

주가 상승이 예상될수록 옵션 프리미엄은 비싸집니다. 이 때문에 ④ 국면처럼 주가가 행사가보다 소폭 높더라도 이를 넘어서는 옵션 프리미엄 덕분에 옵션 매도자가 수익을 얻을 가능성이 높습니다. 한편 ⑤ 국면처럼 주가가 행사가를 크게 웃돌면 옵션 매수자가 큰 수익을 얻습니다.

정리하면 옵션 매도자는 ①~④ 국면에서 모두 이익을 봅니다. 만기일에 주가는 대부분 ①~④에 있으므로 옵션 매도자는 적은 수익을 자주 얻습니다. 이것이 옵션을 매도하는 주된 이유입니다. 그러나 예상과 달리 ⑤ 국면이 펼쳐지면 옵션 매도자는 한 번에 큰 손실을 입습니다.

콜옵션과 풋옵션

주가 상승이 예상되면 '살 수 있는 권리'를 매수하면 됩니다. 반대로 주가 하락이 예상되면 '팔 수 있는 권리'를 매수하면 됩니다. 하락한 시점에 주식을 매수한 후, 미리 정해진 가격(높은 가격)으로 매도하면 시세 차익을 얻을 수 있습니다.

이처럼 주가 상승(정확히는 기초자산의 가격 상승)을 예상해 만기일(또는 그 이전)에 정해진 가격으로 '살 수 있는' 권리를 부여하는 옵션을 콜옵션Call Option, 주가 하락을 예상해 만기일(또는 그 이전)에 정해진 가격으로 '팔 수 있는' 권리를 부여하는 옵션을 풋옵션Put Option이라고 합니다. 풋옵션의 예시도 살펴보겠습니다.

현재 애플 주가가 $180이라고 가정해 봅시다. 철수는 주가 하락을, 영희는 주가 상승을 예상합니다. 이에 영희는 '한 달 후 애플 주식을 $170에 팔 수 있는 권리'를 증서로 만들어 $5에 매도(판매)하고, 철수는 이 권리를 매수(구매)합니다. 둘 사이에 아래와 같은 옵션 계약이 체결됩니다.

권리 증서(옵션 계약)
- **기초자산**: 애플 주식
- **만기일**: 지금으로부터 1개월 후
- **행사가격**: $170
- **옵션 프리미엄**: $5
- **옵션 매수자(구매자)**: 철수
- **옵션 매도자(판매자)**: 영희

한 달 후 애플 주가에 따라 철수와 영희의 투자 결과가 어떻게 달라지는지 살펴봅시다.

① 주가가 $100으로 크게 하락한 경우

철수는 주식시장에서 애플 주식을 $100에 매수한 뒤, '팔 수 있는 권리'를 행사하여 영희에게 $170에 매도합니다. 이로써 $70($170 - $100)의 차익을 얻게 되고, 최종 손익은 권리 증서 구매 비용(옵션 프리미엄) $5를 차감한 $65입니다.

영희는 현재 주가가 $100인 애플 주식을 철수로부터 $170에 사야 하므로 $70을 손해봅니다. 다만 권리 증서를 판매해 $5를 받았기 때문에 최종 손익은 -$65입니다.

② 주가가 $165로 소폭 하락한 경우

철수는 주식시장에서 애플 주식을 $165에 매수한 뒤, '팔 수 있는 권리'를 행사하여 영희에게 $170에 매도하고 $5의 차익을 얻습니다. 그러나 권리 증서 구매 비용으로 $5를 지불했기 때문에 최종 손익은 $0입니다.

영희는 현재 주가가 $165인 애플 주식을 철수로부터 $170에 사야 하므로 $5를 손해봅니다. 그러나 권리 증서를 판매해 $5를 받았기 때문에 최종 손익은 $0입니다.

③ 주가가 $180으로 동일한 경우

철수는 $170에 애플 주식을 팔 수 있는 권리를 행사하지 않습니다. 주식시장에서 직접 $180에 파는 것이 더 유리하기 때문입니다. 따라서 권리는 행사되지 않고 만료되며, 최종 손익은 권리 증서 구매에 쓴 -$5입니다.

영희는 옵션의 권리가 행사되지 않았으므로 권리 증서 판매 금액인 $5를 수익으로 얻습니다.

한 달 후 애플 주가에 따른 철수와 영희의 손익 그래프는 다음과 같습니다.

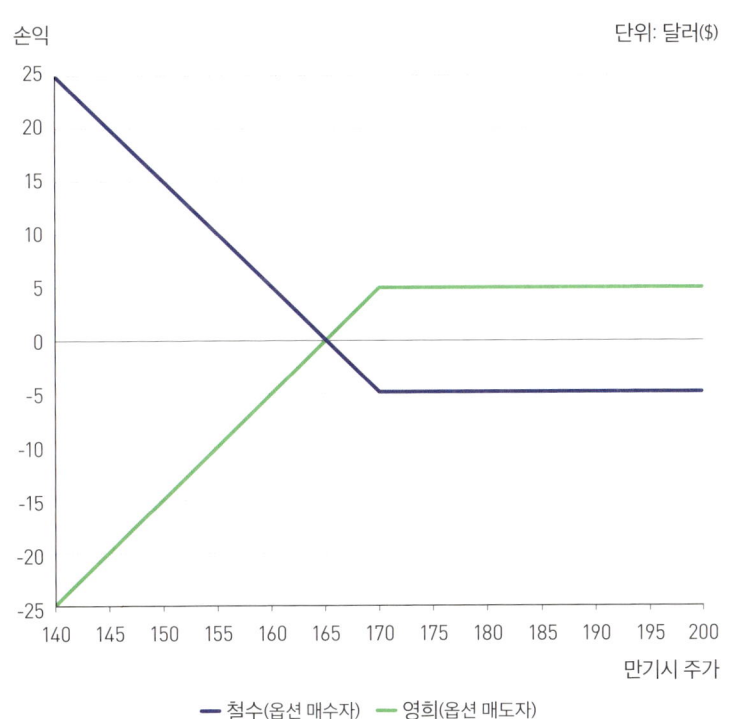

철수(옵션 매수자) – 주가가 $170 이상에서는 권리를 행사하지 않으므로 최종 손실은 권리 증서 구매 비용인 $5로 고정됩니다. 주가가 $165~$170 사이에서는 손실이 점차 줄어들며, 손익분기점BEP은 $165입니다. 주가가 $165 이하에서는 수익이 계속 증가합니다. 다만 주가는 $0 아래로 내려갈 수 없으므로 이론상 철수의 최대 수익은 제한적입니다.

　　영희(옵션 매도자) – 주가가 $170 이상에서는 철수가 권리를 행사하지 않으므로 최종 수익은 권리 증서 판매 금액인 $5로 고정됩니다. 주가가 $165~$170 사이에서는 수익이 점차 줄어들며, 손익분기점은 $165입니다. 주가가 $165 이하에서는 손실이 계속 늘어납니다. 다만 주가는 $0 아래로 내려갈 수 없으므로 이론상 영희의 최대 손실도 제한적입니다.

　　참고로 예시에서는 옵션 매도자인 영희가 권리 증서를 만들어 판매하는 것으로 설명했지만, 실제로는 매수자와 매도자 모두 자신이 원하는 조건에 맞춰 권리 증서를 발행할 수 있습니다. 상대방이 이에 동의하면 옵션 계약이 체결됩니다.

🎯 커버드콜 전략

커버드콜 전략의 구조와 한계

　　옵션의 기본 개념을 알았으니 이제 커버드콜Covered Call 전략에 대해 살펴보겠습니다.

커버드콜은 특정 기초자산을 보유한 상태에서 해당 자산의 콜옵션을 매도하는 투자 전략입니다. 이해를 돕기 위해 다시 애플 주식으로 예시를 들어보겠습니다.

현재 애플 주가는 $180이고, 이 주식 1주를 보유한 영희는 추가 수익을 얻기 위해 아래와 같은 조건의 콜옵션을 매도합니다.

콜옵션 조건
- **기초자산**: 애플 주식
- **만기**: 한 달 후
- **행사가격**: $190
- **옵션 프리미엄**: $5

한 달 후 애플 주가에 따라 주식만 보유한 경우와 주식을 보유하면서 동시에 콜옵션을 매도한 경우(커버드콜 전략)의 손익을 비교해 보겠습니다.

① 주가가 $100으로 크게 하락한 경우

주식만 보유했다면 $80($100 - $180)을 손해봅니다. 반면 커버드콜 전략을 사용하면 주식에서 발생한 손실($80)을 옵션 프리미엄($5)이 상쇄해 최종 손익이 -$75로 줄어듭니다.

② 주가가 $175로 소폭 하락한 경우

주식만 보유했다면 $5($175 - $180)를 손해봅니다. 반면 커버드콜 전략을 사용하면 주식에서 발생한 손실($5)을 옵션 프리미엄($5)이 상쇄해 최종 손익은 $0이 됩니다.

③ 주가가 $180으로 변동이 없을 경우

주식만 보유했다면 손익은 $0입니다. 반면 커버드콜 전략을 사용하면 옵션 프리미엄($5)이 발생해 총 $5의 수익을 얻습니다.

④ 주가가 $195로 소폭 상승한 경우

주식만 보유했다면 $15($195 - $180)를 수익으로 얻습니다. 커버드콜 전략을 사용하면 주가 상승으로 $15의 수익이 발생하고, 옵션의 손익은 $0이므로 최종 손익은 $15가 됩니다. 즉, 이 지점에서는 두 전략의 손익이 같습니다.

⑤ 주가가 $200으로 소폭 상승한 경우

주식만 보유했다면 $20($200 - $180)의 수익을 얻습니다. 반면 커버드콜 전략을 사용하면 주식에서 $20의 수익을 얻지만, 옵션에서 $5의 손실이 발생해 최종 손익은 $15로 줄어듭니다.

⑥ 주가가 $300으로 대폭 상승한 경우

주식만 보유했다면 $120($300 - $180)의 수익을 얻습니다. 반면 커버드콜 전략을 사용하면 주식에서 $120의 수익을 얻지만, 옵션에서 $105의 큰 손실이 발생해 최종 손익은 $15로 줄어듭니다.

한 달 후 애플 주가 변화에 따른 두 전략의 손익 그래프는 다음과 같습니다.

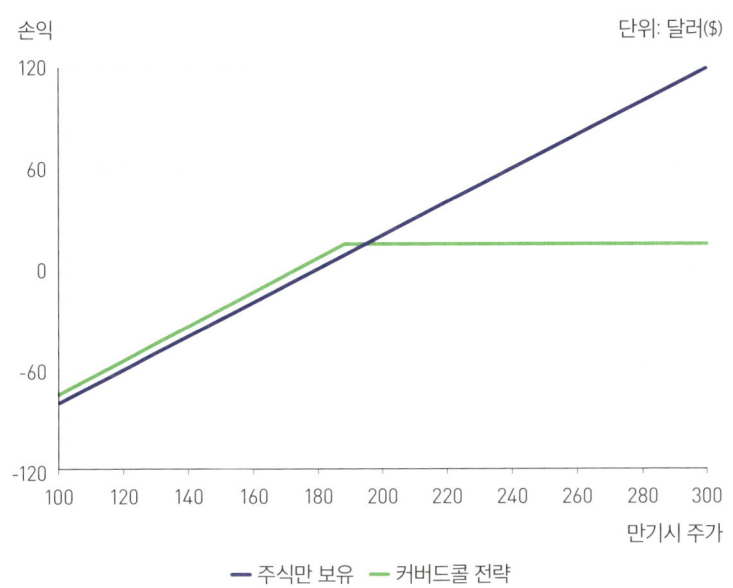

만기일 애플 주가에 따른 두 전략의 손익 그래프

주가가 하락하거나 소폭으로 상승하는 구간에서는 커버드콜 전략의 성과가 더 좋습니다. 그러나 상대적으로 성과가 좋다는 뜻이지, 손실이 나지 않는다는 의미는 아닙니다. 그래프에서 볼 수 있듯이 기초자산의 가격이 크게 하락하면 커버드콜 전략도 옵션 프리미엄을 제외한 금액만큼 큰 손실이 발생합니다. 한편 주가가 행사가격($190)을 넘어서면, 그 이상으로 주가가 올라도 옵션에서 그에 비례해 손실이 발생하므로 최종 손익이 $15로 고정됩니다. 즉 강세장에서는 주가(기초자산)의 상승을 온전히 따라가지 못합니다.

커버드콜 전략의 이러한 특성은 주가가 한번 폭락하면 이후 반등을 하더라도 원금이 회복되지 않는다는 구조적인 문제를 야기합니다. 예를 들어, 현재 $180인 주가가 한 달 후 $100으로 폭락했다가(구간 1), 그다음 달 다시 $180으로 반등하는 상황(구간 2)을 가정해 봅시다. 아래 표를 함께 봐주세요.

주식만 보유했다면, 구간 1에서 $80의 손실이 발생하지만, 구간 2에서 $80의 수익이 발생해 최종 손익은 $0이 됩니다.

반면 커버드콜 전략을 사용하면, 구간 1에서 주식 손실 $80과 옵션 프리미엄 수익 $5가 발생해 최종 손익이 -$75가 됩니다. 구간 1만 놓고 보면 커버드콜 전략의 성과가 더 좋습니다. 그렇다면 구간 2는 어떨까요?

구간 2에서는 현재 주가인 $100에 맞춰 행사가격 $110인 콜옵션을 $5에 매도합니다. 한 달 후 주가가 $180으로 반등했습니다. 주식에서는 $80의 수익이 발생하지만, 옵션에서 $70의 손실이 발생하고, 옵션 프리미엄 수익 $5를 더하면 구간 2의 최종 손익은 $15입니다.

구간 1에서 두 전략의 손익

	구간1		손익
주식 보유	-$80		-$80
커버드콜	-$80	$5	-$75

구간 2에서 두 전략의 손익

	구간1			손익
주식 보유	$80			$80
커버드콜	$80	-$70	$5	$15

이제 두 구간의 손익을 합산해 봅시다. 구간 1에서 $75의 손실이 발생했고, 구간 2에서 $15의 수익이 발생해 최종 손익은 -$60이 됩니다. 이처럼 폭락 후 반등하는 국면에서는 단순히 주식만 보유했을 때와 비교해 커버드콜 전략의 성과가 현저히 부진하다는 점을 알 수 있습니다.

구간 2에서 두 전략의 손익

	손익
주식 보유	$0
커버드콜	-$60

정리하면, 주가가 큰 폭으로 하락할 때는 커버드콜 전략 역시 크게 하락하므로 굳이 활용할 이유가 없습니다. 반면 주가가 크게 상승할 때는 커버드콜 전략보다 주식을 보유하는 게 성과가 더 좋습니다. 따라서 커버드콜은 주가가 횡보하거나 소폭 상승하는 국면에서만 매력적인 전략이라고 할 수 있습니다.

커버드콜 ETF

그렇다면 커버드콜 ETF는 무엇일까요? 개인 투자자가 직접 커버드콜 전략을 실행하기는 어렵습니다. 옵션거래에 대한 전문 지식과 지속적인 관리가 필요하기 때문입니다. 이러한 어려움을 해결하고자 등장한 것이 바로 커버드콜 ETF입니다. 커버드콜 ETF는 기초자산의 보유와 콜옵션 매도의 전 과정을 자동화해, 투자자가 개별 거래의 번거로움 없이 커버드콜 전략의 이점을 누리게 합니다. 특히 만기가 1개월인 옵션을 지속적으로 매도하면, 매월 옵션 프리미엄 수익이 발생하므로 월배당 상품을 만들기에 적합합니다. 이런 이유로 시중의 월배당 ETF 중 상당수가 커버드콜 전략을 활용합니다.

초기 커버드콜 ETF는 S&P 500과 같은 특정 지수를 기초자산으로 삼아 정해진 규칙에 따라 옵션을 매도하는 단순한 방식이었습니다. 그러나 금융시장이 발전하면서 커버드콜 ETF의 전략 역시 매우 다양해졌습니다. 운용사가 재량으로 옵션의 수량이나 행사가를 조절하는 액티브Active 방식이 등장했으며*, 옵션 만기도 월간Monthly 외에 주간Weekly이나 일간Daily 단위로 짧아졌습니다. 기초자산도 지수를 넘어 개별 주식, 채권, 나아가 비트코인 같은 암호화폐로 확장되는 추세입니다.

그럼 지금부터 다양한 월배당 커버드콜 ETF를 살펴보겠습니다.

---

* 예를 들어, 주식 보유 대비 옵션의 수량을 줄이면 주가가 상승했을 때 이를 일정 부분 따라갈 수 있고, 높은 행사가의 옵션을 매도하면 주가가 상승하더라도 행사가보다만 높지 않으면 옵션 프리미엄 수익을 얻을 수 있습니다. 이처럼 최근 출시되는 커버드콜 ETF들은 다양한 전략을 활용해 전통적인 커버드콜 ETF의 한계를 보완하고 있습니다.

주요 커버드콜 ETF 심층 분석

 **기초자산 – 주요 지수**

XYLD

기본 정보 & 운용 전략

XYLD의 기본 정보	
자산운용사	Global X Management
펀드 설정일	2013-06-21

배당수익률*	11.55%
AUM	$3.06B
총보수	0.60%

XYLD^{Global X S&P 500 Covered Call ETF}는 S&P 500 지수를 구성하는 주식들을 시가총액 비중에 따라 담은 포트폴리오를 운용하면서, 동시에 S&P 500 지수 콜옵션을 매도하는 커버드콜 ETF입니다.** 정해진 규칙에 따라 주식에 투자하고 옵션을 매도하는 패시브 ETF이며, 10년 이상의 배당 이력을 보유하고 있습니다. 2025년 7월 기준, 마이크로소프트^{Microsoft}, 엔비디아^{Nvidia} 등 기술 섹터의 비중이 30% 이상으로 높아, 특정 섹터의 성과가 펀드 전체 수익률에 영향을 미칠 수 있습니다.

성과 분석

배당은 연도별로 편차가 있으며, 2021년부터는 연간 $4 이상을 지급하고 있습니다. 2024년에는 $4.84를 배당으로 지급했고, 배당수익률은 11.55%입니다.

---

* 기본 정보에 표기된 배당수익률은 모두 2024년 기준입니다.
** XYLD는 CBOE S&P 500 BuyWrite Index를 추종합니다. 본문에서 설명한 XYLD의 운용전략은 엄밀히 말하면 CBOE S&P 500 BuyWrite Index의 운용전략입니다. 다만 이 책에서는 독자의 이해를 돕기 위해 XYLD의 전략으로 단순화하여 설명했습니다. 이후에 소개할 다른 ETF들도 추종하는 별도의 Index가 있을 경우 Index의 전략을 해당 ETF의 전략으로 서술했습니다.

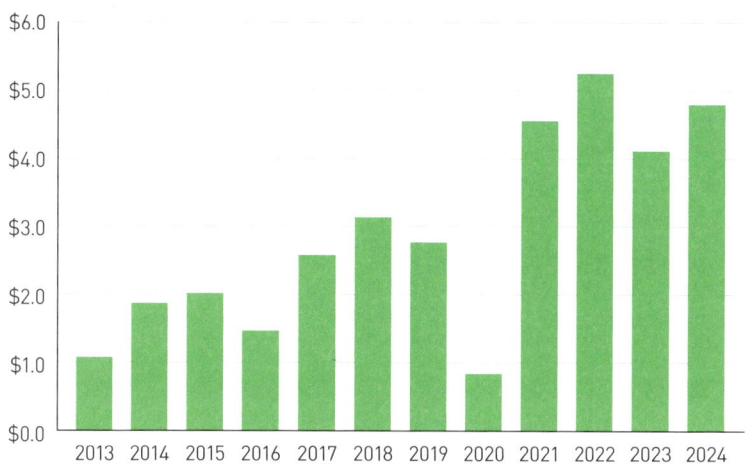

연간 10% 이상의 높은 배당은 어떻게 가능한 것일까요? 다음 장에 있는 XYLD의 운용성과와 배당의 재원을 살펴보겠습니다.

순투자소득에는 보유한 자산(ex. 주식)에서 나오는 배당금과 예치금(현금)에서 발생하는 이자소득이 포함됩니다. 실현 및 미실현 손익 중 실현 손익에는 보유 주식의 매매손익과 옵션 프리미엄 수익이, 미실현 손익에는 보유 주식의 시장가치 변동에 따른 평가손익이 포함됩니다. 그리고 순투자소득과 실현 및 미실현 손익을 더한 값이 총 운용성과입니다.

---

* 이 책에 나오는 연간 배당금 추이는 시킹알파(Seeking Alpha)와 야후 파이낸스(Yahoo Finance)의 데이터를 참고해 제작했으며, 연도별 막대 그래프는 1월부터 12월까지의 배당금을 모두 더한 값입니다.

XYLD의 운용성과*

연도	순투자소득	실현 및 미실현 손익	총 운용성과
2024	0.36	6.17	6.53
2023	0.43	2.13	2.56
2022	0.45	(5.50)*	(5.05)
2021	0.39	12.14	12.53
2020	0.56	(4.17)	(3.61)
2019	0.56	3.30	3.86
2018	0.62	1.88	2.50
2017	1.00	8.06	9.06
2016	0.70	(0.90)	(0.20)
2015	0.63	2.03	2.66

배당의 재원은 크게 세 가지로 나눌 수 있습니다.

① 순투자소득**Distribution from Net Investment Income

② 자본이득***Distribution from Capital Gain

---

* 표에 입력된 모든 수치는 미국 달러($)를 기준으로 하며, 1주로 나눈 값입니다. 예를 들어, 2024년의 총 운용성과인 6.53은 1주당 $6.53의 운용성과를 냈다는 의미입니다. 또한 소수점 단위에서 합산 수치가 딱 떨어지지 않을 수 있는데, 이는 회계적으로 마이너한 요인에 의한 것으로 큰 흐름을 봐주시면 됩니다.
* 괄호( )는 마이너스를 의미합니다. 즉, -5.50입니다.
** 보유한 자산에서 발생한 배당과 이자수익.
*** 보유한 자산(주식, 채권, 옵션 등)을 매도해 실현된 이익.

③ 자본반환Return of Capital, ROC

이 중 우리가 주목할 항목은 ③ 자본반환ROC입니다. 이는 운용성과로 얻은 이익이 아닌, 투자 원금의 일부를 배당금 명목으로 돌려주는 것을 의미합니다. 세금 문제 등 예외적인 경우도 있지만*, 보통은 운용성과가 부진해 배당 재원이 부족할 때 사용하므로 좋지 않은 신호로 해석됩니다

XYLD의 연도별 배당 재원은 다음과 같습니다. 거의 매년 자본반환이 발생하고 있으며, 특히 2022년과 2023년에는 배당의 대부분이 자본반환을 통해 지급된 것을 볼 수 있습니다.

XYLD의 배당 재원

연도	순투자소득을 통한 배당 지급	자본이득을 통한 배당 지급	자본반환	배당총액**
2024	(3.83)	0.00	0.00	(3.83)
2023	(0.14)	0.00	(4.24)	(4.38)
2022	(1.05)	(0.11)	(4.16)	(5.32)
2021	(4.61)	0.00	0.00	(4.61)
2020	(0.58)	0.00	(2.75)	(3.33)

---

* 미국에서는 자본반환(ROC)을 통한 배당금은 과세가 이연되는 혜택이 있습니다. 이 때문에 우수한 운용성과를 거뒀음에도 종종 ROC 방식을 활용하기도 합니다.
** 이 표에 나오는 배당총액은 XYLD의 결산월인 10월 31일에 맞춰, 지난해 11월부터 올해 10월까지의 배당금을 합산한 값입니다. ETF마다 결산월이 다르므로, 같은 연도라 하더라도 집계 기준 시점이 서로 다를 수 있습니다.

2019	(2.27)	(0.39)	(0.37)	(3.03)
2018	(0.22)	(1.22)	(2.60)	(4.04)
2017	(2.07)	0.00	0.00	(2.07)
2016	(1.50)	0.00	(0.58)	(2.08)
2015	(0.83)	(0.63)	(0.66)	(2.12)

배당을 많이 받아도 주가가 그 이상으로 하락하면 최종 손익은 마이너스가 됩니다. 따라서 배당뿐 아니라 주가의 등락도 함께 확인해야 합니다. ETF의 주가는 순자산가치NAV에 수렴하죠. XYLD의 연도별 NAV 변화는 아래와 같습니다.

XYLD의 NAV 변화 추이

연도	기초 NAV	총 운용성과	배당총액	기말 NAV
2024	38.18	6.53	(3.83)	40.88
2023	40.00	2.56	(4.38)	38.18
2022	50.37	(5.05)	(5.32)	40.00
2021	42.45	12.53	(4.61)	50.37
2020	49.39	(3.61)	(3.33)	42.45
2019	48.56	3.86	(3.03)	49.39
2018	50.10	2.50	(4.04)	48.56
2017	43.11	9.06	(2.07)	50.10
2016	45.39	(0.20)	(2.08)	43.11
2015	44.85	2.66	(2.12)	45.39

2015년에는 운용성과($2.66)가 배당총액($2.12)보다 커서 NAV가 $0.54 증가했지만, 2018년에는 운용성과($2.50)를 초과하는 배당($4.04)이 이루어져 NAV가 $1.54 감소했습니다. 결국 배당을 지속하면서 NAV를 유지하기 위해서는 총 운용성과 범위 내에서 배당이 지급되어야 함을 알 수 있습니다.

보통 고배당을 목표로 하는 ETF는 성과가 부진할 때에도 높은 배당을 지급합니다. 이로 인해 성과가 나쁜 해에는 NAV가 크게 감소하는 경향을 보입니다. XYLD 역시 2020년과 2022년 부진한 성과에 높은 배당이 더해지면서 NAV가 크게 줄었습니다.

마지막으로 투자 성과를 살펴보겠습니다.* 2015년 1월 XYLD에 1,000만 원을 투자했다면, 2025년 6월 투자금은 853만 원으로 줄어듭니다(-14.70%). 누적 배당금은 745만 원(74.45%)입니다. 결과적으로 1,000만 원은 1,598만 원이 되었고, 10.5년 동안의 누적 수익률은 59.75%, 연평균 수익률은 4.56%입니다.**

그렇다면 같은 기간 동안 커버드콜 전략을 사용하지 않고, 단순히 S&P 500 지수를 구성하는 주식만 보유했다면 결과는 어땠을까요? S&P 500 지수를 추종하는 대표 ETF인 SPY^{SPDR S&P 500 ETF Trust}를 통해 확인해 보겠습니다.

2015년 1월 SPY에 1,000만 원을 투자했다면, 2025년 6월 투자

---

* 환율, 배당소득세, 수수료는 고려하지 않았습니다.
** 누적 수익률은 배당금 재투자를 가정하지 않고 투자수익률과 배당수익률을 합산한 값이며, 연평균 수익률은 누적 수익률을 연 단위 복리로 환산한 값입니다.

금은 2,994만 원으로 늘어납니다(+199.37%). 누적 배당금은 278만 원(27.81%)입니다. 결과적으로 1,000만 원은 3,272만 원이 되었고, 10.5년 동안의 누적 수익률은 227.18%, 연평균 수익률은 11.95%입니다.

이 결과는 기초자산의 상승을 온전히 따라가지 못하는 커버드콜 ETF의 구조적 한계를 명확히 보여줍니다. 이 때문에 커버드콜 ETF에 투자하기보다 기초자산에 직접 투자하는 편이 낫다고 주장하는 사람도 있습니다. 하지만 선택은 자신의 투자 성향과 향후 시장 전망에 따라 달라집니다.

장기 투자를 통한 높은 수익률 달성을 목표로 한다면 기초자산에 직접 투자하는 것이 좋습니다. 반대로 매월 꾸준한 현금흐름을 중시한다면 커버드콜 ETF에 투자하는 것이 낫습니다. 또한 앞으로 시장이 계속 상승할 것으로 본다면 기초자산에 직접 투자하는 것이, 소폭으로 상승 또는 하락하거나 횡보할 것으로 예상한다면 커버드콜 ETF가 더 매력적인 대안입니다. 결국 자신의 투자 성향과 향후 시장 전망을 종합적으로 고려하여 그에 맞는 상품을 고르는 것이 중요합니다.

QYLD

기본 정보 & 운용 전략

QYLD의 기본 정보	
자산운용사	Global X Management
펀드 설정일	2013-12-11
배당수익률	12.51%

AUM	$8.14B
총보수	0.60%

QYLD^{Global X NASDAQ 100 Covered Call ETF}는 나스닥 100 지수를 구성하는 주식들을 시가총액 비중에 따라 담은 포트폴리오를 운용하면서, 동시에 나스닥 100 지수 콜옵션을 매도하는 커버드콜 ETF입니다. 정해진 규칙에 따라 주식에 투자하고 옵션을 매도하는 패시브 ETF이며, 10년 이상의 배당 이력을 보유하고 있습니다. 2025년 7월 기준, 마이크로소프트, 엔비디아 등 기술 섹터의 비중이 50% 이상으로 높아, 특정 섹터의 성과가 펀드 전체 수익률에 큰 영향을 미칠 수 있습니다.

성과 분석

매년 $2 내외의 배당을 꾸준하게 지급하고 있습니다. 2024년 $2.28을 배당으로 지급했고, 배당수익률은 12.51%입니다.

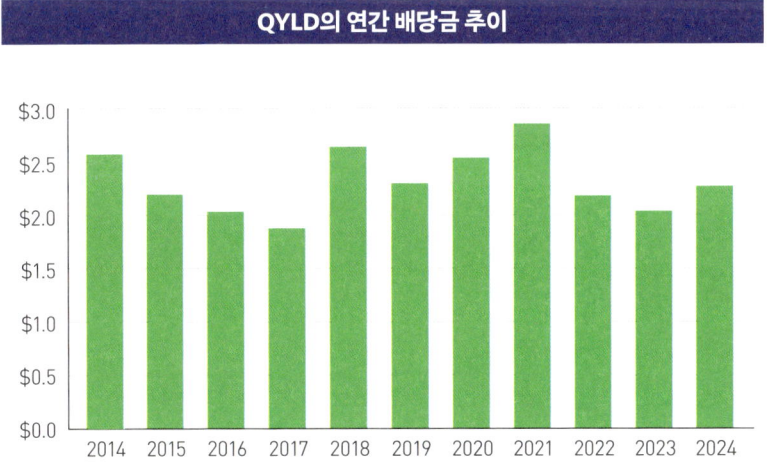

QYLD의 연간 배당금 추이

운용성과와 배당의 재원은 다음과 같습니다. 2020년과 2022년을 제외하면 총 운용성과가 모두 플러스입니다. 높은 수준의 배당총액을 유지하기 위해 자본반환을 적극적으로 활용하고 있습니다.

QYLD의 운용성과

연도	순투자소득	실현 및 미실현 손익	총 운용성과
2024	0.06	3.39	3.45
2023	0.05	2.44	2.49
2022	0.05	(4.13)	(4.08)
2021	0.02	4.73	4.75
2020	0.06	(0.06)	0.00
2019	0.06	1.95	2.01
2018	0.07	1.71	1.78
2017	0.12	3.93	4.05
2016	0.15	0.53	0.68
2015	0.16	1.47	1.63

QYLD의 배당 재원

연도	순투자소득을 통한 배당 지급	자본이득을 통한 배당 지급	자본반환	배당총액
2024	(2.09)	0.00	0.00	(2.09)
2023	0.00	0.00	(2.04)	(2.04)
2022	(0.24)	(0.50)	(1.85)	(2.59)

2021	(2.58)	0.00	0.00	(2.58)
2020	(0.06)	0.00	(2.39)	(2.45)
2019	(1.83)	0.00	(0.53)	(2.36)
2018	(0.87)	(0.11)	(1.65)	(2.63)
2017	(1.81)	0.00	0.00	(1.81)
2016	(1.06)	0.00	(1.07)	(2.13)
2015	(1.92)	0.00	(0.24)	(2.16)

운용성과에 따른 NAV 변화입니다. 대부분의 기간 동안 우수한 운용성과를 기록했지만, 이보다 더 큰 배당이 자주 이루어지면서 NAV가 지속적으로 감소했습니다. 특히 2015년부터 2021년까지는 $22~$24 수준을 유지했으나, 2022년 부진한 운용성과에 높은 배당이 더해지면서 NAV가 큰 폭으로 감소했고 이후에도 회복되지 않고 있습니다.

QYLD의 NAV 변화 추이

연도	기초 NAV	총 운용성과	배당총액	기말 NAV
2024	16.60	3.45	(2.09)	17.96
2023	16.15	2.49	(2.04)	16.60
2022	22.82	(4.08)	(2.59)	16.15
2021	20.65	4.75	(2.58)	22.82
2020	23.10	0.00	(2.45)	20.65
2019	23.45	2.01	(2.36)	23.10
2018	24.30	1.78	(2.63)	23.45

2017	22.06	4.05	(1.81)	24.30
2016	23.51	0.68	(2.13)	22.06
2015	24.04	1.63	(2.16)	23.51

투자 성과를 살펴보겠습니다. 2015년 1월 QYLD에 1,000만 원을 투자했다면, 2025년 6월 투자금은 696만 원으로 줄어듭니다(-30.45%). 누적 배당금은 999만 원(99.86%)입니다. 결과적으로 1,000만 원은 1,694만 원이 되었고, 10.5년 동안의 누적 수익률은 69.41%, 연평균 수익률은 5.15%입니다.

그렇다면 같은 기간 동안 커버드콜 전략을 사용하지 않고, 단순히 나스닥 100 지수를 구성하는 주식만 보유했다면 결과는 어땠을까요? 나스닥 100 지수를 추종하는 대표 ETF인 QQQ Invesco QQQ Trust Series I 를 통해 확인해 보겠습니다.

2015년 1월 QQQ에 1,000만 원을 투자했다면, 2025년 6월 투자금은 5,316만 원으로 늘어납니다(+431.65%). 누적 배당금은 176만 원(17.65%)입니다. 결과적으로 1,000만 원은 5,493만 원이 되었고, 10.5년 동안의 누적 수익률은 449.30%, 연평균 수익률은 17.61%입니다.

마찬가지로, 기초자산에 투자하는 것이 성과가 훨씬 우수합니다. 그러나 이는 기초자산이 크게 상승한 국면에서의 결과값이며, 횡보했거나 소폭 상승했다면 얼마든지 달라질 수 있습니다. 따라서 자신의 투자 성향과 향후 시장 전망을 종합적으로 고려하여 그에 맞는 상품을 고르는 것이 중요합니다.

XYLD와 QYLD는 커버드콜 1세대로, Global X Management에서 운용하는 패시브 ETF입니다. 최근에는 2세대라고 할 수 있는 액티브 ETF들이 등장하고 있으며, JP Morgan이 운용하는 JEPI와 JEPQ가 대표적입니다.

JEPI
기본 정보 & 운용 전략

JEPI의 기본 정보	
자산운용사	J.P. Morgan Investment Management
펀드 설정일	2020-05-20
배당수익률	7.34%
AUM	$41.11B
총보수	0.35%

　　JEPI JPMorgan Equity Premium Income ETF는 S&P 500 지수 구성 종목 중 운용사가 직접 선별한 저변동성 우량주로 포트폴리오를 운용하면서, 동시에 ELN(주가연계증권)*을 활용해 S&P 500 지수 콜옵션을 매도하는 커버드콜 ETF입니다. 펀드매니저가 시장 상황에 따라 주식과 옵션 전략을

---

* 채권(Note)과 파생상품(Derivative)을 결합한 맞춤형 금융상품으로 미리 정해진 조건에 따라 손익이 결정됩니다. JEPI는 직접 콜옵션을 매도하지 않고, ELN을 통해 콜옵션을 매도한 것과 같은 효과를 냅니다.

조절하는 액티브Active ETF이며, 2025년 6월 기준, 기술 섹터의 비중은 20.3%로 높지 않은 편입니다. 산업재Industrials 14%, 금융Financial Services 13%, 헬스케어Healthcare 13%로 비교적 섹터 분산이 잘 되어있습니다.

성과 분석

2024년 $4.22를 배당으로 지급했고, 배당수익률은 7.34%입니다.

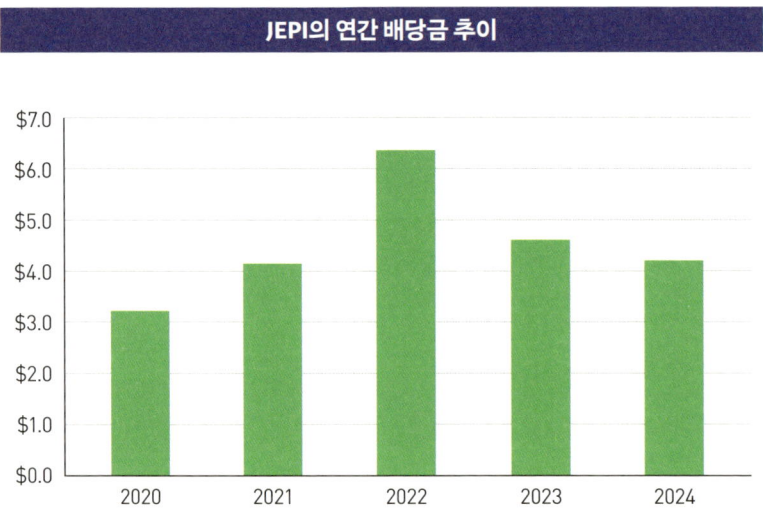

운용성과와 배당의 재원은 다음과 같습니다. 순투자소득이 꾸준히 유입되고 있으며, 실현 및 미실현 손익은 편차를 보입니다. 참고로 2020년 상반기에는 코로나19 팬데믹으로 주식시장이 크게 하락했습니다. JEPI는 5월에 설정되어 폭락장을 피할 수 있었고, 덕분에 상대적으로 양호한 운용성과를 보인 것으로 판단됩니다.

배당은 자본반환 없이 순투자소득 수준에서 지급되고 있습니다.

JEPI의 운용성과

연도	순투자소득	실현 및 미실현 손익	총 운용성과
2024	4.16	1.42	5.58
2023	5.84	0.04	5.88
2022	6.11	(6.20)	(0.09)
2021	5.17	9.42	14.59
2020	0.63	0.13	0.76

JEPI의 배당 재원

연도	순투자소득을 통한 배당 지급	자본이득을 통한 배당 지급	자본반환	배당총액
2024	(4.16)	0.00	0.00	(4.16)
2023	(6.04)	0.00	0.00	(6.04)
2022	(4.96)	0.00	0.00	(4.96)
2021	(4.85)	0.00	0.00	(4.85)
2020	0.00	0.00	0.00	0.00*

운용성과에 따른 NAV 변화입니다. 2021년에는 뛰어난 운용성과 덕분에 고배당을 지급하고도 NAV가 $50에서 $60으로 크게 증가했습니다. 하지만 이듬해 부진한 성과에 높은 배당이 더해지면서 $55로 감

---

* 연간 배당금 추이 그래프를 보면 2020년 $3.23을 배당으로 지급했습니다. 그런데 배당 재원 표의 배당총액은 0.00입니다. 이러한 차이는 연간 배당금 추이는 1월부터 12월까지의 배당금을 모두 더한 값이고, JEPI의 재무제표는 6월까지의 배당 내역만 집계된 데서 비롯됩니다.

소했습니다. 이후로는 운용성과 범위 내에서 배당을 지급하여 $55 수준을 유지하고 있습니다.

JEPI의 NAV 변화 추이

연도	기초 NAV	총 운용성과	배당총액	기말 NAV
2024	55.29	5.58	(4.16)	56.71
2023	55.45	5.88	(6.04)	55.29
2022	60.50	(0.09)	(4.96)	55.45
2021	50.76	14.59	(4.85)	60.50
2020	50.00	0.76	0.00	50.76

투자 성과를 살펴보겠습니다. 2020년 5월 JEPI에 1,000만 원을 투자했다면, 2025년 6월 투자금은 1,136만 원으로 늘어납니다(+13.63%). 누적 배당금은 493만 원(49.32%)입니다. 결과적으로 1,000만 원은 1,630만 원이 되었고, 약 5년(2020년 6월~2025년 6월) 동안의 누적 수익률은 62.96%, 연평균 수익률은 10.08%입니다.

JEPQ
기본 정보 & 운용 전략

JEPQ의 기본 정보

자산운용사	J.P. Morgan Investment Management
펀드 설정일	2022-05-03

배당수익률	9.65%
AUM	$28.97B
총보수	0.35%

JEPQ^{JPMorgan Nasdaq Equity Premium Income ETF}는 나스닥 100 지수 구성 종목 중 운용사가 직접 선별한 우량주로 포트폴리오를 운용하면서, 동시에 ELN(주가연계증권)을 활용해 나스닥 100 지수 콜옵션을 매도하는 커버드콜 ETF입니다. 펀드매니저가 시장 상황에 따라 주식과 옵션 전략을 조절하는 액티브^{Active} ETF이며, 2025년 6월 기준, 마이크로소프트, 엔비디아 등 기술 섹터의 비중이 50%가 넘어, 특정 섹터의 성과가 펀드 전체 수익률에 큰 영향을 미칠 수 있습니다.

성과 분석

배당 이력이 짧지만 매년 배당을 늘리고 있습니다. 2024년 $5.44를 배당으로 지급했고, 배당수익률은 9.65%입니다.

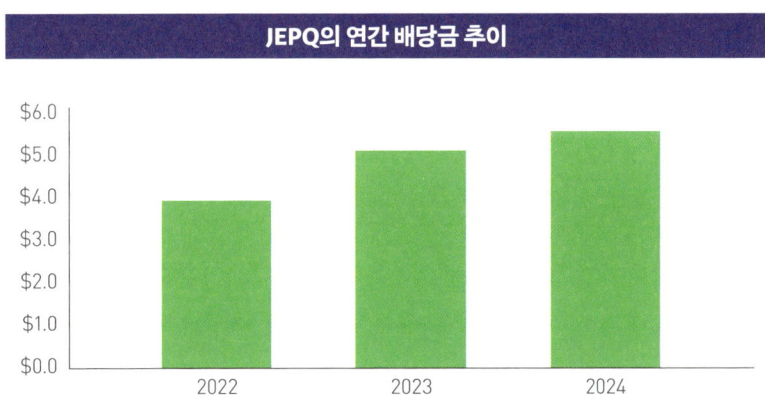

운용성과와 배당의 재원은 다음과 같습니다. 2022년 성과가 부진했지만, 2023년과 2024년에는 우수한 성과를 거두었습니다. 배당은 자본반환 없이 순투자소득 수준에서 지급되고 있습니다.

JEPQ의 운용성과

연도	순투자소득	실현 및 미실현 손익	총 운용성과
2024	5.25	6.75	12.00
2023	6.04	2.47	8.51
2022	1.11	(5.27)	(4.16)

JEPQ의 배당 재원

연도	순투자소득을 통한 배당지급	자본이득을 통한 배당지급	자본반환	배당총액
2024	(4.86)	0.00	0.00	(4.86)
2023	(5.64)	0.00	0.00	(5.64)
2022	(0.38)	0.00	0.00	(0.38)

운용성과에 따른 NAV 변화입니다. 2022년 성과 부진에 고배당이 더해지면서 NAV가 감소했지만, 2023년과 2024년 우수한 성과에 힘입어 높은 배당을 지급하고도 NAV가 증가했습니다.

다만 아직 운용 이력이 짧고, 기술 섹터 비중이 높은데다 고배당을 목표로 하는 ETF의 특성상 성과가 부진한 해에는 언제든 NAV가 큰 폭으로 감소할 수 있다는 점도 함께 알아두어야 합니다.

JEPQ의 NAV 변화 추이

연도	기초 NAV	총 운용성과	배당총액	기말 NAV
2024	48.33	12.00	(4.86)	55.47
2023	45.46	8.51	(5.64)	48.33
2022	50.00	(4.16)	(0.38)	45.46

투자 성과를 살펴보겠습니다. 2022년 5월 JEPQ에 1,000만 원을 투자했다면, 2025년 6월 투자금은 1,086만 원으로 늘어납니다(+8.58%). 누적 배당금은 339만 원(33.91%)입니다. 결과적으로 1,000만 원은 1,425만 원이 되었고, 약 3년(2022년 5월~2025년 6월) 동안의 누적 수익률은 42.49%, 연평균 수익률은 11.83%입니다.

JEPI와 JEPQ가 큰 인기를 얻자 JP Morgan의 경쟁사인 Goldman Sachs에서도 비슷한 구조의 커버드콜 ETF를 출시했습니다. 바로 GPIX와 GPIQ입니다.

GPIX

기본 정보 & 운용 전략

GPIX의 기본 정보

자산운용사	Goldman Sachs Asset Management
펀드 설정일	2023-10-24
배당수익률	7.46%

AUM	$1.32B
총보수	0.29%

GPIX Goldman Sachs S&P 500 Premium Income ETF는 S&P 500 지수 구성 종목 중 운용사가 직접 선별한 종목으로 포트폴리오를 운용하면서, 동시에 S&P 500 지수 콜옵션을 매도하는 커버드콜 ETF입니다. 펀드매니저가 시장 상황에 따라 주식과 옵션 전략을 조절하는 액티브 Active ETF이며, 2025년 6월 기준, 기술 섹터의 비중이 30% 이상으로 높은 편입니다.

성과 분석

2023년 10월에 설정되어 배당 이력이 짧습니다. 2024년에는 $3.69를 배당으로 지급했고, 배당수익률은 7.46%입니다.

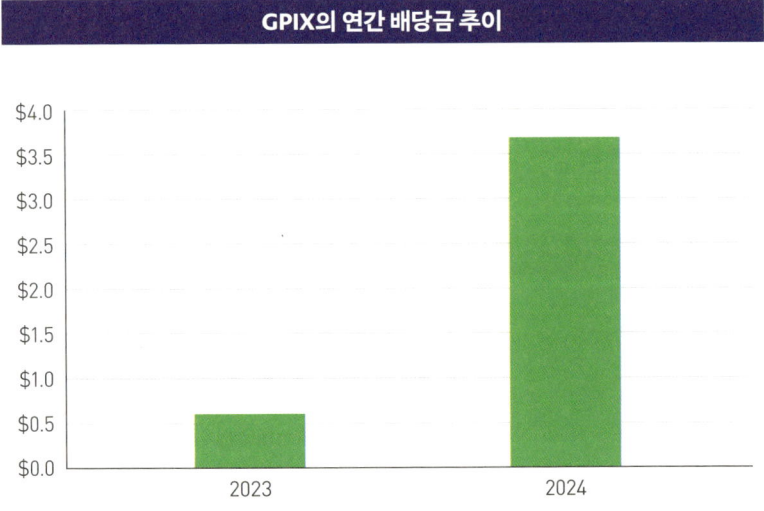

GPIX의 연간 배당금 추이

운용성과와 배당의 재원은 다음과 같습니다. 2024년 우수한 성과를 보여주었지만, 신생 ETF인 만큼 장기적인 성과는 좀 더 지켜봐야 합니다.

	GPIX의 운용성과		
연도	순투자소득	실현 및 미실현 손익	총 운용성과
2024*	0.23	6.52	6.75

	GPIX의 배당 재원			
연도	순투자소득을 통한 배당 지급	자본이득을 통한 배당 지급	자본반환	배당총액
2024	(0.93)	0.00	0.00	(0.93)

운용성과에 따른 NAV 변화입니다. 2024년 우수한 성과를 기록하면서 NAV가 증가했습니다.

	GPIX의 NAV 변화 추이			
연도	기초 NAV	총 운용성과	배당총액	기말 NAV
2024	40.30	6.75	(0.93)	46.12

* 2023년 10월 24일부터 2024년 2월 29일까지의 데이터입니다. 운용성과뿐 아니라 배당 재원과 NAV 변화 추이 모두 동일한 기간으로 작성되었습니다.

투자 성과를 살펴보겠습니다. 2023년 10월 GPIX에 1,000만 원을 투자했다면, 2025년 6월 투자금은 1,264만 원으로 늘어납니다(+26.45%). 누적 배당금은 161만 원(16.10%)입니다. 결과적으로 1,000만 원은 1,425만 원이 되었고, 약 1.7년(2023년 11월~2025년 6월) 동안의 누적 수익률은 42.54%, 연평균 수익률은 23.70%입니다.

GPIQ
기본 정보 & 운용 전략

GPIQ의 기본 정보	
자산운용사	Goldman Sachs Asset Management
펀드 설정일	2023-10-24
배당수익률	9.18%
AUM	$1.33B
총보수	0.29%

GPIQ Goldman Sachs Nasdaq-100 Premium Income ETF는 나스닥 100 지수 구성 종목 중 운용사가 선별한 종목으로 포트폴리오를 운용하면서, 동시에 나스닥 100 지수 콜옵션을 매도하는 커버드콜 ETF입니다. 정해진 규칙을 따르는 대신 펀드매니저가 재량으로 주식과 옵션 전략을 조절하는 액티브 Active ETF입니다. 2025년 6월 기준, 기술 섹터의 비중이 50% 이상으로 높습니다.

성과 분석

2023년 10월에 설정되어 배당 이력이 짧습니다. 2024년 $4.5를 배당으로 지급했고, 배당수익률은 9.18%입니다.

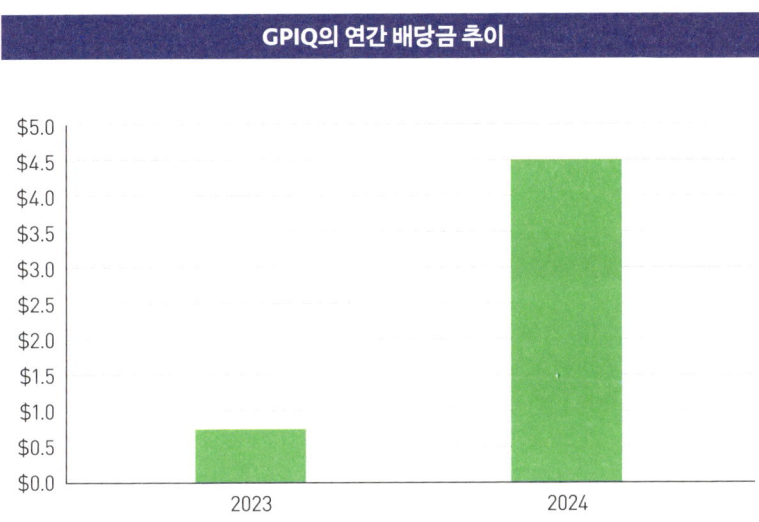

운용성과와 배당의 재원은 다음과 같습니다. 2024년 우수한 성과를 보여주었지만, 신생 ETF인 만큼 장기적인 성과는 좀 더 지켜봐야 합니다.

GPIQ의 운용성과			
연도	순투자소득	실현 및 미실현 손익	총 운용성과
2024*	0.15	6.82	6.97

* 2023년 10월 24일부터 2024년 2월 29일까지의 데이터입니다. 운용성과뿐 아니라 배당 재원과 NAV 변화 추이 모두 동일한 기간으로 작성되었습니다.

GPIQ의 배당 재원

연도	순투자소득을 통한 배당 지급	자본이득을 통한 배당 지급	자본반환	배당총액
2024	(1.15)	0.00	0.00	(1.15)

운용성과에 따른 NAV 변화입니다. 2024년 우수한 성과를 기록하면서 NAV가 증가했습니다.

GPIQ의 NAV 변화 추이

연도	기초 NAV	총 운용성과	배당총액	기말 NAV
2024	40.39	6.97	(1.15)	46.21

투자 성과를 살펴보겠습니다. 2023년 10월 GPIQ에 1,000만 원을 투자했다면, 2025년 6월 투자금은 1,286만 원으로 늘어납니다(+28.61%). 누적 배당금은 200만 원(19.97%)입니다. 결과적으로 1,000만 원은 1,486만 원이 되었고, 약 1.7년(2023년 11월~2025년 6월) 동안의 누적 수익률은 48.57%, 연평균 수익률은 26.81%입니다.

지금까지 국내 투자자가 선호하는 6개 커버드콜 ETF를 살펴봤습니다. 이번에는 운용 방식이 조금 다르면서 비교적 덜 알려진 커버드콜 ETF를 살펴보겠습니다.

SPYI

기본 정보 & 운용 전략

SPYI의 기본 정보	
자산운용사	NEOS Investment Management
펀드 설정일	2022-08-29
배당수익률	12.04%
AUM	$4.78B
총보수	0.68%

SPYI Neos S&P 500 High Income ETF는 S&P 500 지수 구성 종목들로 포트폴리오를 운용하면서, 동시에 S&P 500 지수에 대해 콜 스프레드(현재가와 가까운 콜옵션 매도 + 더 높은 행사가 콜옵션 매수) 전략을 활용하는 액티브 ETF입니다. 포트폴리오는 기본적으로 S&P 500 지수를 추종하지만, 상황에 따라 종목별 비중을 조절할 수 있으며 옵션의 운용은 펀드매니저의 판단과 재량에 따릅니다.

성과 분석

2024년 $6.12를 배당으로 지급했고, 배당수익률은 12.04%입니다.

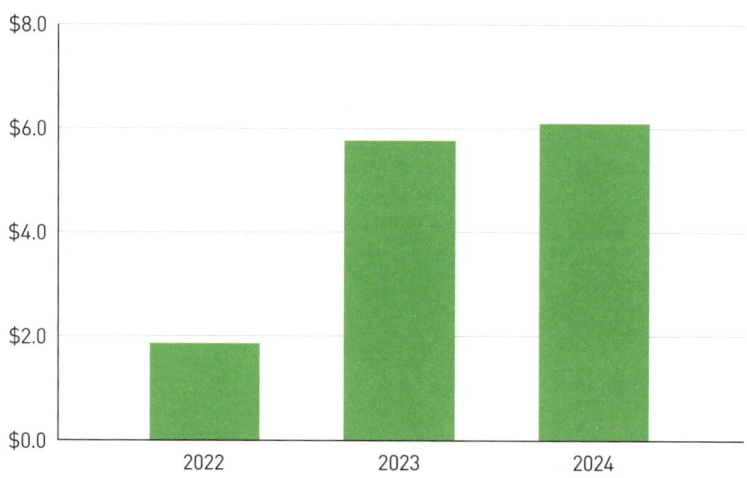

운용성과와 배당의 재원은 다음과 같습니다. 최근 3년간 우수한 운용성과를 기록했습니다. 자본반환이 발생했으나, 배당이 운용성과 범위 내에서 이루어지는 만큼 큰 문제는 없을 것으로 판단됩니다.

연도	순투자소득	실현 및 미실현 손익	총 운용성과
2025	0.37	5.35	5.72
2024	0.44	6.71	7.15
2023	0.49	2.34	2.83

SPYI의 배당 재원				
연도	순투자소득을 통한 배당 지급	자본이득을 통한 배당 지급	자본반환	배당총액
2025	(0.36)	0.00	(5.79)	(6.15)
2024	(0.79)	(0.32)	(4.77)	(5.88)
2023	(0.44)	(1.40)	(2.43)	(4.27)

운용성과에 따른 NAV 변화입니다. 우수한 성과를 기록했지만, 고배당이 지속되면서 NAV가 증가하지 않고 유지되는 모습입니다.

SPYI의 NAV 변화 추이				
연도	기초 NAV	총 운용성과	배당총액	기말 NAV
2025	49.50	5.72	(6.15)	49.07
2024	48.23	7.15	(5.88)	49.50
2023	49.67	2.83	(4.27)	48.23

투자 성과를 살펴보겠습니다. 2022년 8월 SPYI에 1,000만 원을 투자했다면, 2025년 6월 투자금은 1,008만 원으로 늘어납니다(+0.84%). 누적 배당금은 337만 원(33.68%)입니다. 결과적으로 1,000만 원은 1,345만 원이 되었고, 약 2.8년(2022년 9월~2025년 6월) 동안의 누적 수익률은 34.52%, 연평균 수익률은 11.03%입니다.

FTHI

기본 정보 & 운용 전략

FTHI의 기본 정보	
자산운용사	First Trust Advisors
펀드 설정일	2014-01-06
배당수익률	8.59%
AUM	$1.47B
총보수	0.76%

FTHI(First Trust BuyWrite Income ETF)는 주로 미국 증시에 상장된 주식 중 운용사가 선별한 종목으로 포트폴리오를 운용하면서, 동시에 S&P 500 지수 콜옵션을 매도하는 커버드콜 ETF입니다. 규칙에 기반한 전략을 사용하는 액티브(Active) ETF*이며, 2025년 6월 기준, 기술 섹터의 비중이 30% 이상으로 높은 편입니다.

성과 분석

2014년 이후 $1 내외의 배당을 지급해오다 2022년을 기점으로 금액을 크게 늘렸습니다. 2024년에는 $2를 배당으로 지급했고, 배당수익률은 8.59%입니다.

---

* 액티브 ETF이지만, 규칙에 기반한다는 점에서 전통적인 액티브 ETF와 차이가 있습니다.

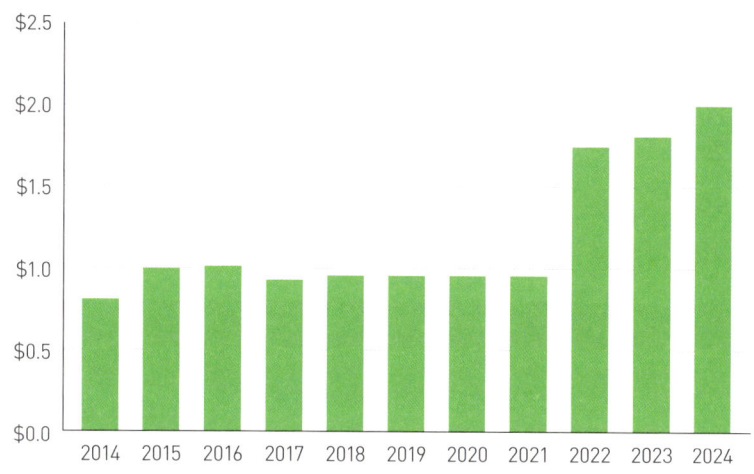

FTHI의 연간 배당금 추이

운용성과와 배당의 재원은 다음과 같습니다. 총 운용성과는 대체로 양호하며, 2023년과 2024년에 우수한 성과를 거뒀습니다. 주목할 점은 운용성과가 좋을 때도 자본반환을 통해 배당을 지급했다는 것입니다. 물론 배당이 운용성과 범위 내에서 이루어지는 만큼 큰 문제는 없을 것으로 판단됩니다.

FTHI의 운용성과

연도	순투자소득	실현 및 미실현 손익	총 운용성과
2024	0.27	4.31	4.58
2023	0.25	3.50	3.75
2022	0.17	(1.64)	(1.47)
2021	0.12	3.14	3.26

2020	0.23	(2.58)	(2.35)
2019	0.40	(0.29)	0.11
2018	0.35	1.35	1.70
2017	0.30	2.60	2.90
2016	0.34	2.06	2.40
2015	0.54	(0.70)	(0.16)

FTHI의 배당 재원

연도	순투자소득을 통한 배당 지급	자본이득을 통한 배당 지급	자본반환	배당총액
2024	(0.27)	0.00	(1.67)	(1.94)
2023	(0.53)	0.00	(1.24)	(1.77)
2022	(1.58)	0.00	0.00	(1.58)
2021	(0.96)	0.00	0.00	(0.96)
2020	(0.23)	0.00	(0.73)	(0.96)
2019	(0.86)	0.00	(0.10)	(0.96)
2018	(0.96)	0.00	0.00	(0.96)
2017	(0.13)	0.00	(0.80)	(0.93)
2016	(0.35)	0.00	(0.60)	(0.95)
2015	(0.32)	0.00	(0.69)	(1.01)

운용성과에 따른 NAV 변화입니다. 지난 10년간 $19~$22 수준을 유지하고 있습니다. 2020년과 2022년 부진한 성과에 높은 배당이 더해지면서 NAV가 감소했지만, 2023년과 2024년 거둔 우수한

성과 덕분에 다시 회복했습니다. 다만 최근 배당 규모가 커진 만큼, 향후 성과가 부진할 경우 NAV가 다시 하락할 수 있다는 점은 유의해야 합니다.

FTHI의 NAV 변화 추이

연도	기초 NAV	총 운용성과	배당총액	기말 NAV
2024	20.35	4.58	(1.94)	22.99
2023	18.37	3.75	(1.77)	20.35
2022	21.42	(1.47)	(1.58)	18.37
2021	19.12	3.26	(0.96)	21.42
2020	22.43	(2.35)	(0.96)	19.12
2019	23.28	0.11	(0.96)	22.43
2018	22.54	1.70	(0.96)	23.28
2017	20.57	2.90	(0.93)	22.54
2016	19.12	2.40	(0.95)	20.57
2015	20.29	(0.16)	(1.01)	19.12

투자 성과를 살펴보겠습니다. 2015년 1월 FTHI에 1,000만 원을 투자했다면, 2025년 6월 투자금은 1,115만 원으로 늘어납니다(+11.52%). 누적 배당금은 652만 원(65.24%)입니다. 결과적으로 1,000만 원은 1,768만 원이 되었고, 10.5년 동안의 누적 수익률은 76.76%, 연평균 수익률은 5.57%입니다.

FTQI

기본 정보 & 운용 전략

FTQI의 기본 정보	
자산운용사	First Trust Advisors
펀드 설정일	2014-01-06
배당수익률	11.67%
AUM	$678.62M
총보수	0.75%

FTQI First Trust Nasdaq BuyWrite Income ETF는 주로 미국 증시에 상장된 주식 중 운용사가 선별한 종목으로 포트폴리오를 운용하면서, 동시에 나스닥 100 지수 콜옵션을 매도하는 커버드콜 ETF입니다. 주식 선별 시 유동성, 시가총액, 주가 수준, 섹터 분류 등의 요소를 고려하며, 나스닥 100과의 상관관계를 유지하는 것을 목표로 합니다. 2025년 6월 기준, 기술 섹터의 비중이 약 45% 로 높은 편입니다.

성과 분석

펀드 설정 이후 $0.6 내외의 배당을 지급해오다, 2022년을 기점으로 금액을 크게 늘렸습니다. 2024년에는 $2.43을 배당으로 지급했고, 배당수익률은 11.67%입니다.

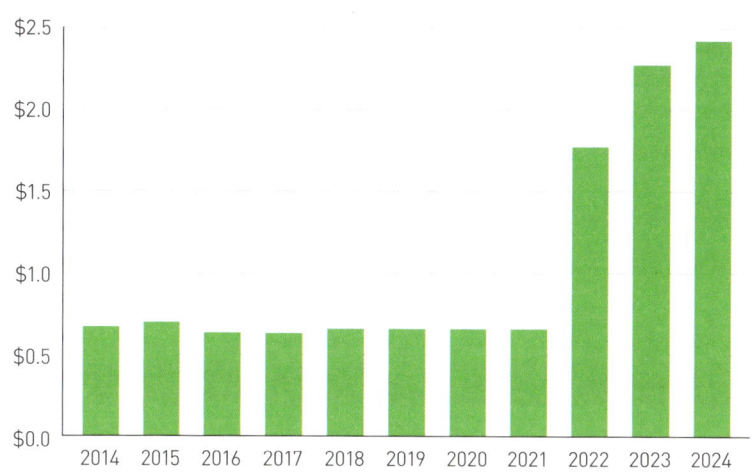

FTQI의 연간 배당금 추이

운용성과와 배당의 재원은 다음과 같습니다. 순투자소득이 감소하는 추세입니다. 2023년과 2024년 실현 및 미실현 손익에서 뛰어난 성과를 거뒀습니다. 주목할 점은 운용성과가 좋을 때도 자본반환을 통해 배당을 지급했다는 것입니다. 물론 배당이 운용성과 범위 내에서 이루어지는 만큼 큰 문제는 없을 것으로 판단됩니다.

FTQI의 운용성과

연도	순투자소득	실현 및 미실현 손익	총 운용성과
2024	0.07	3.96	4.03
2023	0.05	3.02	3.07
2022	0.06	(1.83)	(1.77)

2021	0.34	2.26	2.60
2020	0.21	(2.62)	(2.41)
2019	0.27	(0.23)	0.04
2018	0.40	0.91	1.31
2017	0.38	2.14	2.52
2016	0.24	1.74	1.98
2015	0.44	(0.87)	(0.43)

FTQI의 배당 재원

연도	순투자소득을 통한 배당 지급	자본이득을 통한 배당 지급	자본반환	배당총액
2024	(0.09)	0.00	(2.29)	(2.38)
2023	(0.05)	0.00	(2.20)	(2.25)
2022	(0.99)	0.00	(0.42)	(1.41)
2021	(0.66)	0.00	0.00	(0.66)
2020	(0.21)	0.00	(0.45)	(0.66)
2019	(0.58)	0.00	(0.08)	(0.66)
2018	(0.66)	0.00	0.00	(0.66)
2017	(0.63)	0.00	0.00	(0.63)
2016	(0.36)	0.00	(0.29)	(0.65)
2015	(0.32)	0.00	(0.41)	(0.73)

운용성과에 따른 NAV 변화입니다. 지난 10년간 $18~$22 수준을 유지하고 있습니다. 2020년과 2022년 부진한 성과에 높은 배당이 더

해지면서 NAV가 감소했지만, 2023년과 2024년 거둔 우수한 성과 덕분에 다시 회복했습니다. 다만 최근 배당 규모가 커진 만큼, 향후 성과가 부진할 경우 NAV가 다시 하락할 수 있다는 점은 유의해야 합니다.

FTQI의 NAV 변화 추이

연도	기초 NAV	총 운용성과	배당총액	기말 NAV
2024	18.81	4.03	(2.38)	20.46
2023	17.99	3.07	(2.25)	18.81
2022	21.17	(1.77)	(1.41)	17.99
2021	19.23	2.60	(0.66)	21.17
2020	22.30	(2.41)	(0.66)	19.23
2019	22.92	0.04	(0.66)	22.30
2018	22.27	1.31	(0.66)	22.92
2017	20.38	2.52	(0.63)	22.27
2016	19.05	1.98	(0.65)	20.38
2015	20.21	(0.43)	(0.73)	19.05

투자 성과를 살펴보겠습니다. 2015년 1월 FTQI에 1,000만 원을 투자했다면, 2025년 6월 투자금은 967만 원으로 줄어듭니다(-3.31%). 누적 배당금은 607만 원(60.68%)입니다. 결과적으로 1,000만 원은 1,574만 원이 되었고, 10.5년 동안의 누적 수익률은 57.37%, 연평균 수익률은 4.41%입니다.

QQQH
기본 정보 & 운용 전략

QQQH의 기본 정보	
자산운용사	NEOS Investment Management
펀드 설정일	2019-12-19
배당수익률	7.52%
AUM	$334.05M
총보수	0.68%

QQQH NEOS Nasdaq-100 Hedged Equity Income ETF*는 나스닥 100 지수와 높은 상관관계를 유지하는 것을 목표로 나스닥 100 지수 구성 종목에 투자하면서, 동시에 나스닥 100 지수에 대한 풋 스프레드 옵션 칼라 Put Spread Collar 전략을 사용하는 액티브 ETF**입니다.

풋 스프레드 옵션 칼라 전략이란 주식 보유 + 콜옵션 매도로 수익을 얻으면서 추가로 풋 스프레드(풋옵션 매수 + 더 낮은 행사가격의 풋옵션 매도) 전략을 활용하는 것으로, 이를 통해 주가 하락 시 일정 부분 손실을 상쇄할 수 있습니다. 다만 주가가 하락하지 않을 경우, 풋 스프레드 전략 비용으로 인해 일반적인 커버드콜 ETF보다 수익률이 낮아

---

* 과거 NUSI(Nationwide Nasdaq-100 Risk-Managed Income ETF)라는 이름으로 운용되었으나, 2024년 11월 자산운용사 NEOS가 NUSI를 인수하여 현재는 QQQH라는 이름으로 운용되고 있습니다.

** 주식 운용 전략은 패시브에 가깝지만, 옵션 운용 전략은 액티브여서 액티브 ETF로 분류됩니다.

질 수 있습니다. 2025년 6월 기준, 기술 섹터의 비중이 50% 이상으로 높습니다.

성과 분석

2024년 $3.92를 배당으로 지급했고, 배당수익률은 7.52%입니다.

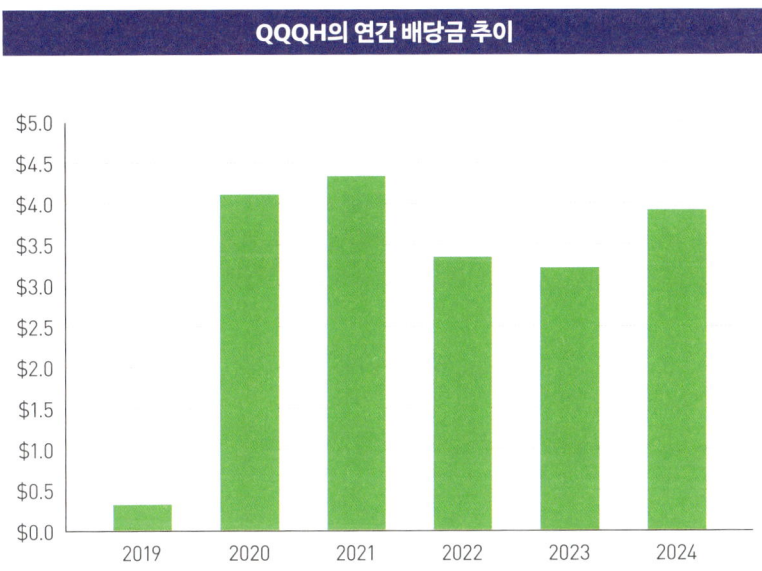

QQQH의 연간 배당금 추이

운용성과와 배당의 재원은 다음과 같습니다. 2022년 큰 손실을 기록했지만, 나머지 해에는 성과가 우수했습니다. 배당이 운용성과 범위 내에서 지급됨에도 불구하고, 자본반환이 진행되고 있습니다. 배당소득세 과세 이연 효과를 위해 의도적으로 자본반환을 활용하는 것으로 추정됩니다.

QQQH의 운용성과

연도	순투자소득	실현 및 미실현 손익	총 운용성과
2024	0.10	11.04	11.14
2023	0.10	5.34	5.44
2022	0.04	(13.28)	(13.24)
2021	0.04	5.18	5.22
2020	0.10	9.22	9.32

QQQH의 배당 재원

연도	순투자소득을 통한 배당 지급	자본이득을 통한 배당 지급	자본반환	배당총액
2024	(0.12)	0.00	(3.50)	(3.62)
2023	(0.10)	0.00	(3.00)	(3.10)
2022	(0.04)	0.00	(3.76)	(3.80)
2021	(0.04)	0.00	(4.22)	(4.26)
2020	(0.08)	0.00	(2.98)	(3.06)

운용성과에 따른 NAV 변화입니다. 2022년 나스닥 지수가 크게 하락하면서, 풋 스프레드 옵션 칼라 전략을 통해 일정 부분 손실을 방어했음에도 운용성과가 부진했습니다. 여기에 높은 배당이 더해져 NAV가 큰 폭으로 감소했습니다. 하지만 2023년과 2024년에 거둔 우수한 성과 덕분에 이전 수준을 상당 부분 회복했습니다.

QQQH의 NAV 변화 추이

연도	기초 NAV	총 운영 성과	배당총액	기말 NAV
2024	42.52	11.14	(3.62)	50.04
2023	40.18	5.44	(3.10)	42.52
2022	57.22	(13.24)	(3.80)	40.18
2021	56.26	5.22	(4.26)	57.22
2020	50.00	9.32	(3.06)	56.26

투자 성과를 살펴보겠습니다. 2019년 12월 QQQH에 1,000만 원을 투자했다면, 2025년 6월 투자금은 1,043만 원으로 늘어납니다 (+4.30%). 누적 배당금은 434만 원(43.41%)입니다. 결과적으로 1,000만 원은 1,477만 원이 되었고, 약 5.5년(2020년 1월~2025년 6월) 동안의 누적 수익률은 47.72%, 연평균 수익률은 7.35%입니다.

🎯 기초자산 - 개별 주식 & 코인

EOS
기본 정보 & 운용 전략

EOS의 기본 정보

자산운용사	Eaton Vance Management
펀드 설정일	2005-01-26

배당수익률	7.18%
AUM	$1.25B
총보수	1.09%

EOS^{Eaton Vance Enhanced Equity Income Fund II}는 주로 미국의 대형주와 중형주 중에서 평균 이상의 성장성과 재무 건전성을 보인다고 판단되는 종목에 투자하면서, 동시에 보유한 개별 주식에 대해 콜옵션을 매도하는 폐쇄형 펀드^{Closed-End Fund}입니다. 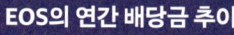2025년 7월 기준, 기술 섹터의 비중이 약 45%로 높습니다.

성과 분석

오랜 배당 이력을 가진 ETF로, 2011년부터 배당이 감소했으나 최근 다시 증가하는 추세입니다. 2024년 $1.72를 배당으로 지급했고,

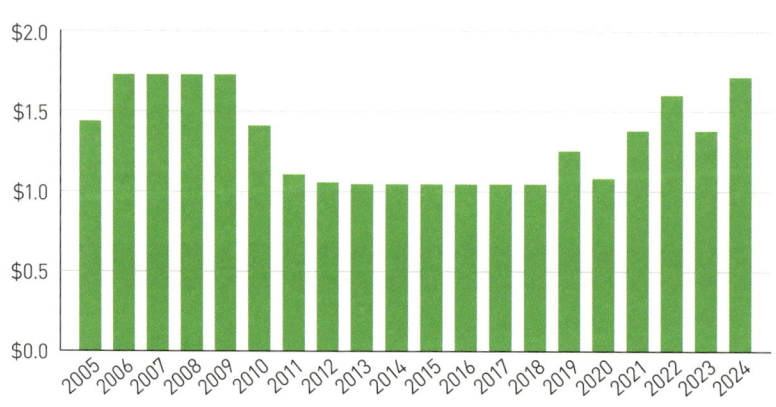

배당수익률은 7.18%입니다.

운용성과와 배당의 재원은 다음과 같습니다. 지난 10년간 꾸준한 성과를 보여주었으며, 특히 2019년 이후 그 성과가 더욱 두드러집니다. 자본반환이 자주 발생하지만, 운용성과 범위 내에서 배당이 이루어지고 있어 큰 문제는 없을 것으로 판단됩니다.

EOS의 운용성과

연도	순투자소득	실현 및 미실현 손익	총 운용성과
2024	(0.11)	5.42	5.31
2023	(0.05)	5.39	5.34
2022	(0.02)	(6.36)	(6.38)
2021	(0.08)	3.97	3.89
2020	(0.06)	4.82	4.76
2019	(0.03)	4.02	3.99
2018	(0.03)	0.13	0.10
2017	(0.02)	3.18	3.16
2016	0.03	0.28	0.30
2015	0.13	0.79	0.92

EOS의 배당 재원

연도	순투자소득을 통한 배당 지급	자본이득을 통한 배당 지급	자본반환	배당총액
2024	0.00	(1.23)	(0.49)	(1.72)

2023	0.00	(1.27)	(0.11)	(1.38)
2022	0.00	(1.06)	(0.54)	(1.60)
2021	0.00	(1.29)	(0.09)	(1.38)
2020	0.00	(0.04)	(1.05)	(1.09)
2019	0.00	(1.28)	0.00	(1.28)
2018	0.00	(1.05)	0.00	(1.05)
2017	0.00	(0.42)	(0.63)	(1.05)
2016	(0.05)	(0.13)	(0.87)	(1.05)
2015	(0.13)	(0.55)	(0.37)	(1.05)

운용성과에 따른 NAV 변화입니다. 2015년부터 2018년까지 $14 수준을 유지했고, 2019년 이후부터는 뛰어난 운용성과에 힘입어 높은 배당을 지급하면서도 NAV가 증가했습니다. 2022년 부진한 성과에 높은 배당이 더해지면서 NAV가 큰 폭으로 감소했으나, 2023년과 2024년 우수한 성과를 기록하며 이전 수준의 NAV를 모두 회복했습니다.

EOS의 NAV 변화 추이

연도	기초 NAV	총 운용성과	배당총액	기말 NAV
2024	19.71	5.31	(1.72)	23.30
2023	15.75	5.34	(1.38)	19.71
2022	23.72	(6.38)	(1.60)	15.75

2021	21.20	3.89	(1.38)	23.72
2020	17.53	4.76	(1.09)	21.20
2019	14.82	3.99	(1.28)	17.53
2018	15.77	0.10	(1.05)	14.82
2017	13.66	3.16	(1.05)	15.77
2016	14.41	0.30	(1.05)	13.66
2015	14.54	0.92	(1.05)	14.41

투자 성과를 살펴보겠습니다. 2015년 1월 EOS에 1,000만 원을 투자했다면, 2025년 6월 투자금은 1,747만 원으로 늘어납니다(+74.68%). 누적 배당금은 977만 원(97.66%)입니다. 결과적으로 1,000만 원은 2,723만 원이 되었고, 10.5년 동안의 누적 수익률은 172.34%, 연평균 수익률은 10.01%입니다.

BST
기본 정보 & 운용 전략

BST의 기본 정보	
자산운용사	BlackRock Advisors
펀드 설정일	2014-10-29
배당수익률	8.21%
AUM	$1.45B
총보수	0.88%

BST(BlackRock Science and Technology Trust)는 미국과 해외 과학기술 기업의 주식에 투자하면서, 동시에 보유한 주식 일부에 대해 콜옵션을 매도하는 폐쇄형 펀드입니다. 주가 상승(과학 기술주 투자)과 월배당(옵션 매도) 두 마리 토끼를 모두 잡는 것을 목표로 합니다. 액티브 전략을 사용하며, 2025년 6월 기준, 기술 섹터의 비중이 약 75%로 매우 높습니다.

성과 분석

2019년 이후 배당이 크게 증가했습니다. 2024년에는 $3을 배당으로 지급했고, 배당수익률은 8.21%입니다.

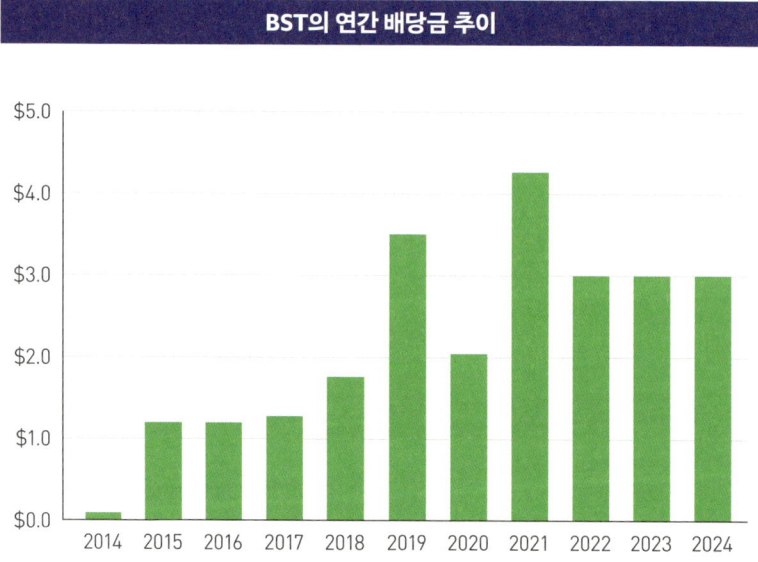

BST의 연간 배당금 추이

운용성과와 배당의 재원은 다음과 같습니다. 2022년 큰 손실을 기록했지만, 전체적으로 운용성과가 우수하며 특히 2019년 이후의 성과가 돋보입니다. 종종 자본반환을 통한 배당이 발생하나 운용성과 범위 내에서 이루어지고 있어 큰 문제는 없을 것으로 판단됩니다.

BST의 운용성과

연도	순투자소득	실현 및 미실현 손익	총 운용성과
2024	(0.28)	8.14	7.86
2023	(0.23)	8.86	8.63
2022	(0.29)	(20.00)	(20.29)
2021	(0.43)	5.84	5.41
2020	(0.28)	21.82	21.54
2019	(0.17)	9.92	9.75
2018	(0.13)	0.37	0.24
2017	(0.05)	8.96	8.91
2016	0.00	1.60	1.60
2015	0.03	1.44	1.47

BST의 배당 재원

연도	순투자소득을 통한 배당 지급	자본이득을 통한 배당 지급	자본반환	배당총액
2024	0.00	(1.57)	(1.43)	(3.00)
2023	0.00	(1.48)	(1.52)	(3.00)
2022	0.00	(2.16)	(0.84)	(3.00)
2021	0.00	(4.27)	0.00	(4.27)

2020	0.00	(2.05)	0.00	(2.05)
2019	0.00	(3.51)	0.00	(3.51)
2018	0.00	(1.76)	0.00	(1.76)
2017	(0.05)	(0.22)	(1.01)	(1.28)
2016	0.00	0.00	(1.20)	(1.20)
2015	(0.03)	(0.01)	(1.16)	(1.20)

운용성과에 따른 NAV 변화입니다. 2015년 $19.43에서 2024년 $39.60으로 10년간 두 배 이상 증가했습니다. 주가 상승과 고배당이라는 두 가지 목표를 모두 달성한 모습입니다. 다만 과학 기술 섹터의 특성상 높은 변동성은 감수해야 하며, 2022년과 같은 큰 폭의 하락이 언제든 재현될 수 있다는 점을 유의해야 합니다.

BST의 NAV 변화 추이

연도	기초 NAV	총 운용성과	배당총액	기말 NAV
2024	34.74	7.86	(3.00)	39.60
2023	29.11	8.63	(3.00)	34.74
2022	52.40	(20.29)	(3.00)	29.11
2021	51.94	5.41	(4.27)	52.40
2020	32.45	21.54	(2.05)	51.94
2019	26.21	9.75	(3.51)	32.45
2018	27.73	0.24	(1.76)	26.21
2017	20.10	8.91	(1.28)	27.73

2016	19.70	1.60	(1.20)	20.10
2015	19.43	1.47	(1.20)	19.70

투자 성과를 살펴보겠습니다. 2015년 1월 BST에 1,000만 원을 투자했다면, 2025년 6월 투자금은 2,169만 원으로 늘어납니다(+116.88%). 누적 배당금은 1,463만 원(146.34%)입니다. 결과적으로 1,000만 원은 3,632만 원이 되었고, 10.5년 동안의 누적 수익률은 263.22%, 연평균 수익률은 13.07%입니다.

FEPI
기본 정보 & 운용 전략

FEPI의 기본 정보	
자산운용사	REX Advisers
펀드 설정일	2023-10-11
배당수익률	27.18%
AUM	$493.89M
총보수	0.65%

FEPI(REX FANG & Innovation Equity Premium Income ETF)는 미국의 대형 기술주에 투자하면서, 동시에 보유 주식을 대상으로 콜옵션을 매도하는 커버드콜 ETF입니다. AMD, 엔비디아, 브로드컴, 팔란티어, 애플, 마이크로소프트, 아마존 등 대형 기술주를 동일 가중(같은 비중) 방식으로

투자합니다. 앞서 살펴본 BST와 마찬가지로, 주가 상승(대형 기술주 투자)과 월배당(옵션 매도) 두 마리 토끼를 모두 잡는 것을 목표로 합니다. 다만 BST는 폐쇄형 펀드이고 FEPI는 ETF라는 점에서 차이가 있습니다.

성과 분석

2024년 $13.49를 배당으로 지급했고, 배당수익률은 27.18%입니다.

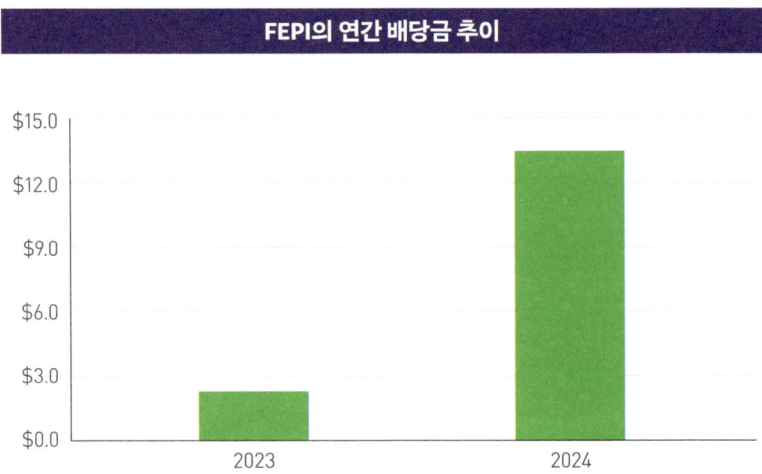

운용성과와 배당의 재원은 다음과 같습니다. 2024년 뛰어난 운용성과를 기록했으며, 이를 재원으로 높은 배당이 지급되었습니다. 그러나 아직 운용 이력이 짧은 만큼 성과를 좀 더 지켜볼 필요가 있습니다.

FEPI의 운용성과

연도	순투자소득	실현 및 미실현 손익	총 운용성과
2024	(0.12)	12.26	12.14

FEPI의 배당 재원

연도	순투자소득을 통한 배당 지급	자본이득을 통한 배당 지급	자본반환	배당총액
2024	(1.21)	(9.18)	0.00	(10.39)

운용성과에 따른 NAV 변화입니다. 고배당을 지급했음에도 뛰어난 운용성과 덕분에 NAV가 소폭 증가했습니다.

FEPI의 NAV 변화 추이

연도	기초 NAV	총 운용성과	배당총액	기말 NAV
2024	50.00	12.14	(10.39)	51.75

투자 성과를 살펴보겠습니다. 2023년 10월 FEPI에 1,000만 원을 투자했다면, 2025년 6월 투자금은 881만 원으로 줄어듭니다(-11.90%). 누적 배당금은 416만 원(41.62%)입니다. 결과적으로 1,000만 원은 1,297만 원이 되었고, 약 1.75년(2023년 10월~2025년 6월) 동안의 누적 수익률은 29.72%, 연평균 수익률은 16.03%입니다.

TSLY

기본 정보 & 운용 전략

TSLY의 기본 정보	
자산운용사	Tidal Investments
펀드 설정일	2022-11-22
배당수익률	82.30%
AUM	$1.12B
총보수	1.04%

TSLY(YieldMax TSLA Option Income Strategy ETF)는 테슬라 주식에 투자하면서, 동시에 테슬라 콜옵션을 매도하는 커버드콜 ETF입니다. 단, 테슬라 주식을 직접 보유하지는 않습니다. 자산의 상당 부분을 미국 국채에 투자한 후, 이를 담보로 옵션 등의 파생상품을 조합하여 테슬라의 주가를 추종하는 방식을 사용합니다*. 이를 통해 국채 이자수익 + 테슬라 주가 상승(제한적) + 옵션 프리미엄 수익을 추구할 수 있습니다. 그러나 지수나 섹터가 아닌 개별 주식을 추종하므로 높은 변동성과 리스크를 수반합니다.

---

* 이렇게 주식을 직접 보유하지 않고, 옵션 조합을 통해 보유 효과를 만드는 전략을 합성 커버드콜 전략(Synthetic Covered Call Strategy)이라고 합니다. 이 경우 주식을 직접 보유하지 않으므로 배당을 받을 권리가 없습니다.

성과 분석

2023년 $18.25, 2024년 $11.74를 배당으로 지급했습니다. 2024년 기준 연간 배당수익률이 무려 82.30%에 달합니다. 어떻게 이런 초고배당이 가능했을까요?

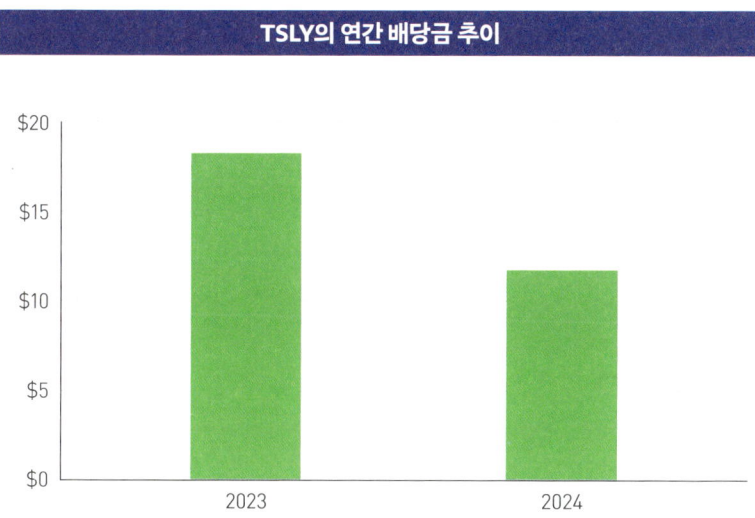

운용성과와 배당의 재원을 살펴보겠습니다. 운용성과는 2023년 마이너스를 기록했고, 2024년에도 소폭의 이익을 내는 데 그쳤습니다. 배당의 약 90%가 자본반환인 것을 확인할 수 있습니다. 이는 사실상 투자 원금을 되돌려주는 방식이므로 현재의 높은 배당이 지속되기는 어려울 것으로 보입니다.

TSLY의 운용성과

연도	순투자소득	실현 및 미실현 손익	총 운용성과
2024	0.70	0.66	1.36
2023	1.20	(3.18)	(1.98)

TSLY의 배당 재원

연도	순투자소득을 통한 배당 지급	자본이득을 통한 배당 지급	자본반환	배당총액
2024	(0.71)	0.00	(10.90)	(11.61)
2023	(1.34)	0.00	(14.52)	(15.86)

운용성과에 따른 NAV 변화입니다. 운용성과가 부진했던 2023년에는 배당금을 초과해서, 2024년에는 배당금만큼 NAV가 감소했습니다. 결과적으로 배당으로 받은 금액($27.47) 이상으로 자산 가치가 하락($28.07)했습니다.

TSLY의 NAV 변화 추이

연도	기초 NAV	총 운용성과	배당총액	기말 NAV
2024	22.18	1.36	(11.61)	11.93
2023	40.00	(1.98)	(15.86)	22.18

간혹 높은 배당수익률만 보고 투자를 결정하는 경우가 있습니다. 하지만 운용성과가 뒷받침되지 않는다면 고배당은 지속되기가 어렵

고, 결국 배당을 받은 만큼 NAV가 감소하여 실질적인 수익이 없을 수도 있습니다. 따라서 초고배당을 내세우는 ETF일수록 배당의 재원이 운용성과인지 자본반환인지 확인하고 투자해야 합니다.

마지막으로 테슬라 주식에 직접 투자하는 것과 TSLY에 투자하는 것의 성과를 비교해 보겠습니다.

2022년 11월 테슬라에 1,000만 원을 투자했다면, 2025년 6월 투자금은 1,830만 원으로 늘어납니다(+83.02%). 테슬라는 배당을 지급하지 않으므로 약 2.5년(2022년 11월~2025년 6월) 동안의 누적 수익률은 83.02%, 연평균 수익률은 26.36%입니다. 반면 2022년 11월 TSLY에 1,000만 원을 투자했다면, 2025년 6월 투자금은 204만 원으로 줄어듭니다(-79.64%). 누적 배당금은 837만 원(83.68%)입니다. 결과적으로 1,000만 원은 1,040만 원이 되었고, 약 2.5년(2022년 12월~2025년 6월) 동안의 누적 수익률은 4.04%, 연평균 수익률은 1.55%입니다.

APLY

기본 정보 & 운용 전략

APLY의 기본 정보	
자산운용사	Tidal Investments
펀드 설정일	2023-04-17
배당수익률	24.95%
AUM	$145.07M
총보수	1.06%

APLY YieldMax AAPL Option Income Strategy ETF는 애플 주식에 투자하면서, 동시에 애플 콜옵션을 매도하는 커버드콜 ETF입니다. 단, 애플 주식을 직접 보유하지는 않습니다. 자산의 상당 부분을 미국 국채에 투자한 후, 이를 담보로 옵션 등의 파생상품을 조합하여 애플의 주가를 추종하는 방식을 사용합니다. 국채 이자수익 + 애플 주가 상승(제한적) + 옵션 프리미엄 수익을 추구할 수 있지만, 지수나 섹터가 아닌 개별 주식을 추종하므로 높은 변동성과 리스크를 수반합니다.

성과 분석

2024년 $4.5를 배당으로 지급했고, 배당수익률은 24.95%입니다.

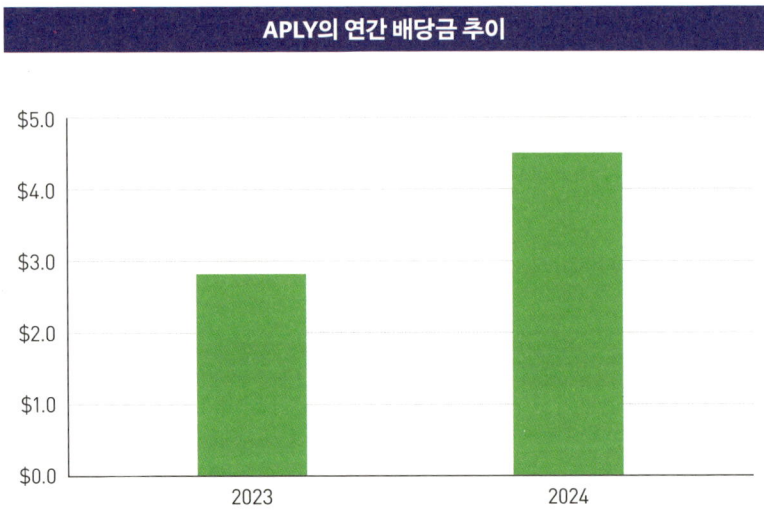

운용성과와 배당의 재원은 다음과 같습니다. 2023년에는 부진한 성과에 높은 배당으로 인해, 2024년에는 성과가 우수했지만 이를 초

과하는 배당이 이루어져 각각 자본반환이 발생했습니다.

APLY의 운용성과

연도	순투자소득	실현 및 미실현 손익	총 운용성과
2024	0.69	2.72	3.41
2023	0.44	0.06	0.50

APLY의 배당 재원

연도	순투자소득을 통한 배당 지급	자본이득을 통한 배당 지급	자본반환	배당총액
2024	(2.19)	0.00	(2.19)	(4.38)
2023	(0.41)	0.00	(1.77)	(2.18)

운용성과에 따른 NAV 변화입니다. 두 해 연속 운용성과를 초과하는 배당이 지급되면서 NAV가 소폭 하락했습니다.

APLY의 NAV 변화 추이

연도	기초 NAV	총 운용성과	배당총액	기말 NAV
2024	18.33	3.41	(4.83)	17.36
2023	20.00	0.50	(2.18)	18.33

투자 성과를 살펴보겠습니다. 2023년 4월 애플 주식에 1,000만 원을 투자했다면, 2025년 6월 투자금은 1,235만 원으로 늘어납니다

(+23.52%). 누적 배당금은 15만 원(1.49%)입니다. 결과적으로 1,000만 원은 1,250만 원이 되었고, 약 2년 동안(2023년 5월~2025년 6월)의 누적 수익률은 25.02%, 연평균 수익률은 10.85%입니다. 반면 2023년 4월 APLY에 1,000만 원을 투자했다면, 2025년 6월 투자금은 637만 원으로 줄어듭니다(-36.29%). 누적 배당금은 474만 원(47.40%)입니다. 결과적으로 1,000만 원은 1,111만 원이 되었고, 약 2년(2023년 5월~2025년 6월) 동안의 누적 수익률은 11.12%, 연평균 수익률은 4.99%입니다.

AMZY
기본 정보 & 운용 전략

AMZY의 기본 정보	
자산운용사	Tidal Investments
펀드 설정일	2023-07-24
배당수익률	47.89%
AUM	$294.07M
총보수	1.17%

AMZY YieldMax AMZN Option Income Strategy ETF는 아마존 주식에 투자하면서, 동시에 아마존 콜옵션을 매도하는 커버드콜 ETF입니다. 단, 아마존 주식을 직접 보유하지는 않습니다. 자산의 상당 부분을 미국 국채에 투자한 후, 이를 담보로 옵션 등의 파생상품을 조합하여 아마존

의 주가를 추종하는 방식을 사용합니다. 국채 이자수익 + 아마존 주가 상승(제한적) + 옵션 프리미엄 수익을 추구할 수 있지만, 지수나 섹터가 아닌 개별 주식을 추종하므로 높은 변동성과 리스크를 수반합니다.

성과 분석

2024년 $9.01을 배당으로 지급했고, 배당수익률은 47.89%입니다.

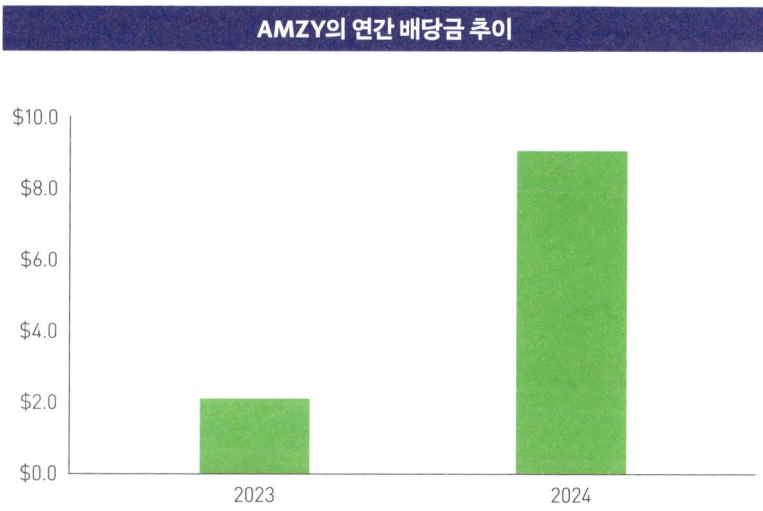

운용성과와 배당의 재원은 다음과 같습니다. 2023년에는 운용성과 범위 내에서 배당이 이루어졌지만, 2024년에는 우수한 운용성과를 거뒀음에도 이를 뛰어넘는 배당을 지급하면서 자본반환이 발생했습니다.

AMZY의 운용성과

연도	순투자소득	실현 및 미실현 손익	총 운용성과
2024	0.81	5.36	6.17
2023	0.23	1.31	1.54

AMZY의 배당 재원

연도	순투자소득을 통한 배당 지급	자본이득을 통한 배당 지급	자본반환	배당총액
2024	(2.47)	0.00	(5.52)	(7.99)
2023	(1.10)	0.00	0.00	(1.10)

운용성과에 따른 NAV 변화입니다. 2024년 운용성과를 상회하는 높은 배당으로 인해 NAV가 소폭 하락했습니다.

AMZY의 NAV 변화 추이

연도	기초 NAV	총 운용성과	배당총액	기말 NAV
2024	20.45	6.17	(7.99)	18.64
2023	20.00	1.54	(1.10)	20.45

투자 성과를 살펴보겠습니다. 2023년 7월 아마존 주식에 1,000만 원을 투자했다면 2025년 6월 투자금은 1,697만 원으로 늘어납니다(+69.66%). 아마존은 배당을 지급하지 않으므로 약 2년(2023년

8월~2025년 6월) 동안의 누적 수익률은 69.66%, 연평균 수익률은 31.76%입니다. 반면 2023년 7월 AMZY에 1,000만 원을 투자했다면, 2025년 6월 투자금은 808만 원으로 줄어듭니다(-19.15%). 누적 배당금은 715만 원(71.52%)입니다. 결과적으로 1,000만 원은 1,524만 원이 되었고, 약 2년(2023년 8월~2025년 6월) 동안의 누적 수익률은 52.36%, 연평균 수익률은 24.57%입니다.

NVDY

기본 정보 & 운용 전략

NVDY의 기본 정보

자산운용사	Tidal Investments
펀드 설정일	2023-05-10
배당수익률	83.63%
AUM	$1.86B
총보수	1.27%

NVDY YieldMax NVDA Option Income Strategy ETF는 엔비디아 주식에 투자하면서, 동시에 엔비디아 콜옵션을 매도하는 커버드콜 ETF입니다. 단, 엔비디아 주식을 직접 보유하지는 않습니다. 자산의 상당 부분을 미국 국채에 투자한 후, 이를 담보로 옵션 등의 파생상품을 조합하여 엔비디아의 주가를 추종하는 방식을 사용합니다. 국채 이자수익 + 엔비디아 주가 상승(제한적) + 옵션 프리미엄 수익을 추구할 수 있지만, 지수

나 섹터가 아닌 개별 주식을 추종하므로 높은 변동성과 리스크를 수반합니다.

성과 분석

2024년 $19.53을 배당으로 지급했고, 배당수익률은 83.63%입니다.

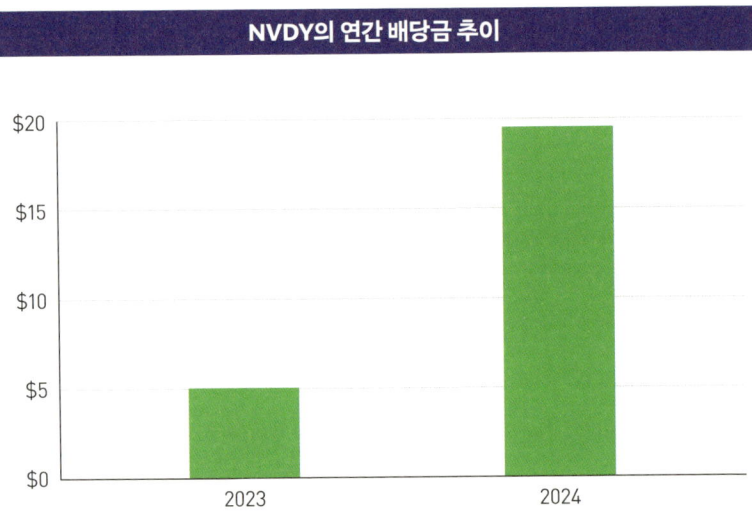

운용성과와 배당의 재원은 다음과 같습니다. 두 해 연속 플러스 수익을 기록했으며, 특히 2024년에 매우 우수한 성과를 보여주었습니다. 배당의 일부가 자본반환으로 분류되었으나, 운용성과 범위 내에서 배당이 이루어졌으므로 큰 문제는 되지 않을 것으로 판단됩니다.

NVDY의 운용성과

연도	순투자소득	실현 및 미실현 손익	총 운용성과
2024	0.98	21.80	22.78
2023	0.45	4.00	4.45

NVDY의 배당 재원

연도	순투자소득을 통한 배당 지급	자본이득을 통한 배당 지급	자본반환	배당총액
2024	(15.17)	0.00	(3.08)	(18.25)
2023	(3.55)	0.00	(0.57)	(4.12)

운용성과에 따른 NAV 변화입니다. 높은 배당을 지급했음에도 뛰어난 운용성과에 힘입어 NAV가 오히려 증가했습니다.

NVDY의 NAV 변화 추이

연도	기초 NAV	총 운용성과	배당총액	기말 NAV
2024	20.34	22.78	(18.25)	24.88
2023	20.00	4.45	(4.12)	20.34

투자 성과를 살펴보겠습니다. 2023년 5월 엔비디아 주식에 1,000만 원을 투자했다면, 2025년 6월 투자금은 5,467만 원으로 늘어납니다(+446.68%). 누적 배당금은 7만 원(0.69%)입니다. 결과적으로 1,000만 원은 5,474만 원이 되었고, 약 2년(2023년 5월~2025년 6월)

동안의 누적 수익률은 447.37%, 연평균 수익률은 119.15%입니다. 반면 2023년 5월 NVDY에 1,000만 원을 투자했다면, 2025년 6월 투자금은 838만 원으로 줄어듭니다(-16.19%). 누적 배당금은 1,583만 원(158.32%)입니다. 결과적으로 1,000만 원은 2,421만 원이 되었고, 약 2년(2023년 5월~2025년 6월) 동안의 누적 수익률은 142.12%, 연평균 수익률은 50.40%입니다.

MSTY
기본 정보 & 운용 전략

MSTY의 기본 정보	
자산운용사	Tidal Investments
펀드 설정일	2024-02-21
배당수익률	104.56%
AUM	$4.93B
총보수	0.99%

MSTY YieldMax MSTR Option Income Strategy ETF는 마이크로스트래티지* 주식에 투자하면서, 동시에 마이크로스트래티지 콜옵션을 매도하는 커버드콜 ETF입니다. 단, 마이크로스트래티지 주식을 직접 보유하지는

---

* 기업용 데이터 분석 소프트웨어 제작 기업입니다. 상장사 중에서 가장 많은 비트코인을 보유하고 있어 주가는 본업보다 비트코인 가격에 더 민감하게 반응합니다.

않습니다. 자산의 상당 부분을 미국 국채에 투자한 후, 이를 담보로 옵션 등의 파생상품을 조합하여 마이크로스트래티지의 주가를 추종하는 방식을 사용합니다. 국채 이자수익 + 마이크로스트래티지 주가 상승(제한적) + 옵션 프리미엄 수익을 모두 추구할 수 있지만, 지수나 섹터가 아닌 개별 주식을 추종하므로 높은 변동성과 리스크를 수반합니다.

성과 분석

2024년 $27.51을 배당으로 지급했고, 배당수익률은 104.56%입니다. 배당만으로 이미 투자 원금을 회수했습니다. 이런 놀라운 성과가 어떻게 가능했을까요?

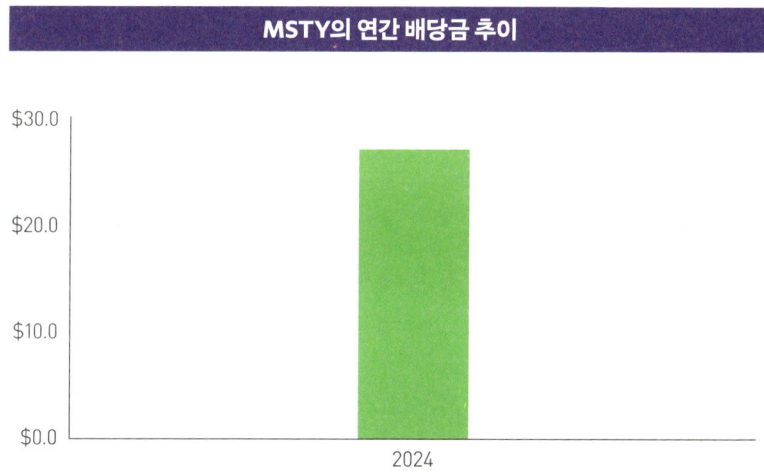

운용성과와 배당의 재원을 살펴보겠습니다. 2024년 매우 뛰어난 운용성과를 기록했으며, 이를 재원으로 자본반환 없이 배당이 이루어

졌습니다.

MSTY의 운용성과

연도	순투자소득	실현 및 미실현 손익	총 운용성과
2024	0.34	28.71	29.05

MSTY의 배당 재원

연도	순투자소득을 통한 배당 지급	자본이득을 통한 배당 지급	자본반환	배당총액
2024	(20.01)	0.00	0.00	(20.01)

운용성과에 따른 NAV 변화입니다. 초고배당이 이루어졌음에도 불구하고 뛰어난 운용성과 덕분에 NAV가 오히려 50% 가까이 증가했습니다. 주가 상승과 고배당이라는 두 가지 목표를 모두 달성했습니다.

MSTY의 NAV 변화 추이

연도	기초 NAV	총 운용성과	배당총액	기말 NAV
2024	20.00	29.05	(20.01)	29.06

투자 성과를 살펴보겠습니다. 2024년 2월 마이크로스트래티지 주식에 1,000만 원을 투자했다면, 2025년 6월 투자금은 5,912만 원으로 늘어납니다(+491.24%). 마이크로스트래티지는 배당을 지급하지 않으므로 약 1.3년(2024년 3월~2025년 6월) 동안의 누적 수익률은 491.24%,

연평균 수익률은 279.16%입니다. 반면 2024년 2월 MSTY에 1,000만 원을 투자했다면, 2025년 6월 투자금은 1,088만 원으로 늘어납니다(+8.78%). 누적 배당금은 1,887만 원(188.71%)입니다. 결과적으로 1,000만 원은 2,975만 원이 되었고, 약 1.3년(2024년 3월~2025년 6월) 동안의 누적 수익률은 197.49%, 연평균 수익률은 126.52%입니다.

YBTC
기본 정보 & 운용 전략

YBTC의 기본 정보	
자산운용사	Roundhill Financial
펀드 설정일	2024-01-17
배당수익률	44.52%
AUM	$286.23M
총보수	0.96%

YBTC Roundhill Bitcoin Covered Call Strategy ETF는 비트코인 ETF에 투자하면서, 동시에 비트코인 ETF 콜옵션을 매도하는 커버드콜 ETF입니다. 단, 비트코인이나 비트코인 ETF를 직접 보유하지는 않습니다. (필요시 ETF 편입 가능) 자산의 상당 부분을 미국 국채에 투자한 후, 이를 담보로 옵션 등의 파생상품을 조합하여 비트코인 ETF의 가격을 추종하는 방식을 사용합니다. 국채 이자수익 + 비트코인 가격 상승(제한적) + 옵션 프리미엄 수익을 추구할 수 있지만, 지수나 섹터가 아닌 비트

코인을 추종하므로 높은 변동성과 리스크를 수반합니다. 2025년부터 매주 배당을 지급하여 현재는 주배당 ETF가 되었습니다.

성과 분석

2024년 $22.15를 배당으로 지급했고, 배당수익률은 44.52%입니다.

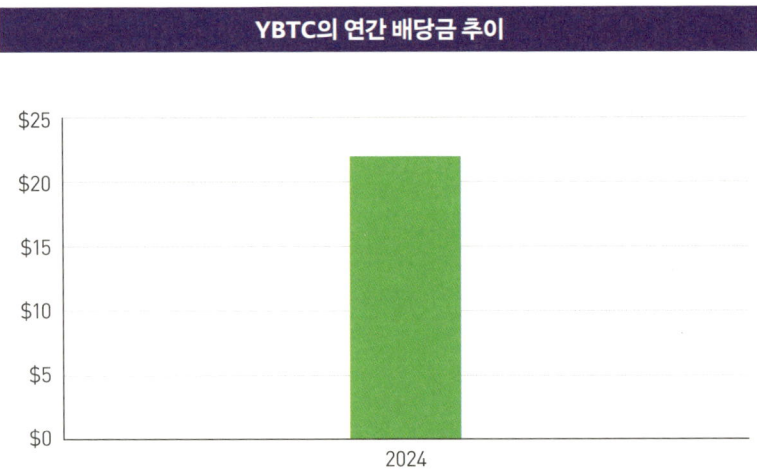

YBTC의 연간 배당금 추이

운용성과와 배당의 재원은 다음과 같습니다. 2024년 뛰어난 운용성과를 기록했고, 이를 소폭 상회하는 수준의 배당이 이루어졌습니다.

연도	순투자소득	실현 및 미실현 손익	총 운용성과
2024	1.71	19.47	21.18

YBTC의 운용성과

YBTC의 배당 재원

연도	순투자소득을 통한 배당 지급	자본이득을 통한 배당 지급	자본반환	배당총액
2024	(22.15)	0.00	0.00	(22.15)

운용성과에 따른 NAV 변화입니다. 운용성과를 넘어서는 배당이 이루어지면서 NAV가 소폭 감소했습니다.

YBTC의 NAV 변화 추이

연도	기초 NAV	총 운용성과	배당총액	기말 NAV
2024	50.17	21.18	(22.15)	49.32

투자 성과를 살펴보겠습니다. 2024년 1월 비트코인에 1,000만 원을 투자했다면, 2025년 6월 투자금은 2,539만 원으로 늘어납니다(+153.95%). 비트코인은 배당을 지급하지 않으므로 약 1.5년(2024년 2월~2025년 6월) 동안의 누적 수익률은 153.95%, 연평균 수익률은 93.06%입니다. 반면 2024년 1월 YBTC에 1,000만 원을 투자했다면, 2025년 6월 투자금은 941만 원으로 줄어듭니다(-5.87%). 누적 배당금은 656만 원(65.57%)입니다. 결과적으로 1,000만 원은 1,597만 원이 되었고, 약 1.5년(2024년 2월~2025년 6월) 동안의 누적 수익률은 59.70%, 연평균 수익률은 39.16%입니다.

MAXI

기본 정보 & 운용 전략

MAXI의 기본 정보	
자산운용사	Simplify Asset Management
펀드 설정일	2022-09-29
배당수익률	32.05%
AUM	$49.24M*
총보수	6.10%**

MAXI Simplify Bitcoin Strategy PLUS Income ETF는 비트코인 ETF에 투자하면서, 동시에 다양한 자산을 대상으로 옵션을 매도하는 액티브 ETF*** 입니다. 단, 비트코인에 직접 투자하지는 않습니다. 비트코인 ETF, 선물, 옵션 등에 투자해 가격을 추종하며 지수, 채권, 원자재 ETF 등에 대한 옵션 스프레드 매도****를 통해 옵션 프리미엄을 얻습니다. 비트코인 가격 추종 비중을 50~200%까지 조절할 수 있어, 강세장에서 상승이 제한되는 여타의 커버드콜 ETF와 달리 비트코인의 가격 상승을

---

* AUM의 규모가 매우 작아 주의가 필요합니다.
** 운용보수는 0.85%이지만, 복잡한 파생 전략과 레버리지 사용으로 인해 이자비용이 5.54%로 매우 높습니다.
*** 기초자산과 옵션 매도 대상이 다르다는 점에서 전통적인 의미의 커버드콜과는 차이가 있습니다. 이러한 방식을 옵션 오버레이(Option Overlay) 전략이라고 합니다.
**** 서로 다른 행사가격의 옵션을 동시에 사고파는 전략을 말합니다. 콜 스프레드 매도라면 높은 행사가격의 콜옵션을 매도하고 더 높은 행사가격의 콜옵션을 매수하며, 풋 스프레드 매도라면 높은 행사가격의 풋옵션을 매도하고 더 낮은 행사가격의 풋옵션을 매수합니다.

따라갈 수 있습니다.

성과 분석

2024년 $8.67을 배당으로 지급했고, 배당수익률은 32.05%입니다.

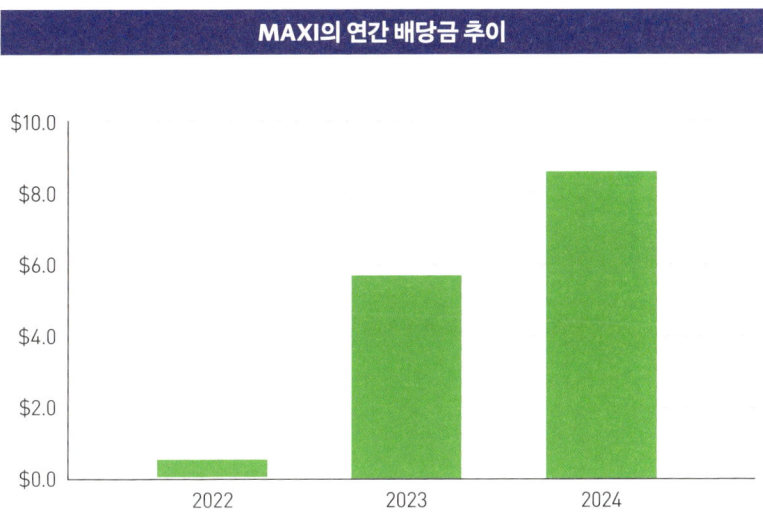

MAXI의 연간 배당금 추이

운용성과와 배당의 재원은 다음과 같습니다. 2023년과 2024년 모두 뛰어난 운용성과를 기록했고, 이를 재원으로 자본반환 없이 배당을 지급했습니다.

연도	순투자소득	실현 및 미실현 손익	총 운용성과
2024	0.76	12.23	12.99
2023	0.15	6.64	6.79

MAXI의 운용성과

MAXI의 배당 재원

연도	순투자소득을 통한 배당 지급	자본이득을 통한 배당 지급	자본반환	배당총액
2024	(4.97)	(0.86)	0.00	(5.83)
2023	(1.15)	(0.06)	0.00	(1.21)

운용성과에 따른 NAV 변화입니다. 높은 배당을 지급했음에도 뛰어난 운용성과에 힘입어 NAV가 큰 폭으로 증가했습니다.

MAXI의 NAV 변화 추이

연도	기초 NAV	총 운용성과	배당총액	기말 NAV
2024	18.08	12.99	(5.83)	25.24
2023	12.50	6.79	(1.21)	18.08

투자 성과를 살펴보겠습니다. 2022년 9월 비트코인에 1,000만 원을 투자했다면, 2025년 6월 투자금은 5,537만 원으로 늘어납니다(+453.75%). 비트코인은 배당을 지급하지 않으므로 약 2.75년(2022년 10월~2025년 6월) 동안의 누적 수익률은 453.75%, 연평균 수익률은 86.34%입니다. 반면 2022년 9월 MAXI에 1,000만 원을 투자했다면, 2025년 6월 투자금은 2,400만 원으로 늘어납니다(+140.02%). 누적 배당금은 1,295만 원(129.47%%)입니다. 결과적으로 1,000만 원은 3,695만 원이 되었고, 약 2.75년(2022년 10월~2025년 6월) 동안의 누적 수익률은 269.49%, 연평균 수익률은 60.84%입니다.

투자 성과 한눈에 보기!

	투자 기간	투자 원금*	배당금	합산	누적 수익률	연평균 수익률
XYLD	10.5년	853	745	1,598	59.75%	4.56%
QYLD	10.5년	696	999	1,694	69.41%	5.15%
JEPI	약 5년	1,136	493	1,630	62.96%	10.08%
JEPQ	약 3년	1,086	339	1,425	42.49%	11.83%
GPIX	약 1.7년	1,264	161	1,425	42.54%	23.70%
GPIQ	약 1.7년	1,286	200	1,486	48.57%	26.81%
SPYI	약 2.8년	1,008	337	1,345	34.52%	11.03%
FTHI	10.5년	1,115	652	1,768	76.76%	5.57%
FTQI	10.5년	967	607	1,574	57.37%	4.41%
QQQH	약 5.5년	1,043	434	1,477	47.72%	7.35%
EOS	10.5년	1,747	977	2,723	172.34%	10.01%
BST	10.5년	2,169	1,463	3,632	263.22%	13.07%
FEPI	약 1.75년	881	416	1,297	29.72%	16.03%
TSLY	약 2.5년	204	837	1,040	4.04%	1.55%
APLY	약 2년	637	474	1,111	11.12%	4.99%
AMZY	약 2년	808	715	1,524	52.36%	24.57%
NVDY	약 2년	838	1,583	2,421	142.12%	50.40%
MSTY	약 1.3년	1,088	1,887	2,975	197.49%	126.52%
YBTC	약 1.5년	941	656	1,597	59.70%	39.16%
MAXI	약 2.75년	2,400	1,295	3,695	269.49%	60.84%

* 1,000만 원이 기준입니다.

PART 3

매달 배당을 주는

고배당 ETF

고배당 ETF의
기본 개념

　전 세계에는 높은 배당을 꾸준히 지급하는 고배당 주식이 많습니다. 하지만 개인 투자자가 여러 나라의 고배당주에 직접 투자하기는 어렵습니다. 이럴 때 고배당 ETF가 좋은 대안이 될 수 있습니다. 이번 장에서는 매달 배당금을 지급하는 고배당 ETF에 대해 알아보겠습니다.

주요 고배당 ETF 심층 분석

 고배당 주식

SPHD

기본 정보 & 운용 전략

SPHD의 기본 정보	
자산운용사	Invesco Capital Management
펀드 설정일	2012-10-18
배당수익률	3.41%
AUM	$3.14B
총보수	0.30%

SPHD Invesco S&P 500 High Dividend Low Volatility ETF는 미국 S&P 500 지수 구성 종목 중 배당수익률이 높고 변동성은 낮은 종목에 투자하는 패시브 ETF입니다. 지난 12개월 동안 배당수익률이 가장 높은 75개 종목을 선별한 뒤, 이 가운데 변동성이 가장 낮은 50개 종목을 선택해 투자합니다. 배당수익률에 따라 가중치를 부여해 종목별 비중을 조절하고, 섹터별 비중도 최대 25%로 제한합니다. 편입 종목은 연 2회(1월, 7월 말 기준) 재구성하며, 이를 통해 주가 상승과 안정적인 배당수익을 추구합니다.

성과 분석

배당이 꾸준히 증가하는 추세입니다. 2024년 $1.65를 배당으로 지급했고, 배당수익률은 3.41%입니다.

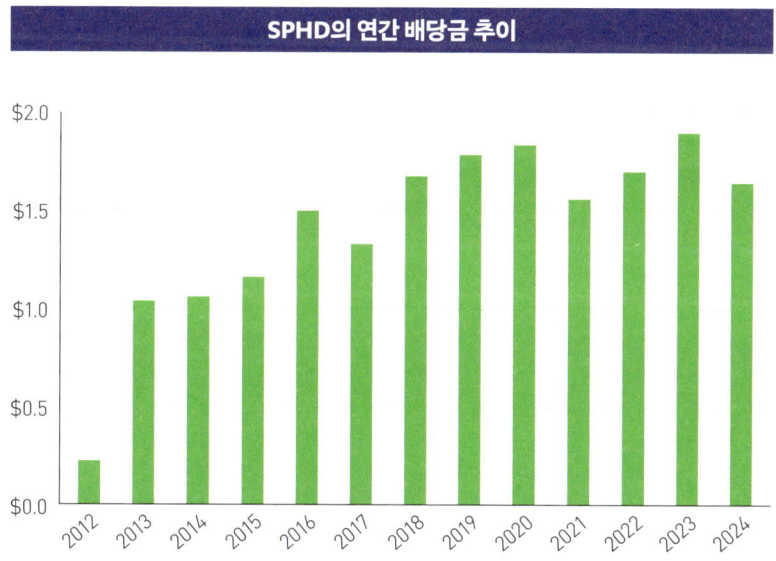

SPHD의 연간 배당금 추이

운용성과와 배당의 재원은 다음과 같습니다. 총 운용성과는 순투자소득과 실현 및 미실현 손익으로 구성되는데, 보유한 종목에서 받는 배당금은 순투자소득으로, 종목의 매매손익은 실현 손익으로, 보유 종목의 평가 금액은 미실현 손익으로 분류됩니다. 순투자소득이 꾸준히 증가하고 있으며, 배당은 순투자소득 수준에서 지급되는 것을 확인할 수 있습니다.

SPHD의 운용성과

연도	순투자소득	실현 및 미실현 손익	총 운용성과
2024	1.80	8.37	10.17
2023	1.80	(2.76)	(0.96)
2022	1.60	(0.27)	1.33
2021	1.57	10.21	11.78
2020	1.53	(6.10)	(4.57)
2019	1.64	(1.06)	0.58
2018	1.35	0.45	1.80
2017	1.33	3.68	5.01
2016	1.29	4.51	5.80
2015	1.10	1.13	2.23

SPHD의 배당 재원				
연도	순투자소득을 통한 배당 지급	자본이득을 통한 배당 지급	자본반환	배당총액
2024	(1.80)	0.00	0.00	(1.80)
2023	(1.78)	0.00	0.00	(1.78)
2022	(1.66)	0.00	0.00	(1.66)
2021	(1.64)	0.00	0.00	(1.64)
2020	(1.85)	0.00	0.00	(1.85)
2019	(1.74)	0.00	0.00	(1.74)
2018	(1.36)	0.00	0.00	(1.36)
2017	(1.46)	0.00	0.00	(1.46)
2016	(1.33)	0.00	0.00	(1.33)
2015	(1.15)	0.00	0.00	(1.15)

운용성과에 따른 NAV 변화입니다. 운용성과가 우수하고, 그 안에서 배당이 이루어지면서 NAV가 지속적으로 증가하는 모습입니다. 2020년에는 운용성과 부진에 배당이 더해지면서 NAV가 큰 폭으로 감소했는데, 이듬해 뛰어난 운용성과를 거두며 다시 회복했습니다.

SPHD의 NAV 변화 추이				
연도	기초 NAV	총 운용성과	배당총액	기말 NAV
2024	41.17	10.17	(1.80)	49.54
2023	43.91	(0.96)	(1.78)	41.17

2022	44.24	1.33	(1.66)	43.91
2021	34.10	11.78	(1.64)	44.24
2020	40.52	(4.57)	(1.85)	34.10
2019	41.68	0.58	(1.74)	40.52
2018	41.24	1.80	(1.36)	41.68
2017	37.69	5.01	(1.46)	41.24
2016	33.22	5.80	(1.33)	37.69
2015	32.14	2.23	(1.15)	33.22

투자 성과를 살펴보겠습니다. 2015년 1월 SPHD에 1,000만 원을 투자했다면, 2025년 6월 투자금은 1,446만 원으로 늘어납니다(+44.65%). 누적 배당금은 491만 원(49.15%)입니다. 결과적으로 1,000만 원은 1,938만 원이 되었고, 10.5년 동안의 누적 수익률은 93.79%, 연평균 수익률은 6.50%입니다.

DHS
기본 정보 & 운용 전략

DHS의 기본 정보	
자산운용사	WisdomTree Asset Management
펀드 설정일	2006-06-16
배당수익률	3.65%

AUM	$1.29B
총보수	0.38%

DHS^{WisdomTree U.S. High Dividend Fund}는 미국에 상장된 고배당 종목에 투자하는 패시브 ETF입니다. 시가총액, 거래 대금 등 자체 기준으로 종목을 선별하고, 배당금의 규모에 비례해 기본 비중을 산정한 후, 가치Value, 품질Quality, 모멘텀Momentum 요인을 반영해 최종 비중을 결정합니다. 2025년 6월 기준, 포트폴리오는 특정 섹터에 편중되지 않고 방어적으로 분산되어 있습니다.

성과 분석

배당이 꾸준히 증가하는 모습입니다. 2024년 $3.41을 배당으로 지급했고, 배당수익률은 3.65%입니다.

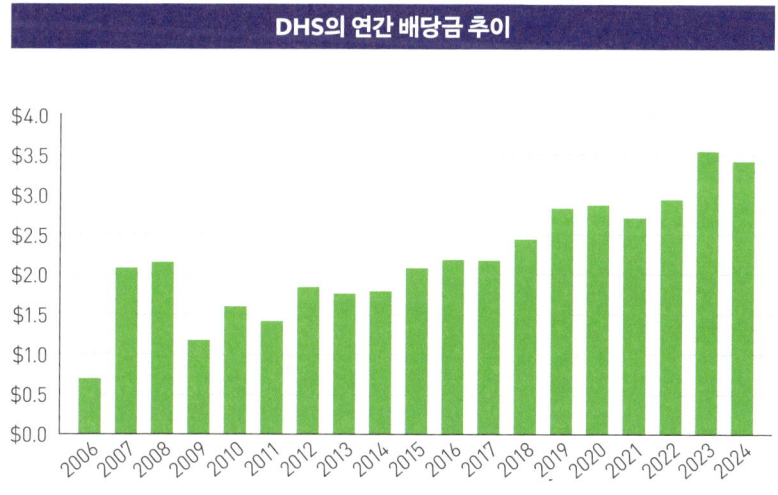

DHS의 연간 배당금 추이

운용성과와 배당의 재원은 다음과 같습니다. 순투자소득이 꾸준히 증가하고 있으며, 배당은 순투자소득 수준에서 지급되고 있습니다.

DHS의 운용성과

연도	순투자소득	실현 및 미실현 손익	총 운용성과
2024	3.40	4.23	7.63
2023	3.26	(5.45)	(2.19)
2022	2.88	11.30	14.18
2021	2.71	19.94	22.65
2020	2.65	(15.81)	(13.16)
2019	2.49	4.28	6.77
2018	2.21	(0.34)	1.87
2017	2.10	5.39	7.49
2016	2.10	2.50	4.60
2015	1.95	4.03	5.98

DHS의 배당 재원

연도	순투자소득을 통한 배당 지급	자본이득을 통한 배당 지급	자본반환	배당총액
2024	(3.28)	0.00	0.00	(3.28)
2023	(3.51)	0.00	0.00	(3.51)
2022	(2.46)	0.00	0.00	(2.46)
2021	(2.97)	0.00	0.00	(2.97)

2020	(2.75)	0.00	0.00	(2.75)
2019	(2.39)	0.00	0.00	(2.39)
2018	(2.24)	0.00	0.00	(2.24)
2017	(2.30)	0.00	0.00	(2.30)
2016	(2.05)	0.00	0.00	(2.05)
2015	(1.81)	0.00	0.00	(1.81)

운용성과에 따른 NAV 변화입니다. 지난 10년간 NAV가 지속적으로 증가했습니다. 2020년에는 부진한 성과에 배당이 더해지면서 NAV가 큰 폭으로 감소했지만, 2021년과 2022년에 뛰어난 성과를 거두며 이전보다 더 크게 증가했습니다.

DHS의 NAV 변화 추이

연도	기초 NAV	총 운용성과	배당총액	기말 NAV
2024	82.28	7.63	(3.28)	86.63
2023	87.98	(2.19)	(3.51)	82.28
2022	76.26	14.18	(2.46)	87.98
2021	56.58	22.65	(2.97)	76.26
2020	72.49	(13.16)	(2.75)	56.58
2019	68.11	6.77	(2.39)	72.49
2018	68.48	1.87	(2.24)	68.11
2017	63.29	7.49	(2.30)	68.48
2016	60.74	4.60	(2.05)	63.29

| 2015 | 56.57 | 5.98 | (1.81) | 60.74 |

투자 성과를 살펴보겠습니다. 2015년 1월 DHS에 1,000만 원을 투자했다면, 2025년 6월 투자금은 1,556만 원으로 늘어납니다(+55.61%). 누적 배당금은 466만 원(46.60%)입니다. 결과적으로 1,000만 원은 2,022만 원이 되었고, 10.5년 동안의 누적 수익률은 102.21%, 연평균 수익률은 6.94%입니다.

PEY
기본 정보 & 운용 전략

PEY의 기본 정보	
자산운용사	Invesco Capital Management
펀드 설정일	2004-12-09
배당수익률	4.42%
AUM	$1.12B
총보수	0.53%

PEY Invesco High Yield Equity Dividend Achievers ETF는 10년 이상 배당금을 꾸준히 늘려온 미국 상장 종목 중 배당수익률이 높은 상위 50개 종목에 투자하는 패시브 ETF입니다. 배당성장과 배당수익을 동시에 추구합니다.

성과 분석

2009년 이후 배당을 꾸준히 늘려왔습니다. 2024년 $0.9를 배당으로 지급했고, 배당수익률은 4.42%입니다.

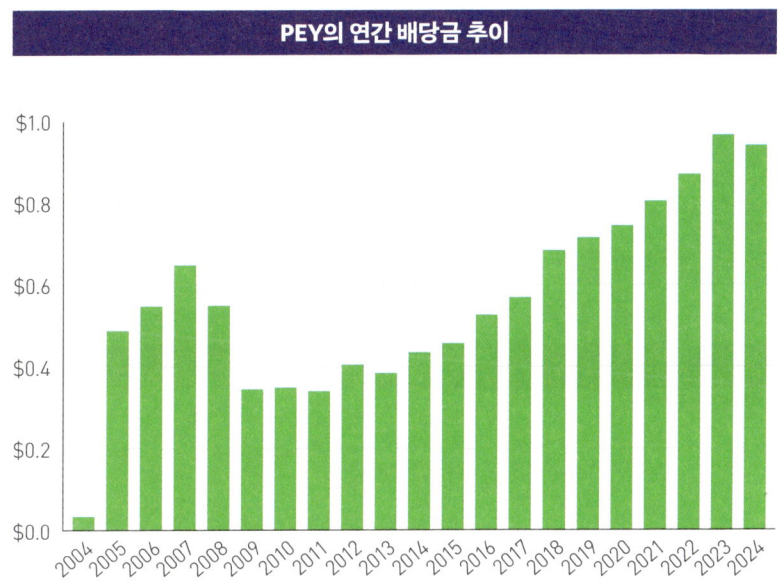

운용성과와 배당의 재원은 다음과 같습니다. 순투자소득이 지속적으로 증가하고 있으며, 배당은 순투자소득 수준에서 지급되고 있습니다.

연도	순투자소득	실현 및 미실현 손익	총 운용성과
2024	0.92	0.03	0.95

2023	0.87	(1.04)	(0.17)
2022	0.85	0.33	1.18
2021	0.69	6.51	7.20
2020	0.75	(4.03)	(3.28)
2019	0.63	1.17	1.80
2018	0.62	0.14	0.76
2017	0.52	2.12	2.64
2016	0.48	1.46	1.94
2015	0.43	1.13	1.56

PEY의 배당 재원

연도	순투자소득을 통한 배당 지급	자본이득을 통한 배당 지급	자본반환	배당총액
2024	(1.00)	0.00	0.00	(1.00)
2023	(0.86)	0.00	0.00	(0.86)
2022	(0.83)	0.00	0.00	(0.83)
2021	(0.75)	0.00	0.00	(0.75)
2020	(0.76)	0.00	0.00	(0.76)
2019	(0.67)	0.00	0.00	(0.67)
2018	(0.65)	0.00	0.00	(0.65)
2017	(0.53)	0.00	0.00	(0.53)
2016	(0.49)	0.00	0.00	(0.49)
2015	(0.43)	0.00	0.00	(0.43)

운용성과에 따른 NAV 변화입니다. 운용성과 범위 내에서 배당이 지급되고 있어 NAV가 꾸준히 증가하는 모습입니다.

PEY의 NAV 변화 추이

연도	기초 NAV	총 운용성과	배당총액	기말 NAV
2024	19.98	0.95	(1.00)	19.93
2023	21.01	(0.17)	(0.86)	19.98
2022	20.66	1.18	(0.83)	21.01
2021	14.21	7.20	(0.75)	20.66
2020	18.25	(3.28)	(0.76)	14.21
2019	17.12	1.80	(0.67)	18.25
2018	17.01	0.76	(0.65)	17.12
2017	14.90	2.64	(0.53)	17.01
2016	13.45	1.94	(0.49)	14.90
2015	12.32	1.56	(0.43)	13.45

투자 성과를 살펴보겠습니다. 2015년 1월 PEY에 1,000만 원을 투자했다면, 2025년 6월 투자금은 1,514만 원으로 늘어납니다(+51.41%). 누적 배당금은 577만 원(57.68%)입니다. 결과적으로 1,000만 원은 2,091만 원이 되었고, 10.5년 동안의 누적 수익률은 109.09%, 연평균 수익률은 7.28%입니다.

KBWD

기본 정보 & 운용 전략

KBWD의 기본 정보	
자산운용사	Invesco Capital Management
펀드 설정일	2010-12-02
배당수익률	12.47%
AUM	$419.79M
총보수	4.93%*

KBWD$^{Invesco\ KBW\ High\ Dividend\ Yield\ Financial\ ETF}$는 미국에 상장된 고배당 금융주에 투자하는 패시브 ETF입니다. 포트폴리오는 약 24~45개 종목으로 구성되며, 소형 금융주, 모기지 리츠$^{Mortgage\ REITs}$, BDC 등이 포함됩니다.** 높은 배당수익률을 추구하지만, 금융 섹터에 편중되어 있어 변동성과 리스크를 수반합니다.

성과 분석

지난 10여 년간 배당이 지속적으로 감소하다 2021년을 저점으로

---

* 총보수가 이례적으로 높은데 이는 회계 보고 규정에 따른 착시입니다. 투자자가 자산운용사인 Invesco Capital Management에 지불하는 운용보수는 0.35%이며, 펀드 성과에 영향을 미치는 리츠나 BDC의 내부비용은 1.67%입니다. 따라서 실질 총보수는 2.02%입니다. 물론 이 수치 역시 다른 ETF와 비교하면 높은 수준입니다.
** 리츠와 BDC는 파트 5와 6에서 다룹니다.

다시 회복되는 모습입니다. 2024년 $1.83을 배당으로 지급했고, 배당수익률은 12.47%입니다.

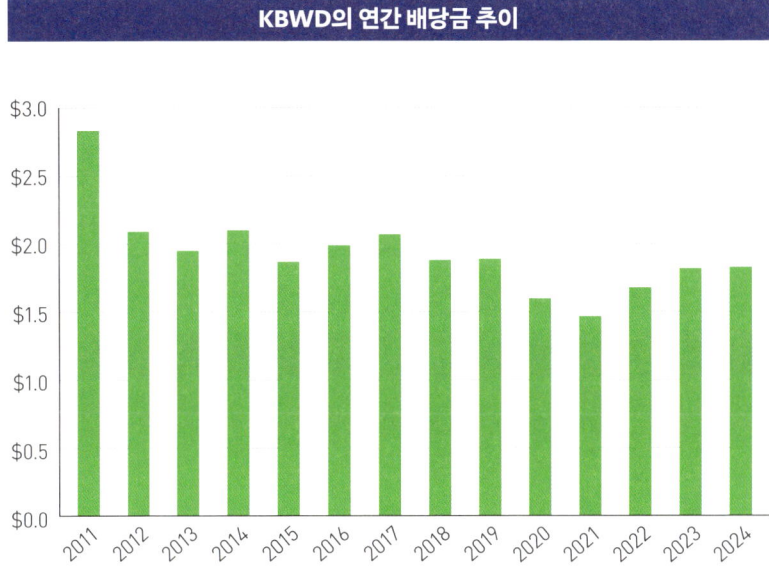

운용성과와 배당의 재원은 다음과 같습니다. 순투자소득이 꾸준히 유입되고 있으며, 실현 및 미실현 손익은 변동성을 보입니다. 배당은 순투자소득을 소폭 상회하는 수준에서 지급되고 있습니다.

연도	순투자소득	실현 및 미실현 손익	총 운용성과
2024	1.74	(0.50)	1.24
2023	1.55	(0.95)	0.60

2022	1.25	(3.08)	(1.83)
2021	1.19	7.14	8.33
2020	1.39	(5.66)	(4.27)
2019	1.59	(3.67)	(2.08)
2018	1.23	0.69	1.92
2017	1.84	2.16	4.00
2016	1.57	(0.53)	1.04
2015	1.75	(3.22)	(1.47)

KBWD의 배당 재원

연도	순투자소득을 통한 배당 지급	자본이득을 통한 배당 지급	자본반환	배당총액
2024	(1.80)	0.00	0.00	(1.80)
2023	(1.81)	0.00	0.00	(1.81)
2022	(1.65)	0.00	0.00	(1.65)
2021	(1.40)	0.00	0.00	(1.40)
2020	(1.79)	0.00	0.00	(1.79)
2019	(1.79)	0.00	0.00	(1.79)
2018	(1.67)	0.00	0.00	(1.67)
2017	(1.88)	0.00	(0.18)	(2.06)
2016	(1.81)	0.00	(0.13)	(1.94)
2015	(1.87)	0.00	(0.08)	(1.95)

운용성과에 따른 NAV 변화입니다. 2020년 부진한 성과에 높은

배당이 더해지면서 NAV가 큰 폭으로 감소했습니다. 2021년 뛰어난 성과에 힘입어 일시적으로 회복했으나, 이후 다시 감소하는 추세입니다.

KBWD의 NAV 변화 추이

연도	기초 NAV	총 운용성과	배당총액	기말 NAV
2024	15.99	1.24	(1.80)	15.43
2023	17.20	0.60	(1.81)	15.99
2022	20.68	(1.83)	(1.65)	17.20
2021	13.75	8.33	(1.40)	20.68
2020	19.81	(4.27)	(1.79)	13.75
2019	23.68	(2.08)	(1.79)	19.81
2018	23.43	1.92	(1.67)	23.68
2017	21.49	4.00	(2.06)	23.43
2016	22.39	1.04	(1.94)	21.49
2015	25.81	(1.47)	(1.95)	22.39

투자 성과를 살펴보겠습니다. 2015년 1월 KBWD에 1,000만 원을 투자했다면, 2025년 6월 투자금은 548만 원으로 줄어듭니다(-45.22%). 누적 배당금은 749만 원(74.93%)입니다. 결과적으로 1,000만 원은 1,297만 원이 되었고, 10.5년 동안의 누적 수익률은 29.71%, 연평균 수익률은 2.51%입니다.

ASGI

기본 정보 & 운용 전략

ASGI의 기본 정보	
자산운용사	abrdn
펀드 설정일	2020-07-28
배당수익률	12.83%
AUM	$617.09M
총보수	1.65%

ASGI abrdn Global Infrastructure Income Fund는 미국과 전 세계를 대상으로 인프라 섹터(교통, 유틸리티, 에너지 등)에 투자하는 폐쇄형 펀드입니다. 총자산의 최소 80%를 전 세계 공공 및 사설 인프라 주식에 투자하며, 기업의 자산 중 최소 50%가 인프라 자산이거나 수익의 최소 50%가 인프라 자산운영에서 나오는 기업들을 선별해 투자합니다. 정기적으로 높은 배당금을 지급하면서, 동시에 장기적인 자산가치 상승을 추구합니다.

성과 분석

2024년 배당이 크게 증가했습니다. $2.25를 배당으로 지급했고, 배당수익률은 12.83%입니다.

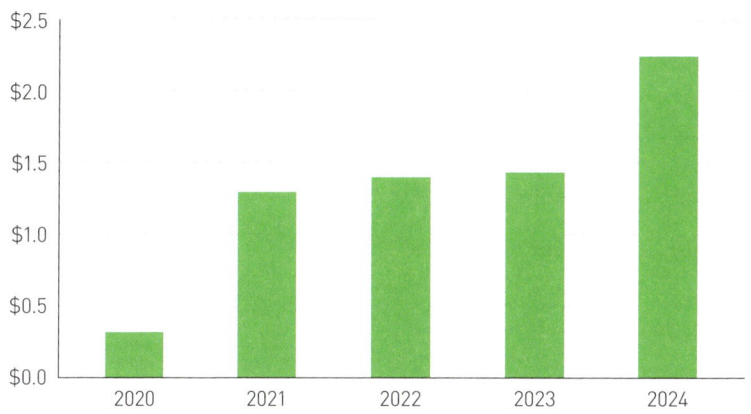

ASGI의 연간 배당금 추이

운용성과와 배당의 재원은 다음과 같습니다. 운용성과에 편차가 있으나 대체로 양호한 수준입니다. 2024년에는 자본반환이 발생했지만, 운용성과 범위 내에서 배당이 지급되었으므로 큰 문제는 없을 것으로 판단됩니다.

ASGI의 운용성과

연도	순투자소득	실현 및 미실현 손익	총 운용성과
2024	0.15	3.85	4.00
2023	0.28	1.39	1.67
2022	0.04	(2.01)	(1.97)
2021	0.20	3.94	4.14
2020	0.02	(0.59)	(0.57)

PART 3 매달 배당을 주는 고배당 ETF

ASGI의 배당 재원

연도	순투자소득을 통한 배당 지급	자본이득을 통한 배당 지급	자본반환	배당총액
2024	(0.39)	(1.08)	(0.52)	(1.99)
2023	(0.68)	(0.76)	0.00	(1.44)
2022	(0.22)	(1.15)	0.00	(1.37)
2021	(1.20)	(0.10)	0.00	(1.30)
2020	0.00	0.00	0.00	0.00

운용성과에 따른 NAV 변화입니다. 운용성과 범위 내에서 배당이 지급되면서 NAV가 $20 수준에서 유지되는 모습입니다.

ASGI의 NAV 변화 추이

연도	기초 NAV	총 운용성과	배당총액	기말 NAV
2024	19.16	4.00	(1.99)	21.17
2023	18.93	1.67	(1.44)	19.16
2022	22.27	(1.97)	(1.37)	18.93
2021	19.43	4.14	(1.30)	22.27
2020	20.00	(0.57)	0.00	19.43

투자 성과를 살펴보겠습니다. 2020년 7월 ASGI에 1,000만 원을 투자했다면, 2025년 6월 투자금은 1,029만 원으로 늘어납니다(+2.93%). 누적 배당금은 399만 원(39.95%)입니다. 결과적으로 1,000만 원은

1,429만 원이 되었고, 약 5년(2020년 8월~2025년 6월) 동안의 누적 수익률은 42.88%, 연평균 수익률은 7.53%입니다.

EVT
기본 정보 & 운용 전략

EVT의 기본 정보	
자산운용사	Eaton Vance Management
펀드 설정일	2003-09-30
배당수익률	8.02%
AUM	$1.94B
총보수	1.10%

EVT Eaton Vance Tax-Advantaged Dividend Income Fund는 배당을 지급하는 미국 및 해외 발행기관 Domestic and Foreign Issuer의 보통주와 우선주에 투자하는 폐쇄형 펀드입니다. 총 운용자산의 최소 80%를 세금 혜택을 받을 수 있는 주식에 투자하는 것이 특징입니다. 이를 통해 미국 투자자는 배당에 대해 낮은 세율을 적용받아 세후 실질 수익률을 높일 수 있습니다. 다만 이러한 세제 혜택은 미국 투자자에게만 해당하며, 국내 투자자에게는 다른 월배당 ETF와 동일한 과세 체계가 적용됩니다.

성과 분석

약 20년의 배당 이력을 보유하고 있으며, 비교적 안정적인 배당을 이어가고 있습니다. 2024년 $1.93을 배당으로 지급했고 배당수익률은 8.02%입니다.

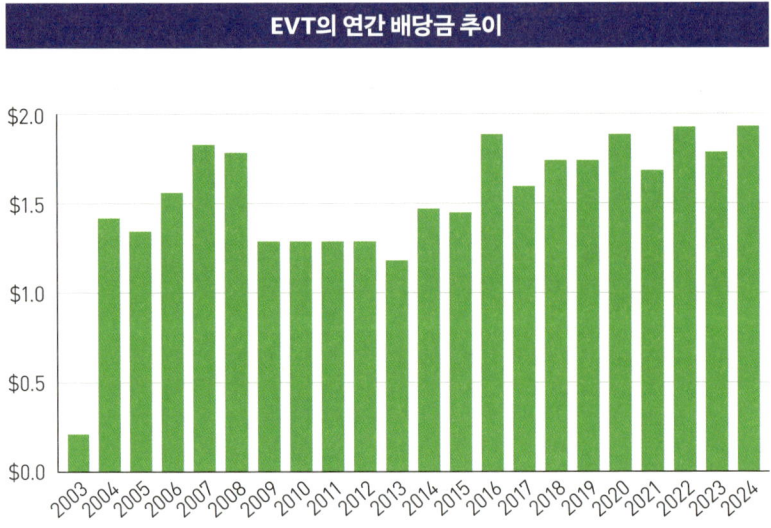

운용성과와 배당의 재원은 다음과 같습니다. 운용성과에 편차가 있으나 대체로 양호한 수준이며, 배당은 순투자소득과 자본이득을 통해 지급되고 있습니다.

연도	순투자소득	실현 및 미실현 손익	총 운용성과
2024	0.29	6.34	6.63

2023	0.49	(0.94)	(0.45)
2022	0.58	(3.43)	(2.85)
2021	0.60	8.79	9.39
2020	0.62	(2.21)	(1.59)
2019	0.58	2.86	3.44
2018	0.08	(1.40)	(1.32)
2017	1.39	4.73	6.12
2016	0.74	1.39	2.13
2015	0.81	(1.08)	(0.27)

EVT의 배당 재원

연도	순투자소득을 통한 배당 지급	자본이득을 통한 배당 지급	자본반환	배당총액
2024	(0.28)	(1.62)	0.00	(1.90)
2023	(0.44)	(1.35)	0.00	(1.79)
2022	(0.58)	(1.37)	0.00	(1.95)
2021	(0.59)	(1.20)	0.00	(1.79)
2020	(0.59)	(1.15)	0.00	(1.74)
2019	(0.56)	(1.18)	0.00	(1.74)
2018	(0.21)	(0.08)	0.00	(0.29)
2017	(1.33)	(2.15)	0.00	(3.48)
2016	(0.73)	(1.01)	0.00	(1.74)
2015	(1.09)	(0.36)	0.00	(1.45)

운용성과에 따른 NAV 변화입니다. 매년 고배당을 지급함에도 우수한 운용성과에 힘입어 NAV가 증가했습니다. 단, 2020년 이후 변동성이 높아진 모습입니다.

EVT의 NAV 변화 추이

연도	기초 NAV	총 운용성과	배당총액	기말 NAV
2024	21.57	6.63	(1.90)	26.30
2023	23.81	(0.45)	(1.79)	21.57
2022	28.61	(2.85)	(1.95)	23.81
2021	21.01	9.39	(1.79)	28.61
2020	24.34	(1.59)	(1.74)	21.01
2019	22.64	3.44	(1.74)	24.34
2018	24.25	(1.32)	(0.29)	22.64
2017	21.61	6.12	(3.48)	24.25
2016	21.22	2.13	(1.74)	21.61
2015	22.94	(0.27)	(1.45)	21.22

투자 성과를 살펴보겠습니다. 2015년 1월 EVT에 1,000만 원을 투자했다면, 2025년 6월 투자금은 1,155만 원으로 늘어납니다(+15.53%). 누적 배당금은 892만 원(89.17%)입니다. 결과적으로 1,000만 원은 2,047만 원이 되었고, 10.5년 동안의 누적 수익률은 104.71%, 연평균 수익률은 7.06%입니다.

UTG

기본 정보 & 운용 전략

UTG의 기본 정보	
자산운용사	Reaves Asset Management
펀드 설정일	2004-02-24
배당수익률	7.19%
AUM	$3.36B
총보수	2.23%

UTG Reaves Utility Income Fund는 총자산의 최소 80%를 유틸리티 섹터 기업이 발행한 배당 지급 보통주와 우선주*에 투자하는 폐쇄형 펀드입니다. 미국 시장에 주로 투자하며, 레버리지를 활용하기도 합니다. 세금 혜택을 받을 수 있는 주식에 투자하기 때문에 미국 투자자는 배당에 대해 낮은 세율을 적용받아 세후 실질 수익률을 높일 수 있습니다. 다만 이러한 세제 혜택은 미국 투자자에게만 해당하며, 국내 투자자에게는 다른 월배당 ETF와 동일한 과세 체계가 적용됩니다.

성과 분석

약 20년의 배당 이력을 보유하고 있으며, 배당이 지속적으로 증가

---

* 보통주와 우선주 외에 채권에도 투자할 수 있지만, 사실상 포트폴리오의 대부분이 주식으로 구성되어 있습니다.

하는 모습입니다. 2024년 $2.28을 배당으로 지급했고, 배당수익률은 7.19%입니다.

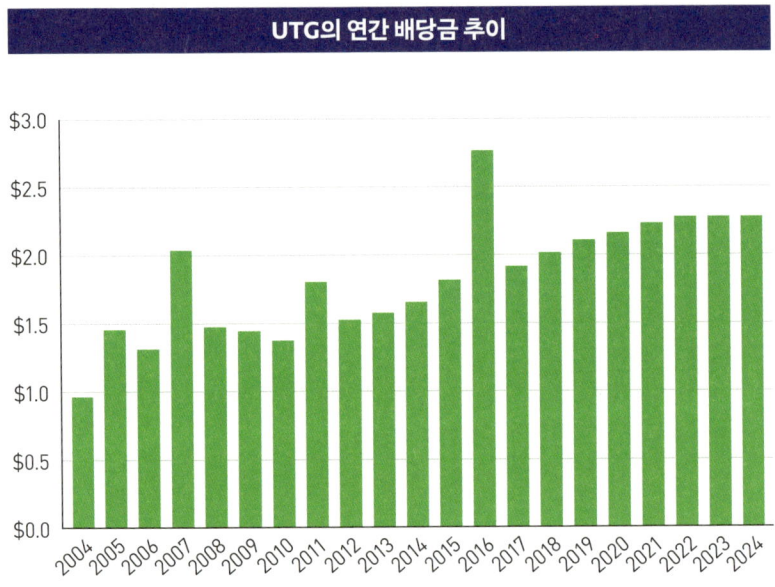

운용성과와 배당의 재원은 다음과 같습니다. 운용성과에 편차가 있으나 대체로 양호한 수준이며, 배당은 순투자소득과 자본이득을 통해 지급되고 있습니다.

UTG의 운용성과

연도	순투자소득	실현 및 미실현 손익	총 운용성과
2024	0.49	9.86	10.35
2023	0.55	(1.45)	(0.90)

2022	0.51	(3.61)	(3.10)
2021	0.57	3.95	4.52
2020	0.65	(4.24)	(3.59)
2019	0.65	6.21	6.86
2018	0.84	(0.25)	0.59
2017	1.00	3.87	4.87
2016	0.84	3.89	4.73
2015	0.84	(1.47)	(0.63)

UTG의 배당 재원

연도	순투자소득을 통한 배당 지급	자본이득을 통한 배당 지급	자본반환	배당총액
2024	(0.46)	(1.82)	0.00	(2.28)
2023	(0.53)	(1.75)	0.00	(2.28)
2022	(0.53)	(1.75)	0.00	(2.28)
2021	(0.57)	(1.63)	0.00	(2.20)
2020	(0.85)	(1.31)	0.00	(2.16)
2019	(0.64)	(1.44)	0.00	(2.08)
2018	(0.83)	(1.16)	0.00	(1.99)
2017	(1.04)	(1.80)	0.00	(2.84)
2016	(0.99)	(0.83)	0.00	(1.82)
2015	(0.89)	(0.90)	0.00	(1.79)

운용성과에 따른 NAV 변화입니다. 2015년부터 2024년까지 $32

수준을 유지하고 있습니다. 2022년과 2023년 부진한 성과에 높은 배당이 더해지면서 NAV가 크게 감소했지만, 2024년 우수한 성과에 힘입어 이전 수준을 회복했습니다.

UTG의 NAV 변화 추이

연도	기초 NAV	총 운용성과	배당총액	기말 NAV
2024	24.53	10.35	(2.28)	32.60
2023	27.71	(0.90)	(2.28)	24.53
2022	33.09	(3.10)	(2.28)	27.71
2021	30.77	4.52	(2.20)	33.09
2020	36.52	(3.59)	(2.16)	30.77
2019	31.74	6.86	(2.08)	36.52
2018	33.14	0.59	(1.99)	31.74
2017	32.53	4.87	(2.84)	33.14
2016	30.29	4.73	(1.82)	32.53
2015	32.71	(0.63)	(1.79)	30.29

투자 성과를 살펴보겠습니다. 2015년 1월 UTG에 1,000만 원을 투자했다면, 2025년 6월 투자금은 1,202만 원으로 늘어납니다(+20.16%). 누적 배당금은 758만 원(75.77%)입니다. 결과적으로 1,000만 원은 1,959만 원이 되었고, 10.5년 동안의 누적 수익률은 95.93%, 연평균 수익률은 6.62%입니다.

GLU

기본 정보 & 운용 전략

GLU의 기본 정보	
자산운용사	Gabelli Funds
펀드 설정일	2004-05-25
배당수익률	8.00%
AUM	$107.79M*
총보수	1.37%

GLU^{The Gabelli Global Utility & Income Trust}는 전 세계 유틸리티 섹터의 주식 및 소득창출 증권^{Income Producing Securities}에 투자하는 폐쇄형 펀드입니다. 세금 혜택을 받을 수 있는 주식에 투자하여 투자자의 세후 수익률을 높이는 데 중점을 둡니다. 다만 이러한 세제 혜택은 미국 투자자에게만 해당하며, 국내 투자자에게는 다른 월배당 ETF와 동일한 과세 체계가 적용됩니다.

성과 분석

약 20년의 배당 이력을 보유하고 있으며, 매년 $1.2를 배당으로 지급합니다. 배당수익률은 8.00%입니다.

---

* AUM의 규모가 작아 주의가 필요합니다.

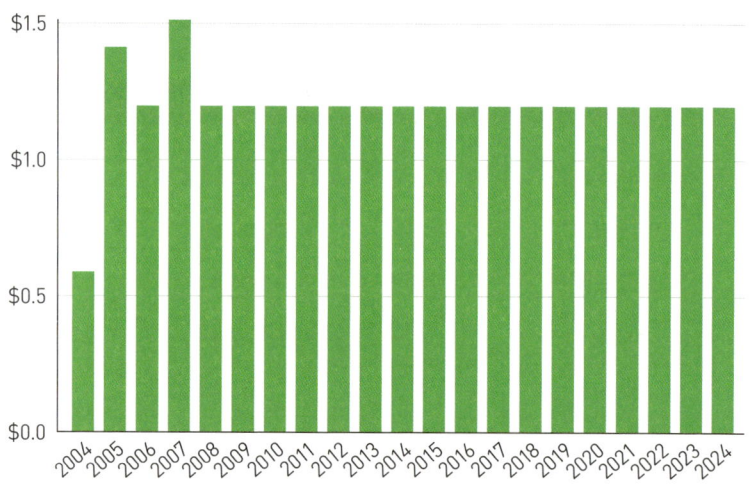

운용성과와 배당의 재원은 다음과 같습니다. 운용성과는 변동성을 보이며, 자본반환이 지속적으로 발생하고 있습니다.

연도	순투자소득	실현 및 미실현 손익	총 운용성과
2024	0.45	0.98	1.43
2023	0.65	(0.03)	0.62
2022	0.48	(3.77)	(3.29)
2021	0.50	2.72	3.22
2020	0.40	0.32	0.72
2019	0.57	3.13	3.70
2018	0.58	(2.15)	(1.57)

2017	0.62	3.65	4.27
2016	0.78	1.11	1.89
2015	0.60	(1.39)	(0.79)

GLU의 배당 재원

연도	순투자소득을 통한 배당 지급	자본이득을 통한 배당 지급	자본반환	배당총액*
2024	(0.46)	0.00	(1.04)	(1.50)
2023	(0.67)	0.00	(0.97)	(1.64)
2022	(0.47)	(0.61)	(0.55)	(1.63)
2021	(0.51)	(0.44)	(0.73)	(1.68)
2020	(0.42)	0.00	(1.26)	(1.68)
2019	(0.56)	(1.06)	(0.41)	(2.03)
2018	(0.61)	(0.80)	(0.07)	(1.48)
2017	(0.62)	(1.05)	0.00	(1.67)
2016	(0.83)	(0.68)	(0.12)	(1.63)
2015	(0.47)	(0.23)	(0.87)	(1.57)

운용성과에 따른 NAV 변화입니다. 2021년까지는 NAV가 $20 수준에서 유지되었지만, 2022년 부진한 성과에 높은 배당이 더해져 큰

* 연간 배당금 추이에 있는 $1.2는 보통주 주주들에게 지급한 금액이며, 배당 총액의 금액은 우선주 주주들에게 지급한 배당금을 더한 값입니다.

폭으로 감소했습니다. 2023년과 2024년에도 눈에 띄는 성과를 내지 못하면서 $14 수준에서 유지되고 있습니다.

GLU의 NAV 변화 추이

연도	기초 NAV	총 운용성과	배당총액	기말 NAV
2024	14.87	1.43	(1.50)	14.8
2023	15.89	0.62	(1.64)	14.87
2022	21.01	(3.29)	(1.63)	15.89
2021	19.47	3.22	(1.68)	21.01
2020	20.43	0.72	(1.68)	19.47
2019	18.75	3.70	(2.03)	20.43
2018	22.43	(1.57)	(1.48)	18.75
2017	19.83	4.27	(1.67)	22.43
2016	19.57	1.89	(1.63)	19.83
2015	21.93	(0.79)	(1.57)	19.57

투자 성과를 살펴보겠습니다. 2015년 1월 GLU에 1,000만 원을 투자했다면, 2025년 6월 투자금은 899만 원으로 줄어듭니다(-10.12%). 누적 배당금은 654만 원(65.42%)입니다. 결과적으로 1,000만 원은 1,553만 원이 되었고, 10.5년 동안의 누적 수익률은 55.30%, 연평균 수익률은 4.28%입니다.

HTD
기본 정보 & 운용 전략

HTD의 기본 정보	
자산운용사	John Hancock Investment Management
펀드 설정일	2004-02-27
배당수익률	7.54%
AUM	$920.16M
총보수	1.96%

HTD^{John Hancock Tax-Advantaged Dividend Income Fund}는 자산의 최소 80%를 배당 지급 보통주와 우선주*에 투자하는 폐쇄형 펀드입니다. 미국 시장에 주로 투자하며, 세금 혜택을 받을 수 있는 주식에 투자함으로써 투자자의 세후 실질 수익률을 높이는 것을 목표로 합니다. 다만 이러한 세제 혜택은 미국 투자자에게만 해당하며, 국내 투자자에게는 다른 월배당 ETF와 동일한 과세 체계가 적용됩니다.

성과 분석

약 20년의 배당 이력을 보유하고 있습니다. 2024년 $1.66을 배당으로 지급했고, 배당수익률은 7.54%입니다.

---

* 보통주와 우선주 외에 채권에도 투자할 수 있습니다. 2025년 6월 기준, 주식의 비중이 압도적으로 높아 고배당 주식으로 분류했지만, 향후 채권 비중이 높아지면 고배당 주식과 채권으로 분류될 수 있습니다.

HTD의 연간 배당금 추이

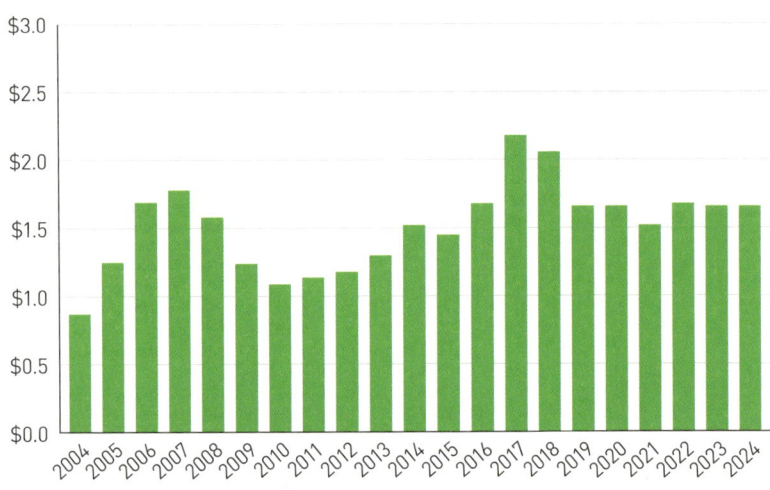

운용성과와 배당의 재원은 다음과 같습니다. 순투자소득이 지속적으로 줄어드는 모습입니다. 실현 및 미실현 손익은 변동성을 보이며, 배당은 순투자소득과 자본이득을 통해 지급되고 있습니다.

HTD의 운용성과

연도	순투자소득	실현 및 미실현 손익	총 운용성과
2024	0.90	6.47	7.37
2023	0.78	(2.78)	(2.00)
2022	1.10	(1.85)	(0.75)
2021	1.24	3.90	5.14
2020	1.27	(4.80)	(3.53)
2019	1.17	3.39	4.56

2018	1.33	(1.22)	0.11
2017	1.65	0.91	2.56
2016	1.44	2.29	3.73
2015	1.38	(0.44)	0.94

HTD의 배당 재원				
연도	순투자소득을 통한 배당 지급	자본이득을 통한 배당 지급	자본반환	배당총액
2024	(1.66)	0.00	0.00	(1.66)
2023	(1.36)	(0.03)	(0.29)	(1.68)
2022	(1.66)	0.00	0.00	(1.66)
2021	(1.66)	(0.02)	0.00	(1.68)
2020	(1.66)	0.00	0.00	(1.66)
2019	(1.65)	(0.41)	0.00	(2.06)
2018	(1.66)	(0.53)	0.00	(2.19)
2017	(1.66)	(0.16)	0.00	(1.82)
2016	(1.47)	0.00	0.00	(1.47)
2015	(1.45)	0.00	0.00	(1.45)

운용성과에 따른 NAV 변화입니다. 변동성은 있지만, $22~$25 수준에서 유지되고 있습니다.

HTD의 NAV 변화 추이

연도	기초 NAV	총 운용성과	배당총액	기말 NAV
2024	19.02	7.37	(1.66)	24.73
2023	22.70	(2.00)	(1.68)	19.02
2022	25.11	(0.75)	(1.66)	22.70
2021	21.65	5.14	(1.68)	25.11
2020	26.84	(3.53)	(1.66)	21.65
2019	24.34	4.56	(2.06)	26.84
2018	26.42	0.11	(2.19)	24.34
2017	25.68	2.56	(1.82)	26.42
2016	23.40	3.73	(1.47)	25.68
2015	23.82	0.94	(1.45)	23.40

투자 성과를 살펴보겠습니다. 2015년 1월 HTD에 1,000만 원을 투자했다면, 2025년 6월 투자금은 1,050만 원으로 늘어납니다(+4.98%). 누적 배당금은 809만 원(80.94%)입니다. 결과적으로 1,000만 원은 1,859만 원이 되었고, 10.5년 동안의 누적 수익률은 85.92%, 연평균 수익률은 6.08%입니다.

고배당 주식과 채권

PDT
기본 정보 & 운용 전략

PDT의 기본 정보	
자산운용사	John Hancock Investment Management
펀드 설정일	1989-12-21
배당수익률	7.77%
AUM	$690.56M
총보수	2.31%

PDT(John Hancock Premium Dividend Fund)는 배당을 지급하는 미국 시장의 보통주와 우선주에 투자하는 폐쇄형 펀드입니다. 현재 소득(Current Income)을 제공하면서 동시에 완만한 자본가치 상승(Capital Appreciation)을 추구합니다. S&P 500 지수보다 배당수익률이 높은 대형주, 재무구조가 튼튼하고 신용도가 높은 기업에 투자하며, 유틸리티 섹터의 비중이 매우 높습니다. 보통주와 우선주 외에 채권(회사채)에도 일부 투자합니다.

성과 분석

30년 이상의 배당 이력을 보유하고 있습니다. 2024년 $0.99를 배당으로 지급했고, 배당수익률은 7.77%입니다.

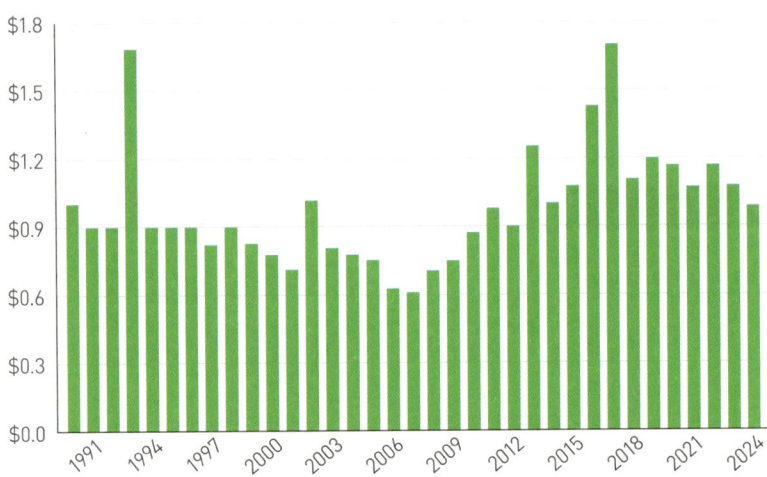

운용성과와 배당의 재원은 다음과 같습니다. 순투자소득이 감소하는 추세이며, 실현 및 미실현 손익은 변동성을 보입니다. 배당은 순투자소득과 자본이득을 통해 지급되고 있습니다.

PDT의 운용성과

연도	순투자소득	실현 및 미실현 손익	총 운용성과
2024	0.52	3.48	4.00
2023	0.48	(1.39)	(0.91)
2022	0.72	(1.83)	(1.11)
2021	0.83	2.40	3.23
2020	0.83	(2.53)	(1.70)
2019	0.72	1.89	2.61

2018	0.85	(0.77)	0.08
2017	1.11	0.14	1.25
2016	0.98	1.16	2.14
2015	0.97	(0.21)	0.76

PDT의 배당 재원			
연도	순투자소득을 통한 배당 지급	자본이득을 통한 배당 지급	자본반환	배당총액
2024	(0.99)	0.00	0.00	(0.99)
2023	(0.98)	0.00	(0.13)	(1.11)
2022	(1.17)	0.00	0.00	(1.17)
2021	(1.17)	(0.02)	0.00	(1.19)
2020	(1.17)	(0.03)	0.00	(1.20)
2019	(1.17)	(0.03)	0.00	(1.20)
2018	(1.17)	(0.53)	0.00	(1.70)
2017	(1.17)	(0.30)	0.00	(1.47)
2016	(0.97)	(0.14)	0.00	(1.11)
2015	(0.89)	(0.20)	0.00	(1.09)

운용성과에 따른 NAV 변화입니다. 2015년부터 2019년까지는 $15 수준을 유지했으나, 2020년, 2022년, 2023년 부진한 성과에 높은 배당이 더해지면서 $10 수준으로 감소했습니다. 2024년 뛰어난 성과에 힘입어 $13대를 회복했습니다.

PDT의 NAV 변화 추이

연도	기초 NAV	총 운용성과	배당총액	기말 NAV
2024	10.58	4.00	(0.99)	13.59
2023	12.60	(0.91)	(1.11)	10.58
2022	14.88	(1.11)	(1.17)	12.60
2021	12.84	3.23	(1.19)	14.88
2020	15.74	(1.70)	(1.20)	12.84
2019	14.33	2.61	(1.20)	15.74
2018	15.95	0.08	(1.70)	14.33
2017	16.17	1.25	(1.47)	15.95
2016	15.14	2.14	(1.11)	16.17
2015	15.43	0.76	(1.09)	15.14

투자 성과를 살펴보겠습니다. 2015년 1월 PDT에 1,000만 원을 투자했다면, 2025년 6월 투자금은 958만 원으로 줄어듭니다(-4.22%). 누적 배당금은 909만 원(90.94%)입니다. 결과적으로 1,000만 원은 1,867만 원이 되었고, 10.5년 동안의 누적 수익률은 86.72%, 연평균 수익률은 6.13%입니다.

DNP

기본 정보 & 운용 전략

DNP의 기본 정보	
자산운용사	Duff & Phelps Investment Management
펀드 설정일	1987-01-21
배당수익률	8.84%
AUM	$3.50B
총보수	1.86%

DNP DNP Select Income Fund는 자산의 65% 이상을 전기, 가스, 수도, 통신 등 공공 유틸리티 기업의 증권(주식, 채권, 우선주)에 투자하는 폐쇄형 펀드입니다. 미국 시장에 주로 투자하며, 레버리지를 활용하기도 합니다. 현재 소득 Current Income 과 장기적 소득 성장 Long-Term Growth of Income 을 목표로 합니다.

성과 분석

30년 이상의 배당 이력을 보유하고 있습니다. 2024년 $0.78을 배당으로 지급했고, 배당수익률은 8.84%입니다.

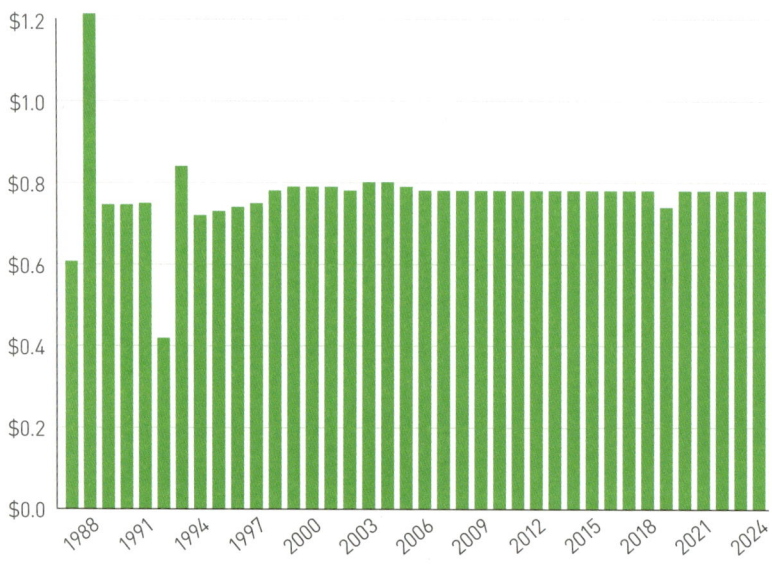

운용성과와 배당의 재원은 다음과 같습니다. 운용성과는 변동성을 보이며, 매년 일정한 금액을 배당하기 위해 자본반환을 활용하고 있습니다. 그러나 그 규모가 크지는 않습니다.

연도	순투자소득	실현 및 미실현 손익	총 운용성과
2024	0.17	2.14	2.31
2023	0.15	(0.62)	(0.47)
2022	0.20	(0.21)	(0.01)

2021	0.23	1.35	1.58
2020	0.21	(1.29)	(1.08)
2019	0.20	2.02	2.22
2018	0.20	(0.34)	(0.14)
2017	0.22	1.14	1.36
2016	0.27	1.19	1.46
2015	0.29	(1.00)	(0.71)

DNP의 배당 재원			
연도	순투자소득을 통한 배당 지급	자본이득을 통한 배당 지급	자본반환	배당총액
2024	(0.17)	(0.43)	(0.18)	(0.78)
2023	(0.18)	(0.38)	(0.22)	(0.78)
2022	(0.24)	(0.41)	(0.13)	(0.78)
2021	(0.27)	(0.39)	(0.12)	(0.78)
2020	(0.21)	(0.44)	(0.13)	(0.78)
2019	(0.20)	(0.46)	(0.12)	(0.78)
2018	(0.26)	(0.39)	(0.13)	(0.78)
2017	(0.26)	(0.41)	(0.11)	(0.78)
2016	(0.31)	(0.34)	(0.13)	(0.78)
2015	(0.36)	(0.34)	(0.08)	(0.78)

운용성과에 따른 NAV 변화입니다. 운용성과가 부진할 때에도 일정한 금액의 배당이 지속되면서 NAV가 소폭으로 감소했습니다. 전반

적으로 $8~$10 수준에서 유지되고 있습니다.

DNP의 NAV 변화 추이

연도	기초 NAV	총 운용성과	배당총액	기말 NAV
2024	7.40	2.31	(0.78)	8.93
2023	8.65	(0.47)	(0.78)	7.40
2022	9.44	(0.01)	(0.78)	8.65
2021	8.64	1.58	(0.78)	9.44
2020	10.50	(1.08)	(0.78)	8.64
2019	9.06	2.22	(0.78)	10.50
2018	9.98	(0.14)	(0.78)	9.06
2017	9.40	1.36	(0.78)	9.98
2016	8.72	1.46	(0.78)	9.40
2015	10.21	(0.71)	(0.78)	8.72

투자 성과를 살펴보겠습니다. 2015년 1월 DNP에 1,000만 원을 투자했다면, 2025년 6월 투자금은 931만 원으로 줄어듭니다(-6.94%). 누적 배당금은 769만 원(76.85%)입니다. 결과적으로 1,000만 원은 1,699만 원이 되었고, 10.5년 동안의 누적 수익률은 69.91%, 연평균 수익률은 5.18%입니다.

UTF
기본 정보 & 운용 전략

UTF의 기본 정보	
자산운용사	Cohen & Steers Capital Management
펀드 설정일	2004-03-30
배당수익률	7.74%
AUM	$2.52B
총보수	2.29%

UTF^{Cohen & Steers Infrastructure Fund}는 총 운용자산의 최소 80%를 글로벌 유틸리티, 미드스트림 에너지(파이프라인), 교통(공항, 철도, 항만), 통신 등 인프라 관련 기업의 증권(주식, 채권, 우선주)에 투자하는 폐쇄형 펀드입니다. 채권에도 일부 투자하지만 포트폴리오는 대체로 주식을 중심으로 구성되어 있으며, 레버리지를 활용하기도 합니다.

성과 분석

약 20년의 배당 이력을 보유하고 있습니다. 2024년 $1.86을 배당으로 지급했고, 배당수익률은 7.74%입니다.

UTF의 연간 배당금 추이

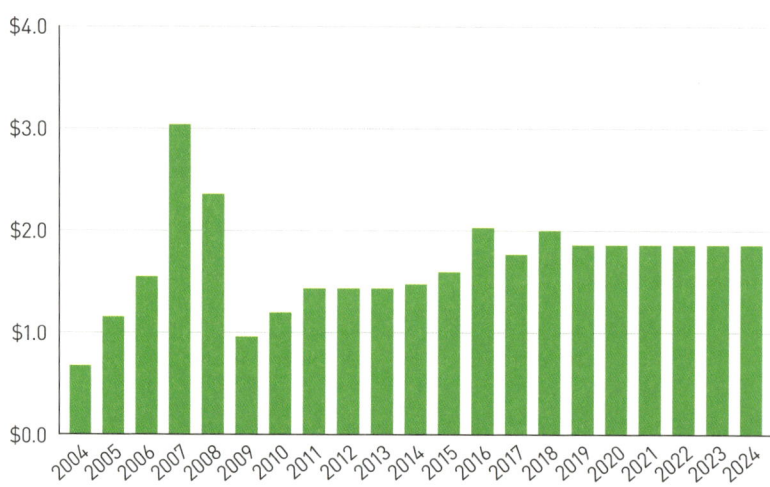

운용성과와 배당의 재원은 다음과 같습니다. 운용성과는 매년 변동성을 보이며, 배당은 순투자소득과 자본이득을 통해 지급되고 있습니다.

UTF의 운용성과

연도	순투자소득	실현 및 미실현 손익	총 운용성과
2024	0.53	2.31	2.84
2023	0.46	(0.08)	0.38
2022	0.50	(2.56)	(2.06)
2021	0.56	4.95	5.51
2020	0.41	(1.66)	(1.25)
2019	0.57	6.94	7.51

2018	0.52	(1.97)	(1.45)
2017	0.67	4.63	5.30
2016	0.69	1.12	1.81
2015	0.68	(2.66)	(1.98)

UTF의 배당 재원			
연도	순투자소득을 통한 배당 지급	자본이득을 통한 배당 지급	자본반환	배당총액
2024	(0.89)	(0.97)	0.00	(1.86)
2023	(0.84)	(0.71)	(0.31)	(1.86)
2022	(0.64)	(1.22)	0.00	(1.86)
2021	(0.54)	(1.32)	0.00	(1.86)
2020	(0.41)	(1.45)	0.00	(1.86)
2019	(0.58)	(1.28)	0.00	(1.86)
2018	(0.53)	(1.47)	0.00	(2.00)
2017	(1.03)	(0.74)	0.00	(1.77)
2016	(0.62)	(1.41)	0.00	(2.03)
2015	(0.72)	(0.88)	0.00	(1.60)

운용성과에 따른 NAV 변화입니다. 매년 비슷한 규모의 배당을 지급하면서도 NAV가 $22~$25 수준에서 유지되고 있습니다.

UTF의 NAV 변화 추이

연도	기초 NAV	총 운용성과	배당총액	기말 NAV
2024	22.88	2.84	(1.86)	23.86
2023	24.36	0.38	(1.86)	22.88
2022	28.28	(2.06)	(1.86)	24.36
2021	24.62	5.51	(1.86)	28.28
2020	27.73	(1.25)	(1.86)	24.62
2019	22.08	7.51	(1.86)	27.73
2018	25.53	(1.45)	(2.00)	22.08
2017	22.00	5.30	(1.77)	25.53
2016	22.22	1.81	(2.03)	22.00
2015	25.79	(1.98)	(1.60)	22.22

투자 성과를 살펴보겠습니다. 2015년 1월 UTF에 1,000만 원을 투자했다면, 2025년 6월 투자금은 1,187만 원으로 늘어납니다(+18.67%). 누적 배당금은 858만 원(85.83%)입니다. 결과적으로 1,000만 원은 2,045만 원이 되었고, 10.5년 동안의 누적 수익률은 104.50%, 연평균 수익률은 7.05%입니다.

PFXF
기본 정보 & 운용 전략

PFXF의 기본 정보	
자산운용사	Van Eck Associates
펀드 설정일	2012-07-16
배당수익률	7.83%
AUM	$1.89B
총보수	0.40%

PFXF VanEck Preferred Securities ex Financials ETF는 미국 거래소에 상장된 우선주와 하이브리드 채권*에 투자하는 패시브 ETF입니다. 주로 우선주에 투자하며, 포트폴리오의 일부로 하이브리드 채권을 포함합니다. PFXF의 큰 특징 중 하나는 금융 섹터를 제외한다는 점입니다. 이를 통해 전통적인 우선주 투자 ETF와 차별화된 포트폴리오를 제공합니다.

성과 분석

2024년 $1.35를 배당으로 지급했고, 배당수익률은 7.83%입니다.

---

* 채권과 주식의 특징을 함께 갖는 증권입니다. 채권처럼 이자를 받다가 주가가 오르면 주식으로 전환할 수 있는 전환사채가 대표적인 하이브리드 채권입니다.

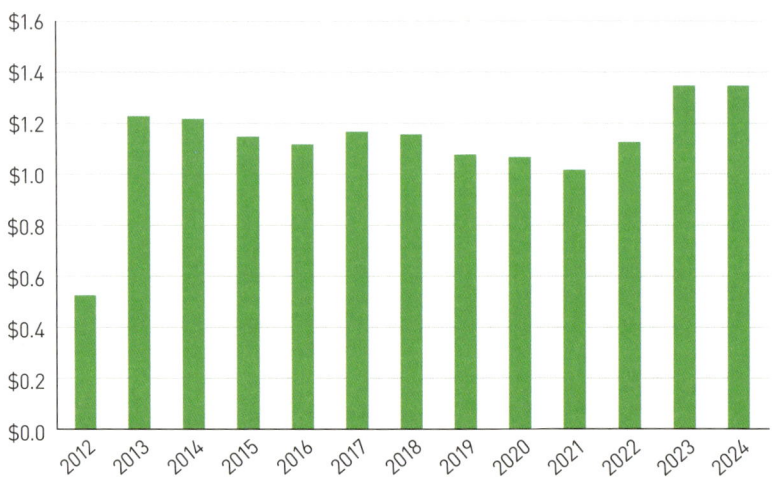

PFXF의 연간 배당금 추이

운용성과와 배당의 재원은 다음과 같습니다. 순투자소득이 꾸준히 유입되고 있으며, 배당은 순투자소득 수준에서 지급되고 있습니다.

연도	순투자소득	실현 및 미실현 손익	총 운용성과
2024	1.29	(0.45)	0.84
2023	1.12	(1.62)	(0.50)
2022	1.01	(1.68)	(0.67)
2021	0.98	2.72	3.70
2020	1.06	(1.12)	(0.06)
2019	1.13	0.32	1.45
2018	1.10	(0.98)	0.12

PFXF의 운용성과

2017	1.15	(0.19)	0.96
2016	1.20	(0.48)	0.72
2015	1.22	0.00	1.22

PFXF의 배당 재원

연도	순투자소득을 통한 배당 지급	자본이득을 통한 배당 지급	자본반환	배당총액
2024	(1.34)	0.00	0.00	(1.34)
2023	(1.14)	0.00	0.00	(1.14)
2022	(1.13)	0.00	(0.02)	(1.15)
2021	(0.96)	0.00	0.00	(0.96)
2020	(1.08)	0.00	0.00	(1.08)
2019	(1.17)	0.00	0.00	(1.17)
2018	(1.14)	0.00	(0.01)	(1.15)
2017	(1.18)	0.00	0.00	(1.18)
2016	(1.13)	0.00	0.00	(1.13)
2015	(1.17)	0.00	0.00	(1.17)

운용성과에 따른 NAV 변화입니다. 2015년부터 2022년까지 $19~$20 수준을 유지했으나, 2023년에 $17대로 감소했고, 이후에도 비슷한 수준을 이어가고 있습니다.

PFXF의 NAV 변화 추이

연도	기초 NAV	총 운용성과	배당총액	기말 NAV
2024	17.51	0.84	(1.34)	17.01
2023	19.15	(0.50)	(1.14)	17.51
2022	20.97	(0.67)	(1.15)	19.15
2021	18.23	3.70	(0.96)	20.97
2020	19.37	(0.06)	(1.08)	18.23
2019	19.09	1.45	(1.17)	19.37
2018	20.12	0.12	(1.15)	19.09
2017	20.34	0.96	(1.18)	20.12
2016	20.75	0.72	(1.13)	20.34
2015	20.70	1.22	(1.17)	20.75

투자 성과를 살펴보겠습니다. 2015년 1월 PFXF에 1,000만 원을 투자했다면, 2025년 6월 투자금은 829만 원으로 줄어듭니다(-17.13%). 누적 배당금은 582만 원(58.18%)입니다. 결과적으로 1,000만 원은 1,410만 원이 되었고, 10.5년 동안의 누적 수익률은 41.05%, 연평균 수익률은 3.33%입니다.

FPE

기본 정보 & 운용 전략

FPE의 기본 정보	
자산운용사	First Trust Advisors
펀드 설정일	2013-02-11
배당수익률	5.71%
AUM	$6.09B
총보수	0.85%

FPE First Trust Preferred Securities and Income ETF는 미국 및 해외 기업의 우선주 및 고소득 채권(하이브리드 채권, 회사채 등)에 투자하는 ETF입니다. 펀드매니저가 자체적인 분석을 통해 투자 대상을 직접 선정하고 운용하는 액티브 전략을 사용합니다. 현재 소득 Current Income 제공을 목표로 하며, 더 높은 수익률을 위해 투자 등급 미만(정크 등급)의 증권에도 투자할 수 있습니다.

성과 분석

2024년 $1.01을 지급했고, 배당수익률은 5.71%입니다.

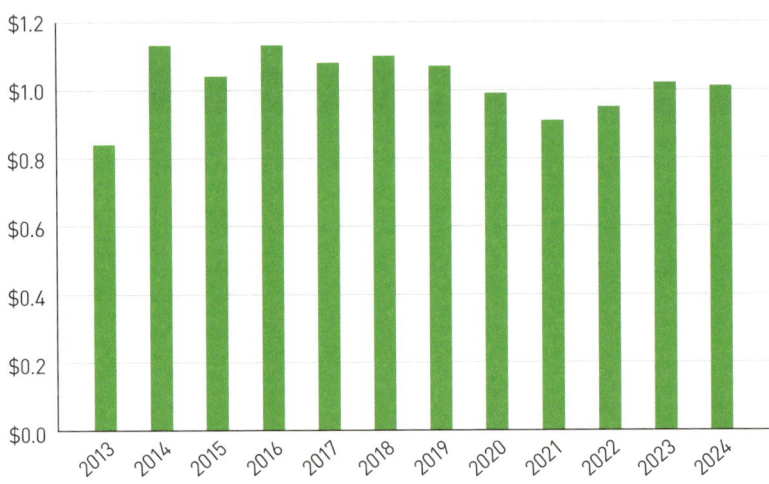

운용성과와 배당의 재원은 다음과 같습니다. 매년 $1 내외의 순투자소득이 발생하며, 이를 배당의 재원으로 쓰고 있습니다. 자본반환이 있지만, 미미한 수준이라 큰 문제는 없을 것으로 판단됩니다.

연도	순투자소득	실현 및 미실현 손익	총 운용성과
2024	0.99	2.34	3.33
2023	1.00	(1.00)	0.00
2022	0.92	(3.84)	(2.92)
2021	0.90	1.24	2.14
2020	1.00	(0.66)	0.34

2019	1.08	1.14	2.22
2018	1.08	(1.37)	(0.29)
2017	1.08	0.66	1.74
2016	1.12	0.52	1.64
2015	1.16	(0.10)	1.06

FPE의 배당 재원

연도	순투자소득을 통한 배당 지급	자본이득을 통한 배당 지급	자본반환	배당총액
2024	(0.97)	0.00	(0.03)	(1.00)
2023	(0.98)	0.00	(0.04)	(1.02)
2022	(0.89)	0.00	(0.04)	(0.93)
2021	(0.88)	0.00	(0.04)	(0.92)
2020	(0.94)	0.00	(0.06)	(1.00)
2019	(1.07)	0.00	(0.02)	(1.09)
2018	(1.08)	0.00	0.00	(1.08)
2017	(1.08)	0.00	(0.00)	(1.08)
2016	(1.13)	0.00	(0.01)	(1.14)
2015	(1.13)	0.00	0.00	(1.13)

운용성과에 따른 NAV 변화입니다. 2015년부터 2021년까지는 $19~$20 수준을 유지했으나, 2022년 부진한 성과에 배당이 더해지며 $16대로 감소했습니다. 2024년 우수한 성과를 거두며 $17 수준을 회복했습니다.

FPE의 NAV 변화 추이

연도	기초 NAV	총 운용성과	배당총액	기말 NAV
2024	15.58	3.33	(1.00)	17.91
2023	16.60	0.00	(1.02)	15.58
2022	20.45	(2.92)	(0.93)	16.60
2021	19.23	2.14	(0.92)	20.45
2020	19.89	0.34	(1.00)	19.23
2019	18.76	2.22	(1.09)	19.89
2018	20.13	(0.29)	(1.08)	18.76
2017	19.47	1.74	(1.08)	20.13
2016	18.97	1.64	(1.14)	19.47
2015	19.04	1.06	(1.13)	18.97

투자 성과를 살펴보겠습니다. 2015년 1월 FPE에 1,000만 원을 투자했다면, 2025년 6월 투자금은 946만 원으로 줄어듭니다(-5.42%). 누적 배당금은 574만 원(57.39%)입니다. 결과적으로 1,000만 원은 1,520만 원이 되었고, 10.5년 동안의 누적 수익률은 51.97%, 연평균 수익률은 4.07%입니다.

고배당 주식과 커버드콜 전략

DIVO

기본 정보 & 운용 전략

DIVO의 기본 정보	
자산운용사	Amplify Investments
펀드 설정일	2016-12-13
배당수익률	4.69%
AUM	$4.93B
총보수	0.56%

DIVO Amplify CWP Enhanced Dividend Income ETF는 미국에 상장된 배당주에 투자하면서, 동시에 보유 주식에 대해 커버드콜 전략을 사용하는 액티브 ETF입니다. 배당 이력 및 성장성, 재무 건전성, 경영진 등을 종합적으로 평가하여 핵심 우량주를 선별하고, 포트폴리오 내 일부 종목에 대해 전술적으로 콜옵션을 매도해 배당수익과 옵션 프리미엄 수익을 창출합니다.

성과 분석

2024년 $1.9를 배당으로 지급했고, 배당수익률은 4.69%입니다.

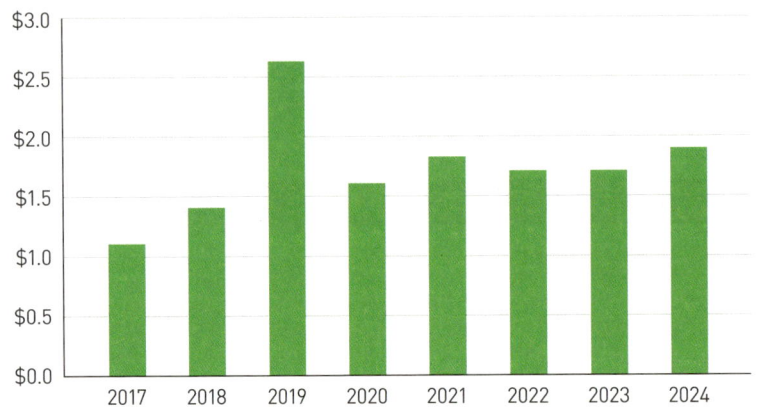

운용성과와 배당의 재원은 다음과 같습니다. 2017년 설정 이후, 마이너스를 기록한 해가 단 한 차례도 없을 만큼 우수한 역량을 보여줍니다. 배당의 재원에는 자본반환도 포함되어 있으나, 대체로 운용성과 범위 내에서 배당이 이루어지고 있어 큰 문제는 되지 않을 것으로 판단됩니다.

연도	순투자소득	실현 및 미실현 손익	총 운용성과
2024	0.73	7.87	8.60
2023	0.78	(0.24)	0.54
2022	0.59	(0.57)	0.02
2021	0.49	9.22	9.71
2020	0.48	0.79	1.27

DIVO의 운용성과

2019	0.58	2.93	3.51
2018	0.45	2.02	2.47
2017	0.39	2.92	3.31

DIVO의 배당 재원				
연도	순투자소득을 통한 배당 지급	자본이득을 통한 배당 지급	자본반환	배당총액
2024	(1.51)	(0.18)	0.00	(1.69)
2023	(0.77)	0.00	(0.94)	(1.71)
2022	(0.58)	(0.28)	(0.86)	(1.72)
2021	(1.56)	(0.11)	(0.15)	(1.82)
2020	(0.27)	(0.86)	(1.33)	(2.46)
2019	(1.61)	0.00	0.00	(1.61)
2018	(1.29)	0.00	(0.21)	(1.50)
2017	(0.57)	0.00	(0.20)	(0.77)

운용성과에 따른 NAV 변화입니다. 운용성과가 우수하고, 성과 내에서 배당이 지급되면서 NAV가 지속적으로 증가하고 있습니다. 고배당과 주식가치 상승이라는 두 가지 목표를 모두 잡았습니다.

DIVO의 NAV 변화 추이				
연도	기초 NAV	총 운용성과	배당총액	기말 NAV
2024	34.24	8.60	(1.69)	41.15

2023	35.41	0.54	(1.71)	34.24
2022	37.11	0.02	(1.72)	35.41
2021	29.22	9.71	(1.82)	37.11
2020	30.41	1.27	(2.46)	29.22
2019	28.51	3.51	(1.61)	30.41
2018	27.54	2.47	(1.50)	28.51
2017	25.00	3.31	(0.77)	27.54

투자 성과를 살펴보겠습니다. 2016년 12월 DIVO에 1,000만 원을 투자했다면, 2025년 6월 투자금은 1,701만 원으로 늘어납니다(+70.06%). 누적 배당금은 595만 원(59.53%)입니다. 결과적으로 1,000만 원은 2,296만 원이 되었고, 약 8.5년(2016년 12월~2025년 6월) 동안의 누적 수익률은 129.59%, 연평균 수익률은 10.17%입니다.

IDVO
기본 정보 & 운용 전략

IDVO의 기본 정보	
자산운용사	Amplify Investments
펀드 설정일	2022-09-07
배당수익률	6.13%
AUM	$360.68M
총보수	0.66%

IDVO_{Amplify CWP International Enhanced Dividend Income ETF}는 미국을 제외한 해외 배당주_{ADR}에 투자하면서, 동시에 보유 주식에 대해 커버드콜 전략을 사용하는 액티브 ETF입니다. 앞서 살펴본 DIVO의 글로벌 버전(미국 외 버전)으로 이해하면 쉽습니다. 배당 이력과 재무 건전성 등을 고려하여 핵심 우량주를 선별하고, 포트폴리오 내 일부 종목에 대해 전술적으로 콜옵션을 매도해 배당수익과 옵션 프리미엄 수익을 창출합니다.

성과 분석

2024년 $1.83을 배당으로 지급했고, 배당수익률은 6.13%입니다.

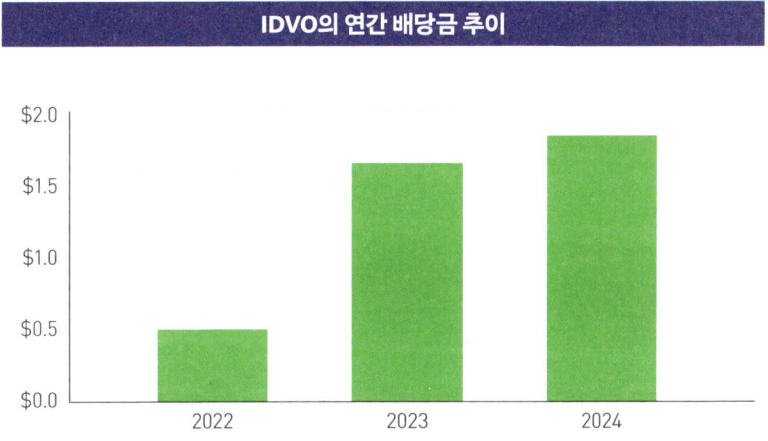

IDVO의 연간 배당금 추이

운용성과와 배당의 재원은 다음과 같습니다. 2022년에는 손실이 발생했지만, 2023년과 2024년에는 우수한 성과를 거뒀습니다. 매년 자본반환이 있으나, 배당이 총 운용성과 범위 내에서 지급되므로 큰 문제는 없을 것으로 판단됩니다.

IDVO의 운용성과

연도	순투자소득	실현 및 미실현 손익	총 운용성과
2024	0.80	5.44	6.24
2023	1.03	2.51	3.54
2022	0.09	(0.63)	(0.54)

IDVO의 배당 재원

연도	순투자소득을 통한 배당 지급	자본이득을 통한 배당 지급	자본반환	배당총액
2024	(0.78)	0.00	(0.91)	(1.69)
2023	(0.98)	0.00	(0.65)	(1.63)
2022	(0.07)	0.00	(0.18)	(0.25)

운용성과에 따른 NAV 변화입니다. 우수한 성과 덕분에 배당을 지급하고도 NAV가 증가했습니다.

IDVO의 NAV 변화 추이

연도	기초 NAV	총 운용성과	배당총액	기말 NAV
2024	26.16	6.24	(1.69)	30.71
2023	24.24	3.54	(1.63)	26.16
2022	25.03	(0.54)	(0.25)	24.24

투자 성과를 살펴보겠습니다. 2022년 9월 IDVO에 1,000만 원을 투자했다면, 2025년 6월 투자금은 1,378만 원으로 늘어납니다(+37.83%). 누적 배당금은 199만 원(19.90%)입니다. 결과적으로 1,000만 원은 1,577만 원이 되었고, 약 2.8년(2022년 9월~2025년 6월) 동안의 누적 수익률은 57.73%, 연평균 수익률은 17.45%입니다.

KNG
기본 정보 & 운용 전략

KNG의 기본 정보	
자산운용사	First Trust Advisors
펀드 설정일	2018-03-26
배당수익률	9.08%
AUM	$3.86B
총보수	0.75%

KNG^{FT Cboe Vest S&P 500 Dividend Aristocrats Target Income ETF}는 S&P 500 배당 귀족 지수*에 포함된 종목들로 포트폴리오를 구성하고, 이 포트폴리오의 일부에 대해 콜옵션을 매도하는 액티브 ETF**입니다. S&P

---

* S&P 500 지수에 포함된 기업 중 최소 25년 이상 연속으로 배당금을 늘려온 우량 기업들로 이루어진 지수입니다.
** 주식 전략은 패시브 운용이지만, 옵션 전략은 액티브 운용입니다.

500 배당 귀족 지수의 배당수익률을 초과하는 것을 목표로 하며, 2023년 9월에 분기배당에서 월배당으로 배당 주기를 변경했습니다.

성과 분석

2024년 배당이 크게 증가했습니다. $4.56을 배당으로 지급했고, 배당수익률은 9.08%입니다.

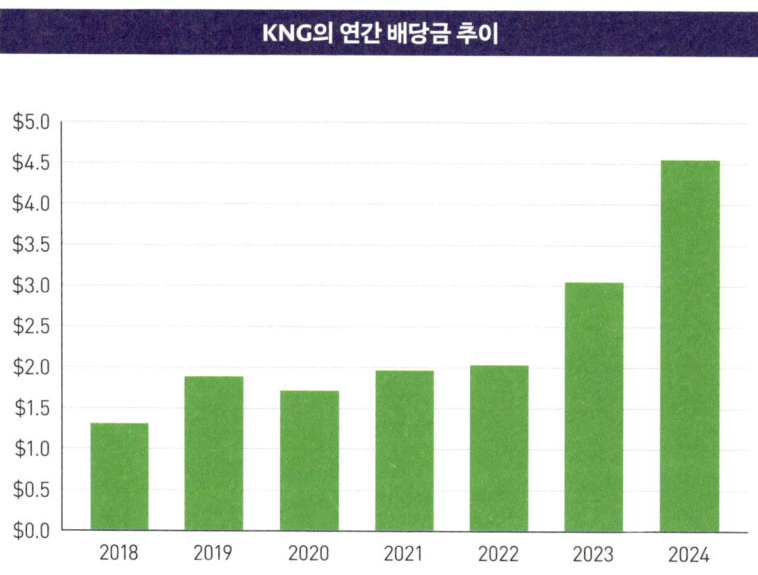

KNG의 연간 배당금 추이

운용성과와 배당의 재원은 다음과 같습니다. 대체로 운용성과가 우수하지만, 연도별로 편차가 있습니다. 자본반환 없이 순투자소득과 자본이득을 통해 배당이 지급되고 있습니다.

KNG의 운용성과

연도	순투자소득	실현 및 미실현 손익	총 운용성과
2024	0.83	8.79	9.62
2023	0.86	(0.94)	(0.08)
2022	0.81	(3.28)	(2.47)
2021	0.73	13.57	14.30
2020	0.81	(1.35)	(0.54)
2019	0.74	5.52	6.26
2018	0.43	0.70	1.13

KNG의 배당 재원

연도	순투자소득을 통한 배당 지급	자본이득을 통한 배당 지급	자본반환	배당총액
2024	(0.89)	(3.65)	0.00	(4.54)
2023	(2.10)	(0.74)	0.00	(2.84)
2022	(1.45)	(0.57)	0.00	(2.02)
2021	(0.58)	(1.35)	0.00	(1.93)
2020	(1.75)	0.00	0.00	(1.75)
2019	(1.57)	(0.29)	0.00	(1.86)
2018	(0.40)	(0.46)	0.00	(0.86)

운용성과에 따른 NAV 변화입니다. 2021년, 2024년 뛰어난 성과에 힘입어 NAV가 큰 폭으로 증가했습니다.

KNG의 NAV 변화 추이

연도	기초 NAV	총 운용성과	배당총액	기말 NAV
2024	47.36	9.62	(4.54)	52.44
2023	50.28	(0.08)	(2.84)	47.36
2022	54.77	(2.47)	(2.02)	50.28
2021	42.40	14.30	(1.93)	54.77
2020	44.69	(0.54)	(1.75)	42.40
2019	40.28	6.26	(1.86)	44.69
2018	40.00	1.13	(0.86)	40.28

투자 성과를 살펴보겠습니다. 2018년 3월 KNG에 1,000만 원을 투자했다면, 2025년 6월 투자금은 1,225만 원으로 늘어납니다(+22.50%). 누적 배당금은 467만 원(46.70%)입니다. 결과적으로 1,000만 원은 1,692만 원이 되었고, 약 7.25년(2018년 4월~2025년 6월) 동안의 누적 수익률은 69.20%, 연평균 수익률은 7.52%입니다.

BUI
기본 정보 & 운용 전략

BUI의 기본 정보

자산운용사	BlackRock Advisors
펀드 설정일	2011-11-23

배당수익률	6.27%
AUM	$575.52M
총보수	1.15%

BUI BlackRock Utilities, Infrastructure & Power Opportunities Trust는 미국을 포함한 전 세계 유틸리티, 인프라, 전력 섹터 주식에 투자하는 폐쇄형 펀드입니다. 보유한 주식 일부에 대해 옵션을 매도해 추가 수익을 창출하며, 높은 수준의 총수익Total Return 및 현재 소득Current Income 제공을 목표로 합니다.

성과 분석

매년 일정한 수준의 배당을 지급합니다. 2024년에는 $1.47을 배당으로 지급했고, 배당수익률은 6.27%입니다.

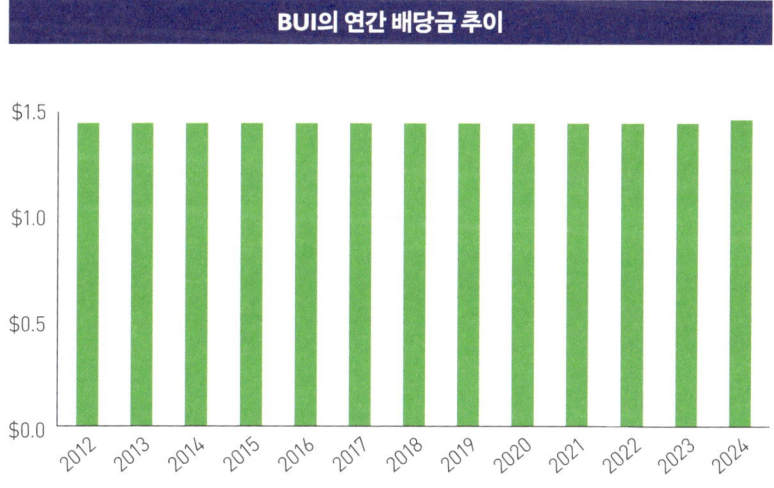

BUI의 연간 배당금 추이

운용성과와 배당의 재원은 다음과 같습니다. 운용성과는 대체로 우수한 편입니다. 일정한 규모의 배당 지급을 위해 순투자소득, 자본이득, 자본반환을 모두 배당의 재원으로 사용하는 것을 확인할 수 있습니다.

BUI의 운용성과

연도	순투자소득	실현 및 미실현 손익	총 운용성과
2024	0.29	1.30	1.59
2023	0.35	1.26	1.61
2022	0.33	(2.37)	(2.04)
2021	0.24	3.27	3.51
2020	0.33	2.90	3.23
2019	0.37	4.33	4.70
2018	0.49	(1.39)	(0.90)
2017	0.56	2.59	3.15
2016	0.56	0.81	1.37
2015	0.47	(1.99)	(1.52)

BUI의 배당 재원

연도	순투자소득을 통한 배당 지급	자본이득을 통한 배당 지급	자본반환	배당총액
2024	(0.25)	(0.87)	(0.35)	(1.47)
2023	(0.37)	(0.59)	(0.49)	(1.45)
2022	(0.30)	(0.56)	(0.59)	(1.45)

2021	(0.24)	(0.76)	(0.45)	(1.45)
2020	(0.20)	(1.08)	(0.17)	(1.45)
2019	(0.24)	(1.06)	(0.15)	(1.45)
2018	(0.63)	(0.81)	(0.01)	(1.45)
2017	(0.47)	(0.98)	0.00	(1.45)
2016	(0.49)	(0.53)	(0.43)	(1.45)
2015	(0.42)	(0.54)	(0.49)	(1.45)

운용성과에 따른 NAV 변화입니다. 대체로 운용성과 범위 내에서 배당이 이루어지면서 $22~$25 수준을 유지하는 모습입니다.

BUI의 NAV 변화 추이

연도	기초 NAV	총 운용성과	배당총액	기말 NAV
2024	22.53	1.59	(1.47)	22.65
2023	22.37	1.61	(1.45)	22.53
2022	25.86	(2.04)	(1.45)	22.37
2021	23.80	3.51	(1.45)	25.86
2020	22.02	3.23	(1.45)	23.80
2019	18.77	4.70	(1.45)	22.02
2018	21.12	(0.90)	(1.45)	18.77
2017	19.42	3.15	(1.45)	21.12
2016	19.50	1.37	(1.45)	19.42
2015	22.47	(1.52)	(1.45)	19.50

투자 성과를 살펴보겠습니다. 2015년 1월 BUI에 1,000만 원을 투자했다면, 2025년 6월 투자금은 1,259만 원으로 늘어납니다(+25.92%). 누적 배당금은 751만 원(75.07%)입니다. 결과적으로 1,000만 원은 2,010만 원이 되었고, 10.5년 동안의 누적 수익률은 100.98%, 연평균 수익률은 6.87%입니다.

투자 성과 한눈에 보기!

	투자 기간	투자 원금	배당금	합산	누적 수익률	연평균 수익률
SPHD	10.5년	1,446	491	1,938	93.79%	6.50%
DHS	10.5년	1,556	466	2,022	102.21%	6.94%
PEY	10.5년	1,514	577	2,091	109.09%	7.28%
KBWD	10.5년	548	749	1,297	29.71%	2.51%
ASGI	약 5년	1,029	399	1,429	42.88%	7.53%
EVT	10.5년	1,155	892	2,047	104.71%	7.06%
UTG	10.5년	1,202	758	1,959	95.93%	6.62%
GLU	10.5년	899	654	1,553	55.30%	4.28%
HTD	10.5년	1,050	809	1,859	85.92%	6.08%
PDT	10.5년	958	909	1,867	86.72%	6.13%
DNP	10.5년	931	769	1,699	69.91%	5.18%
UTF	10.5년	1,187	858	2,045	104.50%	7.05%
PFXF	10.5년	829	582	1,410	41.05%	3.33%
FPE	10.5년	946	574	1,520	51.97%	4.07%
DIVO	약 8.5년	1,701	595	2,296	129.59%	10.17%
IDVO	약 2.8년	1,378	199	1,577	57.73%	17.45%
KNG	약 7.25년	1,225	467	1,692	69.20%	7.52%
BUI	10.5년	1,259	751	2,010	100.98%	6.87%

PART 3 매달 배당을 주는 고배당 ETF

PART 4

매달 배당을 주는

채권 ETF

채권 ETF의
기본 개념

🎯 채권의 이해

채권은 쉽게 말해 돈을 빌려주고 정해진 이자와 원금을 돌려받기로 한 차용증입니다. 자금이 필요한 정부(국채), 공공기관(공사채), 금융기관(금융채), 주식회사(회사채) 등이 채권을 발행해 돈을 빌리는데, 이들을 '발행자'라고 합니다. 채권을 산다는 것은 발행자에게 돈을 빌려주는 것과 같습니다. 이렇게 돈을 빌려주는 주체를 투자자라고 합니다.

채권 투자자는 돈을 빌려준 대가로 발행자에게 두 가지를 약속받습니다. 첫째는 만기 전까지 정기적으로(보통 3개월, 6개월 또는 1년 단위) 지급되는 이자(쿠폰)입니다. 연 몇 %를 줄지 약속한 이자율을 표면금리(쿠폰금리)라고 합니다. 둘째는 만기일에 빌려준 원금(액면가)을 돌려받는 것입니다. 즉 채권 투자는 발행자의 부도위험만 없다면, 약속된 기간 동안 꾸준히 이자를 받고 만기에는 원금을 돌려받는 비교적 안정적인 투자 상품입니다.

채권 가격과 금리의 관계

채권 투자에서 가장 먼저 이해해야 할 핵심 개념은 '채권 가격과 금리의 관계'입니다. 이 둘은 시소 See-Saw 처럼 움직여, 한쪽이 올라가면 다른 한쪽은 반드시 내려갑니다.

시장금리가 올라 연 4% 이자를 주는 예금이 생기면, 연 3% 이자를 주는 채권은 상대적으로 매력이 떨어집니다. 결국 투자자가 예금으로 몰리면서 채권의 가격은 하락합니다. 반대로 시장금리가 내려가 예금의 이자율이 연 2%가 되면, 연 3% 이자를 주는 채권이 더 매력적으로 보이겠죠? 그 결과 채권을 사려는 투자자가 늘어나 채권의 가격이 상승합니다.

채권의 안정성, 신용등급

모든 채권이 다 안전한 것은 아닙니다. 가장 중요한 것은 돈을 빌려 간 발행자가 약속대로 이자와 원금을 갚을 능력이 있는지 여부입니다. 이를 평가하는 것이 바로 신용등급Credit Rating입니다.

채권의 신용등급은 무디스Moody's, 스탠더드앤드푸어스S&P, 피치Fitch 등의 신용평가사가 부여합니다. 이들 기관은 발행자의 재무 상태와 사업 전망 등을 종합적으로 분석해 상환 능력을 평가하고, 그 결과를 알파벳 조합의 등급으로 표시합니다. 신용등급은 크게 투자등급과 투기등급으로 나뉩니다. 보통 등급이 내려갈수록 더 높은 금리를 지급합니다.

신용등급의 분류

등급 분류	대표 등급 (S&P 기준)	특징	통칭
투자등급	AAA	최고 신용도, 부도(채무 불이행) 위험 극히 낮음	우량채
	AA	신용도 매우 높음, 부도위험 매우 낮음	투자등급
	A	신용도 높음, 부도위험 낮음	
	BBB	신용도 적절함, 부도위험 있지만 투자 가능한 수준임	
투기등급	BB	투기적 요소 있지만, 부도위험은 관리 가능한 수준임	하이일드 채권* (정크 본드)
	B	투기성 강함, 부도위험 높음	
	CCC, CC, C	부도위험 매우 높음, 원리금 상환 불확실	
	D	이미 부도(Default) 상태	

---

* 하이일드(High-Yield)는 고수익이라는 의미로 긍정적인 속성을, 정크(Junk)는 쓰레기라는 의미로 부정적인 속성을 드러냅니다. 뉘앙스에 차이가 있지만 모두 투기등급의 채권을 가리키는 용어입니다.

🎯 채권의 온도계, 듀레이션

듀레이션Duration은 채권에 투자한 원금의 평균적인 회수 기간을 의미합니다.* 단순히 만기까지 남은 기간이 아니라, 중간에 받는 이자까지 고려하여 투자 원금이 평균적으로 언제 회수되는지를 계산한 값입니다. 따라서 듀레이션은 보통 채권의 만기보다 짧습니다. (ex. 10년 만기 채권의 듀레이션은 10년보다 짧음)

투자자는 듀레이션을 통해 금리 변동에 따른 채권 가격의 변동률을 예측할 수 있습니다. 보통 듀레이션이 길수록 금리 변동에 더 민감하게 반응합니다. 예를 들어 금리가 1% 상승하면, 듀레이션이 7년인 채권은 가격이 약 7% 하락하고, 듀레이션이 2년인 채권은 약 2% 하락합니다. 그래서 채권 투자를 할 때 금리 상승이 예상되면 듀레이션이 짧은 채권에 투자해 가격 하락으로 인한 위험을 줄이고, 금리 하락이 예상되면 듀레이션이 긴 채권에 투자해 가격 상승과 이자수익을 동시에 추구하는 전략을 사용합니다.

🎯 신용위험과 금리위험

채권의 위험은 크게 두 가지로 나눌 수 있습니다. 하나는 발행자의 부도 위험인 신용위험이고, 다른 하나는 금리 변동에 따른 가격 변

---

* 정확히는 현금흐름(이자 + 원금)의 현재가치 기준 가중평균 회수 시점입니다.

동 위험인 금리위험입니다. 신용위험은 발행자의 신용등급과 경기 예측을 통해, 금리위험은 듀레이션 조절을 통해 대응할 수 있습니다.

🎯 채권 ETF

채권 ETF는 다양한 채권을 한데 모아 놓은 상품입니다. 특정 종류(국채, 회사채, 물가연동채 등), 특정 만기(단기, 중기, 장기), 특정 신용등급(우량채, 하이일드) 등 다양한 기준에 따라 수십, 수백 개의 채권을 담아 구성하며, 보유한 채권에서 발생하는 이자를 모아 투자자에게 배당(분배금) 형태로 지급합니다. 채권 ETF 중에는 매달 배당을 지급하는 월배당 ETF도 있습니다. 월배당 채권 ETF에 투자하면 소액으로 여러 채권에 분산 투자하는 효과를 얻게 되고, 매달 배당도 받을 수 있습니다.

지금부터 대표적인 월배당 채권 ETF를 살펴보겠습니다.

주요 채권 ETF
심층 분석

 **투자등급 채권**

TLT
기본 정보 & 운용 전략

TLT의 기본 정보	
자산운용사	BlackRock Fund Advisors
펀드 설정일	2002-07-22
배당수익률	4.29%

AUM	$47.49B
총보수	0.15%

TLT(iShares 20+ Year Treasury Bond ETF)는 만기가 20년 이상 남은 미국 장기 국채에 투자하는 패시브 ETF입니다. 미국 재무부가 발행한 장기 국채 중에서도 일정한 기준을 충족하는 채권들로 포트폴리오를 구성합니다. 2025년 6월 기준, 듀레이션이 약 15.68년인 만큼 금리 변동에 따라 가격이 크게 움직일 수 있습니다.

성과 분석

20년 이상의 배당 이력을 보유하고 있습니다. 2024년 $3.75를 배당으로 지급했고, 배당수익률은 4.29%입니다.

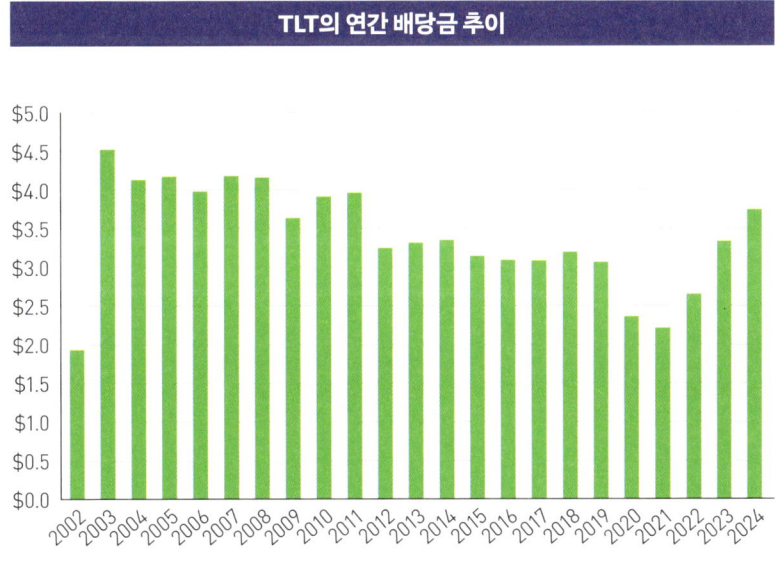

TLT의 연간 배당금 추이

운용성과와 배당의 재원은 다음과 같습니다. 채권에서 발생하는 이자수익은 순투자소득으로 분류되며, 대부분이 배당으로 지급되고 있습니다. 채권의 매매·평가이익은 실현 및 미실현 손익으로 분류되는데, 듀레이션이 긴 만큼 금리 변동에 따라 매우 높은 변동성을 보입니다. 2020년에는 금리인하로 채권 가격이 급등하여 $35.13의 이익을 거뒀지만, 2023년에는 금리인상으로 $38.60의 손실이 발생했습니다. 월배당 ETF이지만, 배당수익률보다는 금리가 훨씬 더 중요함을 알 수 있습니다.

TLT의 운용성과

연도	순투자소득	실현 및 미실현 손익	총 운용성과
2024	3.54	(7.61)	(4.07)
2023	2.98	(38.60)	(35.62)
2022	2.25	(3.26)	(1.01)
2021	2.24	(11.95)	(9.71)
2020	3.09	35.13	38.22
2019	3.23	1.24	4.47
2018	3.11	(2.98)	0.13
2017	3.06	(9.06)	(6.00)
2016	3.15	1.36	4.51
2015	3.38	20.84	24.22

TLT의 배당 재원

연도	순투자소득을 통한 배당 지급	자본이득을 통한 배당 지급	자본반환	배당총액
2024	(3.38)	0.00	0.00	(3.38)
2023	(2.73)	0.00	0.00	(2.73)
2022	(2.24)	0.00	0.00	(2.24)
2021	(2.30)	0.00	0.00	(2.30)
2020	(3.04)	0.00	0.00	(3.04)
2019	(3.22)	0.00	0.00	(3.22)
2018	(3.08)	0.00	0.00	(3.08)
2017	(3.12)	0.00	0.00	(3.12)
2016	(3.11)	0.00	0.00	(3.11)
2015	(3.37)	0.00	0.00	(3.37)

운용성과에 따른 NAV 변화입니다. 금리가 안정적인 시기에는 NAV의 움직임이 크지 않지만, 금리가 상승하거나 하락하는 국면에서는 변동성이 매우 높습니다.

TLT의 NAV 변화 추이

연도	기초 NAV	총 운용성과	배당총액	기말 NAV
2024	101.52	(4.07)	(3.38)	94.07
2023	139.87	(35.62)	(2.73)	101.52
2022	143.12	(1.01)	(2.24)	139.87
2021	155.13	(9.71)	(2.30)	143.12

2020	119.95	38.22	(3.04)	155.13
2019	118.70	4.47	(3.22)	119.95
2018	121.65	0.13	(3.08)	118.70
2017	130.77	(6.00)	(3.12)	121.65
2016	129.37	4.51	(3.11)	130.77
2015	108.52	24.22	(3.37)	129.37

투자 성과를 살펴보겠습니다. 2015년 1월 TLT에 1,000만 원을 투자했다면, 2025년 6월 투자금은 699만 원으로 줄어듭니다(-30.12%). 누적 배당금은 250만 원(24.96%)입니다. 결과적으로 1,000만 원은 948만 원이 되었고, 10.5년 동안의 누적 수익률은 -5.17%, 연평균 수익률은 -0.50%입니다.

SGOV
기본 정보 & 운용 전략

SGOV의 기본 정보	
자산운용사	BlackRock Fund Advisors
펀드 설정일	2020-05-26
배당수익률	5.10%
AUM	$55.75B
총보수	0.09%

SGOV iShares 0-3 Month Treasury Bond ETF는 잔존 만기 3개월 이하의 미국 초단기 국채에 투자하는 패시브 ETF입니다. 미국 재무부가 발행한 초단기 국채 중에서도 일정한 기준을 만족하는 채권들로 포트폴리오를 구성합니다. 미국 국채이므로 신용위험이 매우 낮습니다. 또한 2025년 6월 기준, 듀레이션이 약 0.10년으로 금리 변화에 따른 가격 변동이 거의 없어 금리위험 역시 매우 낮습니다. 이 때문에 주로 현금성 자산을 일시적으로 보관하는 용도*로 활용됩니다.

성과 분석

2020년과 2021년은 저금리 시기였던 만큼 배당금이 매우 적었지만, 이후 금리 인상으로 배당금이 크게 증가했습니다. 2024년 $5.12를

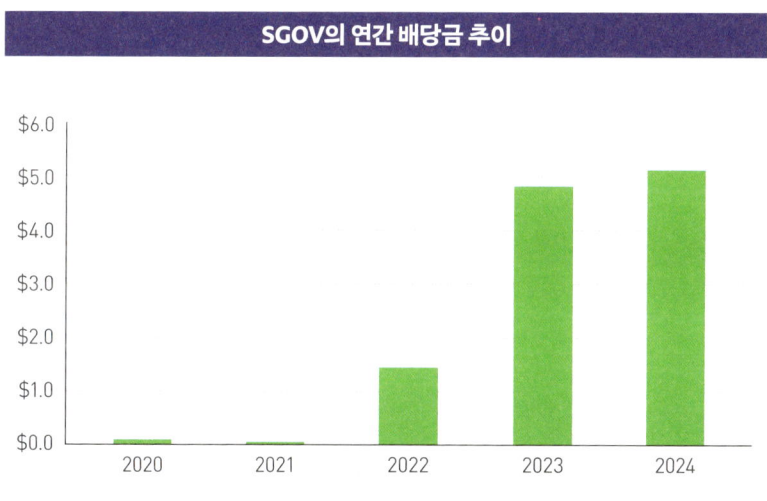

SGOV의 연간 배당금 추이

★ 현금을 가지고만 있으면 이자가 붙지 않지만, 무위험에 가까운 SGOV에 투자하면 이자를 받을 수 있습니다. 가격 변동이 거의 없으므로, 필요할 때 SGOV를 매도해 즉시 현금화할 수 있습니다.

배당으로 지급했고, 배당수익률은 5.10%입니다.

운용성과와 배당의 재원은 다음과 같습니다. 2023년과 2024년에 순투자소득이 크게 증가했고, 이를 배당의 재원으로 활용하고 있습니다.

SGOV의 운용성과

연도	순투자소득	실현 및 미실현 손익	총 운용성과
2024	5.26	(0.06)	5.20
2023	4.81	(0.57)	4.24
2022	0.04	0.00	0.04
2021	0.05	0.00	0.05

SGOV의 배당 재원

연도	순투자소득을 통한 배당 지급	자본이득을 통한 배당 지급	자본반환	배당총액
2024	(4.95)	0.00	0.00	(4.95)
2023	(1.85)	0.00	0.00	(1.85)
2022	(0.03)	0.00	0.00	(0.03)
2021	(0.05)	0.00	0.00	(0.05)

운용성과에 따른 NAV 변화입니다. 듀레이션이 매우 짧아 금리 변동에도 NAV 변화가 거의 없습니다. SGOV가 현금을 보관하는 용도로 활용되는 이유입니다.

SGOV의 NAV 변화 추이

연도	기초 NAV	총 운용성과	배당총액	기말 NAV
2024	100.41	5.20	(4.95)	100.66
2023	100.02	2.24	(1.85)	100.41
2022	100.01	0.04	(0.03)	100.02
2021	100.01	0.05	(0.05)	100.01

투자 성과를 살펴보겠습니다. 2020년 5월 SGOV에 1,000만 원을 투자했다면, 2025년 6월 투자금은 1,007만 원으로 늘어납니다(+0.67%). 누적 배당금은 132만 원(13.24%)입니다. 결과적으로 1,000만 원은 1,139만 원이 되었고, 약 5년(2020년 6월~2025년 6월) 동안의 누적 수익률은 13.91%, 연평균 수익률은 2.60%입니다.

IIM

기본 정보 & 운용 전략

IIM의 기본 정보

자산운용사	Invesco Advisers
펀드 설정일	1993-02-26
배당수익률	6.56%
AUM	$562.00M
총보수	2.97%

IIM Invesco Value Municipal Income Trust은 미국의 지방자치단체가 발행한 면세 지방채에 투자하는 폐쇄형 펀드입니다. 포트폴리오의 약 80%를 투자등급 채권으로 구성하며, 약 5%의 투기등급 채권도 보유하고 있습니다.* 2025년 6월 기준, 듀레이션이 약 8.52년으로 금리 변동에 따른 가격 변동 위험에 노출되어 있습니다. 레버리지를 사용하는 액티브 운용 폐쇄형 펀드인 만큼 총보수가 높은 편입니다.

성과 분석

약 30년의 배당 이력을 보유하고 있습니다. 2024년 $0.78을 배당으로 지급했고, 배당수익률은 6.56%입니다.

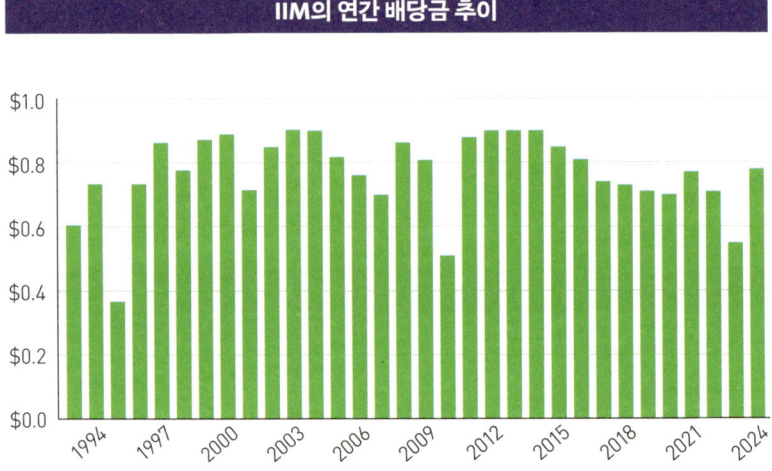

IIM의 연간 배당금 추이

---

* 나머지는 신용평가사로부터 공식 등급을 부여받은 적이 없는 Not Rated 채권입니다. 이것은 채권의 신용도가 낮다는 뜻이 아니라 발행 규모가 작거나 굳이 투자등급이 필요치 않아 신용등급을 받지 않은 채권을 의미합니다.

운용성과와 배당의 재원은 다음과 같습니다. 순투자소득이 꾸준히 유입되고 있으며, 실현 및 미실현 손익은 변동성을 보입니다. 배당은 대부분 순투자소득 수준에서 지급되고 있습니다.

IIM의 운용성과

연도	순투자소득	실현 및 미실현 손익	총 운용성과
2024	0.53	0.46	0.99
2023	0.62	(2.49)	(1.87)
2022	0.75	(0.83)	(0.08)
2021	0.75	(0.66)	0.09
2020	0.67	1.50	2.17
2019	0.69	(0.08)	0.61
2018	0.77	(0.16)	0.61
2017	0.79	(0.80)	(0.01)
2016	0.85	0.15	1.00
2015	0.86	1.09	1.95

IIM의 배당 재원

연도	순투자소득을 통한 배당 지급	자본이득을 통한 배당 지급	자본반환	배당총액
2024	(0.54)	0.00	(0.01)	(0.55)
2023	(0.66)	0.00	(0.02)	(0.68)
2022	(0.77)	0.00	0.00	(0.77)
2021	(0.71)	0.00	0.00	(0.71)

2020	(0.67)	0.00	(0.03)	(0.70)
2019	(0.72)	0.00	(0.01)	(0.73)
2018	(0.74)	0.00	0.00	(0.74)
2017	(0.79)	0.00	0.00	(0.79)
2016	(0.84)	0.00	0.00	(0.84)
2015	(0.90)	0.00	0.00	(0.90)

운용성과에 따른 NAV 변화입니다. 2015년부터 2021년까지는 높은 배당을 지급했음에도 NAV가 $15~$17 수준에서 유지되었으나, 2022년과 2023년 부진한 성과에 배당이 더해지면서 $13 수준으로 감소했습니다.

IIM의 NAV 변화 추이

연도	기초 NAV	총 운용성과	배당총액	기말 NAV
2024	13.13	0.99	(0.55)	13.57
2023	15.68	(1.87)	(0.68)	13.13
2022	16.53	(0.08)	(0.77)	15.68
2021	17.15	0.09	(0.71)	16.53
2020	15.68	2.17	(0.70)	17.15
2019	15.80	0.61	(0.73)	15.68
2018	15.93	0.61	(0.74)	15.80
2017	16.73	(0.01)	(0.79)	15.93
2016	16.57	1.00	(0.84)	16.73

| 2015 | 15.52 | 1.95 | (0.90) | 16.57 |

투자 성과를 살펴보겠습니다. 2015년 1월 IIM에 1,000만 원을 투자했다면, 2025년 6월 투자금은 711만 원으로 줄어듭니다(-28.94%). 누적 배당금은 477만 원(47.69%)입니다. 결과적으로 1,000만 원은 1,188만 원이 되었고, 10.5년 동안의 누적 수익률은 18.75%, 연평균 수익률은 1.65%입니다.

EMB
기본 정보 & 운용 전략

EMB의 기본 정보	
자산운용사	BlackRock Fund Advisors
펀드 설정일	2007-12-17
배당수익률	5.46%
AUM	$13.21B
총보수	0.39%

EMB iShares J.P. Morgan USD Emerging Markets Bond ETF는 신흥국 정부 및 정부 관련 기관이 미국 달러로 발행한 채권에 투자하는 패시브 ETF입니다. 선진국 채권보다 높은 이자수익을 기대할 수 있지만, 그만큼 신용위험이 더 높습니다. 2025년 6월 기준, 듀레이션은 약 6.79년입니다.

성과 분석

2024년 $4.86을 배당으로 지급했고, 배당수익률은 5.46%입니다.

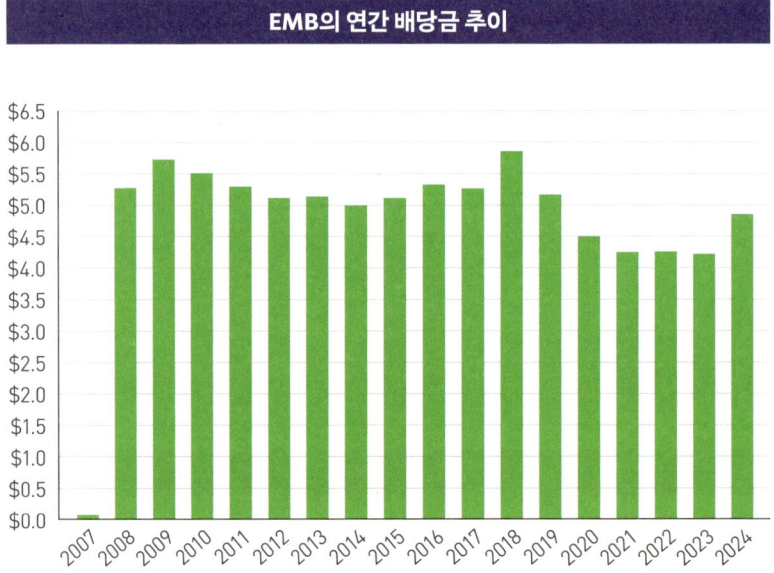

운용성과와 배당의 재원은 다음과 같습니다. 순투자소득이 꾸준히 유입되고 있으며, 대부분이 배당의 재원으로 사용되고 있습니다. 실현 및 미실현 손익은 높은 변동성을 보입니다.

연도	순투자소득	실현 및 미실현 손익	총 운용성과
2024	4.59	10.02	14.61
2023	4.20	1.79	5.99
2022	4.17	(30.34)	(26.17)

2021	4.32	(0.14)	4.18
2020	4.63	(3.39)	1.24
2019	5.25	9.44	14.69
2018	5.07	(11.50)	(6.43)
2017	5.33	1.02	6.35
2016	5.39	6.57	11.96
2015	5.08	(5.75)	(0.67)

EMB의 배당 재원

연도	순투자소득을 통한 배당 지급	자본이득을 통한 배당 지급	자본반환	배당총액
2024	(4.43)	0.00	0.00	(4.43)
2023	(4.22)	0.00	0.00	(4.22)
2022	(4.28)	0.00	0.00	(4.28)
2021	(4.35)	0.00	0.00	(4.35)
2020	(4.56)	0.00	0.00	(4.56)
2019	(6.12)	0.00	0.00	(6.12)
2018	(4.92)	0.00	0.00	(4.92)
2017	(5.17)	0.00	0.00	(5.17)
2016	(5.58)	0.00	0.00	(5.58)
2015	(5.12)	0.00	0.00	(5.12)

운용성과에 따른 NAV 변화입니다. 2015년부터 2021년까지는 $100~$110 수준을 유지했으나, 2022년 큰 폭의 손실이 발생하며

$79까지 감소했습니다. 2024년 우수한 운용성과를 바탕으로 $90대로 회복했고, 이후에도 비슷한 수준을 이어가고 있습니다.

EMB의 NAV 변화 추이

연도	기초 NAV	총 운용성과	배당총액	기말 NAV
2024	80.97	14.61	(4.43)	91.15
2023	79.20	5.99	(4.22)	80.97
2022	109.65	(26.17)	(4.28)	79.20
2021	109.82	4.18	(4.35)	109.65
2020	113.14	1.24	(4.56)	109.82
2019	104.57	14.69	(6.12)	113.14
2018	115.92	(6.43)	(4.92)	104.57
2017	114.74	6.35	(5.17)	115.92
2016	108.36	11.96	(5.58)	114.74
2015	114.15	(0.67)	(5.12)	108.36

투자 성과를 살펴보겠습니다. 2015년 1월 EMB에 1,000만 원을 투자했다면, 2025년 6월 투자금은 842만 원으로 줄어듭니다(-15.81%). 누적 배당금은 462만 원(46.24%)입니다. 결과적으로 1,000만 원은 1,304만 원이 되었고, 10.5년 동안의 누적 수익률은 30.43%, 연평균 수익률은 2.56%입니다.

LQD

기본 정보 & 운용 전략

LQD의 기본 정보	
자산운용사	BlackRock Fund Advisors
펀드 설정일	2002-07-22
배당수익률	4.45%
AUM	$28.33B
총보수	0.14%

LQD iShares iBoxx $ Investment Grade Corporate Bond ETF는 미국 달러로 발행된 투자등급 회사채에 분산 투자하는 패시브 ETF입니다. 금융, 통신, 소비재 등 다양한 산업에 속한 수천 개 채권들로 포트폴리오를 구성합니다. 회사채에 투자하기 때문에 미국 국채보다 높은 이자수익을 기대할 수 있지만, 금리에 따른 가격 변동 위험뿐 아니라 불경기에 따른 신용위험(부도위험)에도 노출되어 있습니다. 2025년 6월 기준, 듀레이션이 약 8.07년입니다.

성과 분석

20년 이상의 배당 이력을 보유하고 있습니다. 2024년 $4.75를 배당으로 지급했고, 배당수익률은 4.45%입니다.

LQD의 연간 배당금 추이

운용성과와 배당의 재원은 다음과 같습니다. 순투자소득이 꾸준히 유입되고 있으며, 대부분 배당의 재원으로 사용됩니다. 실현 및 미실현 손익은 높은 변동성을 보입니다.

LQD의 운용성과

연도	순투자소득	실현 및 미실현 손익	총 운용성과
2024	4.42	1.88	6.30
2023	3.73	(18.85)	(15.12)
2022	2.92	(7.79)	(4.87)
2021	3.55	0.18	3.73
2020	4.17	16.40	20.57
2019	4.15	(1.20)	2.95

2018	3.86	(1.39)	2.47
2017	3.88	3.63	7.51
2016	4.00	(6.70)	(2.70)
2015	4.06	4.42	8.48

LQD의 배당 재원

연도	순투자소득을 통한 배당 지급	자본이득을 통한 배당 지급	자본반환	배당총액
2024	(4.47)	0.00	0.00	(4.47)
2023	(3.58)	0.00	0.00	(3.58)
2022	(3.02)	0.00	0.00	(3.02)
2021	(3.60)	0.00	0.00	(3.60)
2020	(4.19)	0.00	0.00	(4.19)
2019	(4.17)	0.00	0.00	(4.17)
2018	(3.78)	0.00	0.00	(3.78)
2017	(3.89)	0.00	0.00	(3.89)
2016	(3.96)	0.00	0.00	(3.96)
2015	(4.04)	0.00	0.00	(4.04)

운용성과에 따른 NAV 변화입니다. 2020년 금리 인하로 NAV가 크게 증가했으나, 2023년 금리 인상 시기에 다시 감소했습니다. 이후 $107 수준에서 유지되는 모습입니다.

LQD의 NAV 변화 추이

연도	기초 NAV	총 운용성과	배당총액	기말 NAV
2024	105.81	6.30	(4.47)	107.64
2023	124.51	(15.12)	(3.58)	105.81
2022	132.40	(4.87)	(3.02)	124.51
2021	132.27	3.73	(3.60)	132.40
2020	115.89	20.57	(4.19)	132.27
2019	117.11	2.95	(4.17)	115.89
2018	118.42	2.47	(3.78)	117.11
2017	114.80	7.51	(3.89)	118.42
2016	121.46	(2.70)	(3.96)	114.80
2015	117.02	8.48	(4.04)	121.46

투자 성과를 살펴보겠습니다. 2015년 1월 LQD에 1,000만 원을 투자했다면, 2025년 6월 투자금은 916만 원으로 줄어듭니다(-8.35%). 누적 배당금은 346만 원(34.62%)입니다. 결과적으로 1,000만 원은 1,263만 원이 되었고, 10.5년 동안의 누적 수익률은 26.27%, 연평균 수익률은 2.25%입니다.

VCIT

기본 정보 & 운용 전략

VCIT의 기본 정보	
자산운용사	The Vanguard Group
펀드 설정일	2009-11-19
배당수익률	4.44%
AUM	$55.93B
총보수	0.03%

VCIT Vanguard Intermediate-Term Corporate Bond Index Fund ETF Shares는 미국의 투자등급 회사채 중 만기가 5년에서 10년 사이인 중기 채권에 분산 투자하는 패시브 ETF입니다. 앞서 소개한 LQD가 다양한 만기의 회사채에 폭넓게 투자한다면, VCIT는 중기 채권에만 투자한다는 차이가 있습니다. 2025년 6월 기준, 약 2,000개 이상의 채권에 투자하고 있으며 듀레이션은 약 6.1년입니다.

성과 분석

2024년 $3.56을 배당으로 지급했고, 배당수익률은 4.44%입니다.

운용성과와 배당의 재원은 다음과 같습니다. 순투자소득이 꾸준히 유입되고 있으며, 대부분 배당의 재원으로 사용됩니다. 실현 및 미실현 손익은 변동성을 보입니다.

VCIT의 연간 배당금 추이

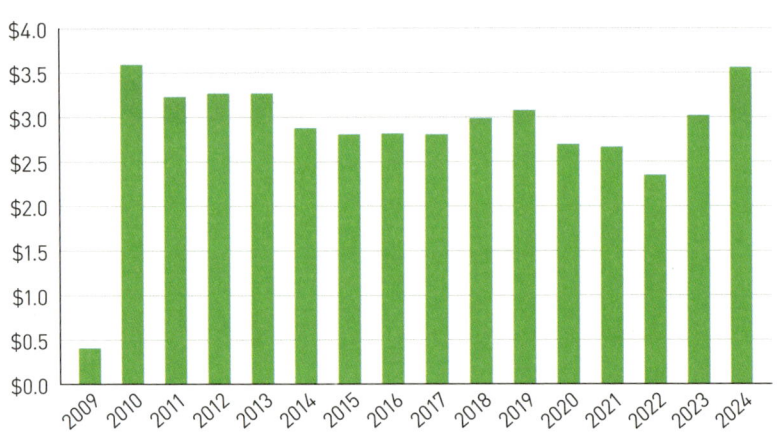

VCIT의 운용성과

연도	순투자소득	실현 및 미실현 손익	총 운용성과
2024	3.43	4.32	7.74
2023	2.81	(1.61)	1.20
2022	2.17	(15.18)	(13.01)
2021	2.16	(0.21)	1.96
2020	2.76	4.21	6.97
2019	3.13	7.77	10.90
2018	2.94	(4.36)	(1.43)
2017	2.87	(1.18)	1.69
2016	2.83	5.08	7.91
2015	2.77	(2.47)	0.29

VCIT의 배당 재원

연도	순투자소득을 통한 배당 지급	자본이득을 통한 배당 지급	자본반환	배당총액
2024	(3.36)	0.00	0.00	(3.36)
2023	(2.76)	0.00	0.00	(2.76)
2022	(2.14)	(0.59)	0.00	(2.74)
2021	(2.17)	(0.20)	0.00	(2.37)
2020	(2.81)	0.00	0.00	(2.81)
2019	(3.10)	0.00	0.00	(3.10)
2018	(2.90)	0.00	0.00	(2.90)
2017	(2.81)	0.00	0.00	(2.81)
2016	(2.83)	0.00	0.00	(2.83)
2015	(2.75)	(0.13)	0.00	(2.88)

운용성과에 따른 NAV 변화입니다. 2015년부터 2018년까지는 $80 중반을 유지했고, 금리 인하 시기인 2019년부터 2021년 사이에 $90 수준으로 증가했습니다. 이후 금리 인상이 시작되며 $80 수준으로 감소했습니다.

VCIT의 NAV 변화 추이

연도	기초 NAV	총 운용성과	배당총액	기말 NAV
2024	78.27	7.74	(3.36)	82.65
2023	79.83	1.20	(2.76)	78.27
2022	95.57	(13.01)	(2.74)	79.83

2021	95.98	1.96	(2.37)	95.57
2020	91.82	6.97	(2.81)	95.98
2019	84.02	10.90	(3.10)	91.82
2018	88.35	(1.43)	(2.90)	84.02
2017	89.47	1.69	(2.81)	88.35
2016	84.39	7.91	(2.83)	89.47
2015	86.98	0.29	(2.88)	84.39

투자 성과를 살펴보겠습니다. 2015년 1월 VCIT에 1,000만 원을 투자했다면, 2025년 6월 투자금은 962만 원으로 줄어듭니다(-3.83%). 누적 배당금은 352만 원(35.22%)입니다. 결과적으로 1,000만 원은 1,314만 원이 되었고, 10.5년 동안의 누적 수익률은 31.39%, 연평균 수익률은 2.63%입니다.

AGG
기본 정보 & 운용 전략

AGG의 기본 정보	
자산운용사	BlackRock Fund Advisors
펀드 설정일	2003-09-22
배당수익률	3.75%
AUM	$128.97B
총보수	0.03%

AGG iShares Core U.S. Aggregate Bond ETF는 미국의 투자등급 채권 시장 전반에 투자하는 패시브 ETF입니다. 미국 국채와 투자등급 회사채, 주택저당증권MBS*을 모두 포함하고 있어 미국 우량 채권 시장에 분산 투자하는 효과를 누릴 수 있습니다. 2025년 6월 기준, 12,000개 이상의 채권에 투자하고 있으며 듀레이션은 약 5.89년입니다.

성과 분석

약 20년의 배당 이력을 보유하고 있습니다. 2024년 $3.63을 배당으로 지급했고, 배당수익률은 3.75%입니다.

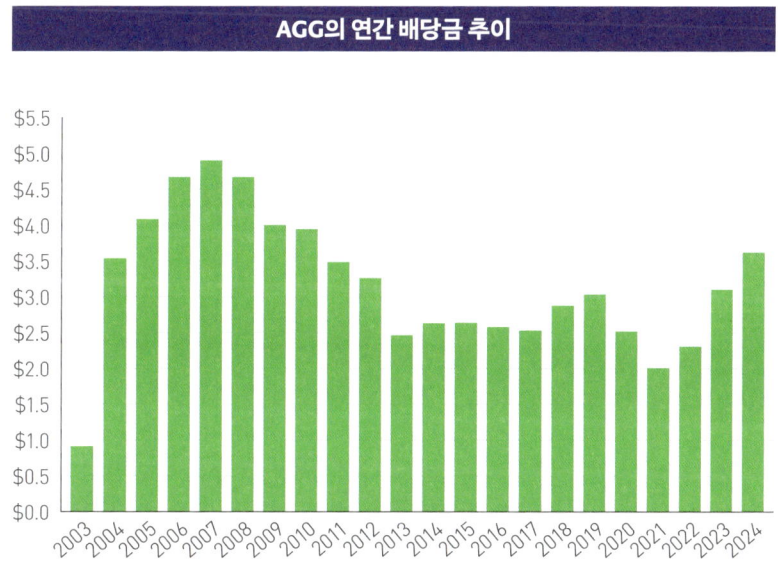

AGG의 연간 배당금 추이

---

* 금융기관 또는 정부 보증기관이 여러 주택담보대출을 묶고, 여기에서 나오는 원리금(원금+이자)을 받을 권리를 기초로 발행한 증권입니다. 국채, 회사채와 함께 투자등급 채권의 3대 축으로 분류됩니다.

운용성과와 배당의 재원은 다음과 같습니다. 순투자소득이 꾸준히 유입되고 있으며, 대부분이 배당의 재원으로 사용됩니다. 실현 및 미실현 손익은 금리 변동*에 따라 편차를 보입니다.

AGG의 운용성과

연도**	순투자소득	실현 및 미실현 손익	총 운용성과
2025	3.71	1.82	5.53
2024	3.23	(0.05)	3.18
2023	2.50	(13.11)	(10.61)
2022	1.99	(5.06)	(3.07)
2021	2.38	(0.82)	1.56
2020	3.02	9.24	12.26
2019	2.96	0.31	3.27
2018	2.58	(2.05)	0.53
2017	2.38	(0.90)	1.48
2016	2.36	(0.83)	1.53

* 포트폴리오에 회사채가 포함되어 있지만, 국채의 비중이 커서 경기가 나빠질 때면 오히려 안전자산으로 분류되곤 합니다. 이런 이유로 실현 및 미실현 손익은 경기에 따른 신용위험보다는 금리에 따른 가격위험에 더 큰 영향을 받습니다.

** 보고 연도가 2월 말입니다. 2025년 데이터가 있으므로 2016년부터 2025년을 기준으로 작성했습니다.

AGG의 배당 재원

연도	순투자소득을 통한 배당 지급	자본이득을 통한 배당 지급	자본반환	배당총액
2025	(3.66)	0.00	0.00	(3.66)
2024	(3.16)	0.00	0.00	(3.16)
2023	(2.40)	0.00	0.00	(2.40)
2022	(1.99)	0.00	0.00	(1.99)
2021	(2.48)	0.00	0.00	(2.48)
2020	(3.01)	0.00	0.00	(3.01)
2019	(2.92)	0.00	0.00	(2.92)
2018	(2.56)	0.00	0.00	(2.56)
2017	(2.35)	(0.23)	0.00	(2.58)
2016	(2.37)	(0.33)	0.00	(2.70)

운용성과에 따른 NAV 변화입니다. 2020년과 2023년에는 금리 변동으로 인해 높은 변동성을 보였지만, 그 외 대부분의 기간에는 일정한 수준을 유지하는 것을 볼 수 있습니다.

AGG의 NAV 변화 추이

연도	기초 NAV	총 운용성과	배당총액	기말 NAV
2025	97.35	5.53	(3.66)	99.22
2024	97.33	3.18	(3.16)	97.35
2023	110.34	(10.61)	(2.40)	97.33
2022	115.40	(3.07)	(1.99)	110.34

2021	116.32	1.56	(2.48)	115.40
2020	107.07	12.26	(3.01)	116.32
2019	106.72	3.27	(2.92)	107.07
2018	108.75	0.53	(2.56)	106.72
2017	109.85	1.48	(2.58)	108.75
2016	111.02	1.53	(2.70)	109.85

투자 성과를 살펴보겠습니다. 2015년 1월 AGG에 1,000만 원을 투자했다면, 2025년 6월 투자금은 900만 원으로 줄어듭니다(-9.97%). 누적 배당금은 262만 원(26.23%)입니다. 결과적으로 1,000만 원은 1,163만 원이 되었고, 10.5년 동안의 누적 수익률은 16.27%, 연평균 수익률은 1.45%입니다.

 투기등급 채권

HYG
기본 정보 & 운용 전략

HYG의 기본 정보	
자산운용사	BlackRock Fund Advisors
펀드 설정일	2007-04-04
배당수익률	6.00%

AUM	$18.17B
총보수	0.49%

HYG iShares iBoxx $ High Yield Corporate Bond ETF는 미국 달러로 발행된 투기등급 회사채에 분산 투자하는 패시브 ETF입니다. 재무 건전성은 상대적으로 낮지만 높은 이자를 지급하는 채권으로 포트폴리오를 구성합니다. 2025년 6월 기준, 1,200개 이상의 채권에 투자하고 있으며 듀레이션은 약 2.78년입니다.

성과 분석

배당이 지속적으로 감소하다 2021년을 저점으로 다시 증가하는 모습입니다. 2024년 $4.72를 배당으로 지급했고, 배당수익률은 6.00%입니다.

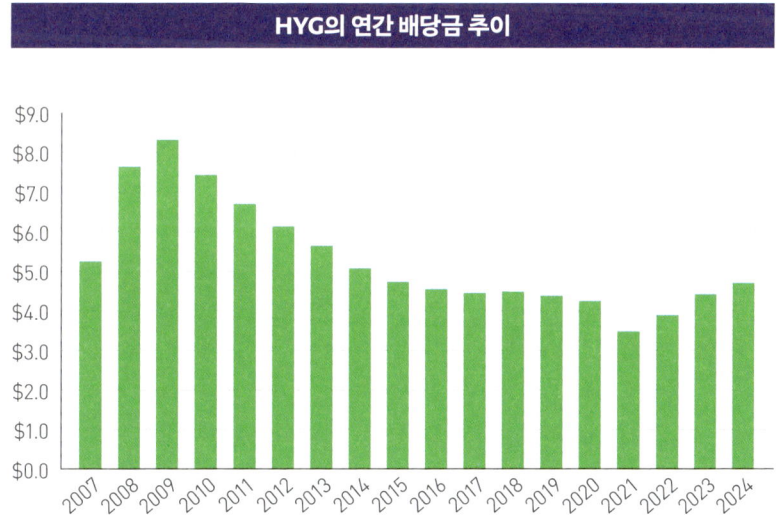

HYG의 연간 배당금 추이

운용성과와 배당의 재원은 다음과 같습니다. 순투자소득이 꾸준히 유입되고 있으며, 대부분을 배당으로 지급합니다. 실현 및 미실현 손익은 높은 변동성을 보입니다. 앞서 살펴본 국채를 기반으로 하는 채권 ETF들은 2020년 금리 인하 시기에 뛰어난 운용성과를 보였습니다. 반면 하이일드 채권에 투자하는 HYG는 이 시기 성과가 기대에 미치지 못했습니다. 왜 그럴까요? 국채와 달리 회사채, 특히 하이일드 채권은 금리뿐 아니라 경기 상황에도 큰 영향을 받기 때문입니다. 2020년은 코로나19 팬데믹으로 경기 침체가 예상되었던 만큼 신용등급이 낮은 기업들이 도산할 것이라는 우려가 컸습니다. 금리 인하는 플러스 요인이었지만, 이보다 더 큰 신용위험이 존재했던 것입니다. 따라서 투기등급 채권 ETF에 투자할 때는 금리뿐 아니라 경기 상황도 주의깊게 관찰해야 합니다.

HYG의 운용성과			
연도	순투자소득	실현 및 미실현 손익	총 운용성과
2024	4.40	2.73	7.13
2023	3.88	(8.87)	(4.99)
2022	3.06	(2.95)	0.11
2021	3.84	1.50	5.34
2020	4.19	0.18	4.37
2019	4.46	(0.36)	4.10
2018	4.42	(1.92)	2.50
2017	4.64	8.89	13.53

2016	4.79	(12.62)	(7.83)
2015	4.96	(2.89)	2.07

HYG의 배당 재원

연도	순투자소득을 통한 배당 지급	자본이득을 통한 배당 지급	자본반환	배당총액
2024	(4.46)	0.00	0.00	(4.46)
2023	(3.97)	0.00	0.00	(3.97)
2022	(3.48)	0.00	0.00	(3.48)
2021	(4.21)	0.00	0.00	(4.21)
2020	(4.37)	0.00	0.00	(4.37)
2019	(4.52)	0.00	0.00	(4.52)
2018	(4.45)	0.00	0.00	(4.45)
2017	(4.55)	0.00	0.00	(4.55)
2016	(4.78)	0.00	0.00	(4.78)
2015	(5.00)	0.00	0.00	(5.00)

운용성과에 따른 NAV 변화입니다. 2016년과 2017년에는 높은 변동성을 보였고, 2018년부터 2021년까지는 $80대에서 안정적으로 유지되었습니다. 2022년과 2023년에는 부진한 운용성과에 높은 배당이 더해지면서 NAV가 큰 폭으로 감소했으나, 2024년 우수한 성과를 거두며 일부 회복하는 모습입니다.

HYG의 NAV 변화 추이

연도	기초 NAV	총 운용성과	배당총액	기말 NAV
2024	74.51	7.13	(4.46)	77.18
2023	83.47	(4.99)	(3.97)	74.51
2022	86.84	0.11	(3.48)	83.47
2021	85.71	5.34	(4.21)	86.84
2020	85.71	4.37	(4.37)	85.71
2019	86.13	4.10	(4.52)	85.71
2018	88.08	2.50	(4.45)	86.13
2017	79.10	13.53	(4.55)	88.08
2016	91.71	(7.83)	(4.78)	79.10
2015	94.64	2.07	(5.00)	91.71

투자 성과를 살펴보겠습니다. 2015년 1월 HYG에 1,000만 원을 투자했다면, 2025년 6월 투자금은 899만 원으로 줄어듭니다(-10.08%). 누적 배당금은 506만 원(50.62%)입니다. 결과적으로 1,000만 원은 1,405만 원이 되었고, 10.5년 동안의 누적 수익률은 40.54%, 연평균 수익률은 3.29%입니다.

JNK

기본 정보 & 운용 전략

JNK의 기본 정보	
자산운용사	SSGA Funds Management
펀드 설정일	2007-11-28
배당수익률	6.63%
AUM	$8.07B
총보수	0.40%

JNK SPDR Bloomberg High Yield Bond ETF는 미국 달러로 발행된 유동성이 평균 이상인 투기등급 회사채에 분산 투자하는 패시브 ETF입니다. 투자등급 채권보다 높은 수익률을 기대할 수 있지만, 그만큼 높은 신용위험(부도위험)을 감수해야 합니다. 2025년 6월 기준, 1,200개 이상의 채권에 투자하고 있으며 듀레이션은 약 2.91년입니다.

성과 분석

배당이 지속적으로 감소하다 2021년을 저점으로 증가하는 모습입니다. 2024년 $6.33을 배당으로 지급했고, 배당수익률은 6.63%입니다.

운용성과와 배당의 재원은 다음과 같습니다. 순투자소득이 꾸준히 유입되고 있으며, 대부분을 배당으로 지급합니다. 실현 및 미실현 손익은 높은 변동성을 보입니다.

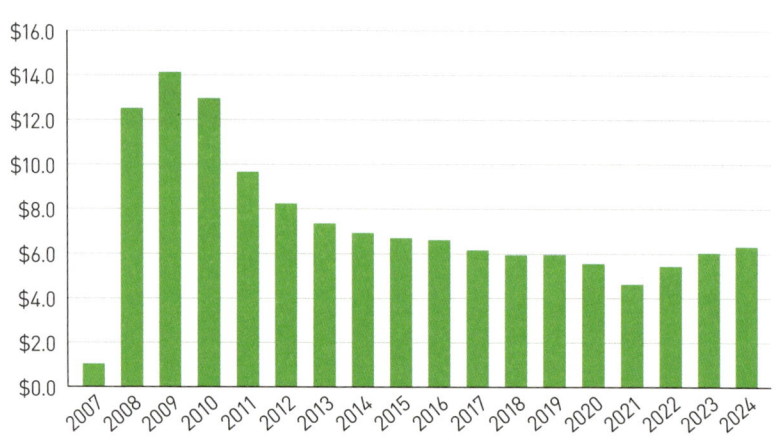

JNK의 연간 배당금 추이

JNK의 운용성과

연도	순투자소득	실현 및 미실현 손익	총 운용성과
2024	6.18	2.64	8.82
2023	5.86	1.28	7.14
2022	4.20	(18.85)	(14.65)
2021	4.56	9.36	13.92
2020	5.40	(7.31)	(1.91)
2019	6.08	1.84	7.92
2018	5.85	(4.53)	1.32
2017	6.54	5.49	12.03
2016	6.66	(9.30)	(2.64)
2015	6.78	(9.93)	(3.15)

JNK의 배당 재원

연도	순투자소득을 통한 배당 지급	자본이득을 통한 배당 지급	자본반환	배당총액
2024	(6.22)	0.00	0.00	(6.22)
2023	(5.90)	0.00	0.00	(5.90)
2022	(4.70)	0.00	0.00	(4.70)
2021	(5.12)	0.00	0.00	(5.12)
2020	(5.83)	0.00	0.00	(5.83)
2019	(6.08)	0.00	0.00	(6.08)
2018	(5.85)	0.00	0.00	(5.85)
2017	(6.60)	0.00	0.00	(6.60)
2016	(6.66)	0.00	0.00	(6.66)
2015	(6.78)	0.00	0.00	(6.78)

운용성과에 따른 NAV 변화입니다. 2016년부터 2021년까지 $110 수준을 유지했으나, 2022년 부진한 운용성과에 높은 배당이 더해져 NAV가 큰 폭으로 감소했습니다. 이후 조금씩 회복하는 모습입니다.

JNK의 NAV 변화 추이

연도	기초 NAV	총 운용성과	배당총액	기말 NAV
2024	91.81	8.82	(6.22)	94.44
2023	90.51	7.14	(5.90)	91.81
2022	109.83	(14.65)	(4.70)	90.51

2021	101.03	13.92	(5.12)	109.83
2020	108.73	(1.91)	(5.83)	101.03
2019	106.80	7.92	(6.08)	108.73
2018	111.30	1.32	(5.85)	106.80
2017	105.84	12.03	(6.60)	111.30
2016	115.02	(2.64)	(6.66)	105.84
2015	124.89	(3.15)	(6.78)	115.02

투자 성과를 살펴보겠습니다. 2015년 1월 JNK에 1,000만 원을 투자했다면, 2025년 6월 투자금은 837만 원으로 줄어듭니다(-16.26%). 누적 배당금은 535만 원(53.46%)입니다. 결과적으로 1,000만 원은 1,372만 원이 되었고, 10.5년 동안의 누적 수익률은 37.20%, 연평균 수익률은 3.06%입니다.

YLD

기본 정보 & 운용 전략

YLD의 기본 정보	
자산운용사	Principal Global Investors
펀드 설정일	2015-07-08
배당수익률	7.14%
AUM	$365.42M
총보수	0.39%

YLD Principal Active High Yield ETF는 미국의 투기등급 회사채에 투자하는 액티브 ETF입니다. 펀드매니저가 직접 리서치와 분석을 통해 투자할 채권을 선정하고 비중을 조절합니다. 2025년 6월 기준, 110여 개의 채권에 투자하고 있으며 듀레이션은 약 2.63년입니다.

성과 분석

2024년 $1.37을 배당으로 지급했고, 배당수익률은 7.14%입니다.

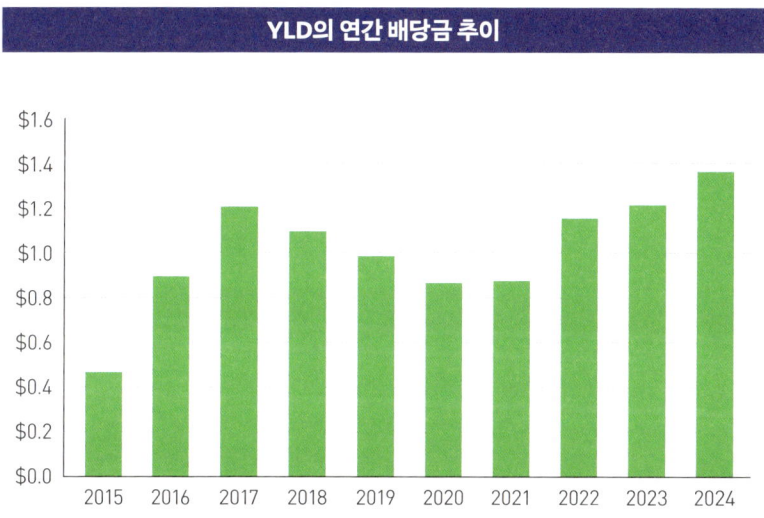

YLD의 연간 배당금 추이

운용성과와 배당의 재원은 다음과 같습니다. 순투자소득이 꾸준히 유입되고 있으며, 대부분이 배당의 재원으로 사용됩니다. 실현 및 미실현 손익은 변동성을 보입니다. 2020년과 2022년을 제외하면 총 운용성과가 모두 플러스이며, 마이너스인 해에도 그 규모가 크지 않은 것을 확인할 수 있습니다.

YLD의 운용성과

연도	순투자소득	실현 및 미실현 손익	총 운용성과
2024	1.30	0.73	2.03
2023	1.05	0.70	1.75
2022	0.90	(2.90)	(2.00)
2021	0.77	2.82	3.59
2020	0.94	(1.86)	(0.92)
2019	0.96	(0.01)	0.95
2018	0.89	(0.25)	0.64
2017	0.98	1.11	2.09
2016	1.07	(0.70)	0.37
2015*	0.00	0.00	0.00

YLD의 배당 재원

연도	순투자소득을 통한 배당 지급	자본이득을 통한 배당 지급	자본반환	배당총액
2024	(1.29)	0.00	0.00	(1.29)
2023	(1.18)	0.00	0.00	(1.18)
2022	(1.14)	0.00	0.00	(1.14)
2021	(0.81)	0.00	0.00	(0.81)
2020	(0.97)	0.00	0.00	(0.97)

* 기준 일자가 6월 말입니다. 따라서 2014년 7월부터 2015년 6월까지의 데이터가 2015년에 들어 갑니다. 그런데 펀드가 2015년 7월에 설정되었기 때문에 2015년의 수치가 0이 되었습니다.

2019	(0.96)	(0.17)	0.00	(1.13)
2018	(0.94)	(0.23)	0.00	(1.16)
2017	(0.99)	0.00	0.00	(0.99)
2016	(0.81)	0.00	0.00	(0.81)
2015	0.00	0.00	0.00	0.00

운용성과에 따른 NAV 변화입니다. 높은 배당을 지급함에도 우수한 운용성과에 힘입어 NAV가 $20 수준에서 유지되는 모습입니다.

YLD의 NAV 변화 추이

연도	기초 NAV	총 운용성과	배당총액	기말 NAV
2024	18.28	2.03	(1.29)	19.02
2023	17.71	1.75	(1.18)	18.28
2022	20.85	(2.00)	(1.14)	17.71
2021*	18.07	3.59	(0.81)	20.85
2020	19.96	(0.92)	(0.97)	18.07
2019	20.14	0.95	(1.13)	19.96
2018	20.66	0.64	(1.16)	20.14
2017	19.56	2.09	(0.99)	20.66
2016	20.00	0.37	(0.81)	19.56
2015	0.00	0.00	0.00	0.00

* 2021년 2대1 주식분할을 진행하였고, 이를 반영해 표를 작성했습니다.

투자 성과를 살펴보겠습니다. 2015년 7월 YLD에 1,000만 원을 투자했다면, 2025년 6월 투자금은 967만 원으로 줄어듭니다(-3.30%). 누적 배당금은 537만 원(53.65%)입니다. 결과적으로 1,000만 원은 1,504만 원이 되었고, 약 10년(2015년 7월~2025년 6월) 동안의 누적 수익률은 50.36%, 연평균 수익률은 4.16%입니다.

 멀티 섹터*

PCN
기본 정보 & 운용 전략

PCN의 기본 정보	
자산운용사	Pacific Investment Management
펀드 설정일	2001-12-21
배당수익률	10.06%
AUM	$802.09M
총보수	0.85%

PCN PIMCO Corporate & Income Strategy Fund은 주로 미국에서 발행된 회사채(하이일드 포함), 국채, 지방채, MBS 등 다양한 채권에 분산 투자

* 특정 종류의 채권에 한정하지 않고, 다양한 유형의 채권을 포트폴리오에 담는 방식입니다.

하는 액티브 운용 폐쇄형 펀드입니다. 레버리지를 활용하며, 전통적인 채권 외에 은행 대출Bank Loan, 우선주, 전환사채 등에도 유연하게 투자합니다. 2025년 6월 기준, 600여 개의 채권에 투자하고 있으며 듀레이션은 약 2.65년*입니다.

성과 분석

20년 이상의 배당 이력을 보유했습니다. 2024년 $1.35를 배당으로 지급했고, 배당수익률은 10.06%입니다.

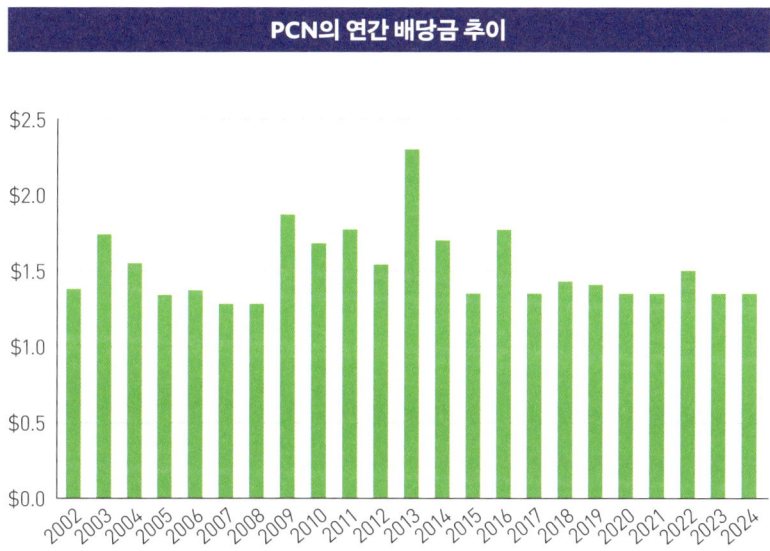

---

* 듀레이션을 0~8년 범위에서 적극적으로 조절하는 액티브 운용을 합니다. 따라서 시점에 따라 듀레이션이 크게 달라질 수 있습니다.

운용성과와 배당의 재원은 다음과 같습니다. 순투자소득이 꾸준히 유입되고 있으며, 대부분이 배당의 재원으로 사용됩니다. 실현 및 미실현 손익은 변동성을 보입니다.

PCN의 운용성과

연도	순투자소득	실현 및 미실현 손익	총 운용성과
2024	1.01	0.37	1.38
2023	1.19	(0.27)	0.92
2022	1.11	(2.93)	(1.82)
2021	1.24	1.77	3.01
2020	1.31	(2.07)	(0.76)
2019	1.22	0.20	1.42
2018	1.20	(0.24)	0.96
2017	1.12	1.70	2.82
2016	1.24	(0.84)	0.40
2015	0.73	(0.21)	0.52

PCN의 배당 재원

연도	순투자소득을 통한 배당 지급	자본이득을 통한 배당 지급	자본반환	배당총액
2024	(1.02)	0.00	(0.35)	(1.37)
2023	(1.53)	0.00	0.00	(1.53)
2022	(1.24)	0.00	0.00	(1.24)

2021	(1.35)	0.00	0.00	(1.35)
2020	(1.42)	0.00	0.00	(1.42)
2019	(1.48)	0.00	0.00	(1.48)
2018	(1.38)	0.00	0.00	(1.38)
2017	(1.76)	0.00	(0.02)	(1.78)
2016	(1.38)	0.00	0.00	(1.38)
2015	(1.37)	0.00	0.00	(1.37)

운용성과에 따른 NAV 변화입니다. 2015년부터 2019년까지는 고배당을 지급하면서도 $15 수준의 NAV를 유지했으나, 2020년과 2022년 부진한 성과에 높은 배당이 더해지면서 NAV가 큰 폭으로 감소했습니다. 이후에도 비슷한 수준을 이어가고 있습니다.

PCN의 NAV 변화 추이

연도	기초 NAV	총 운용성과	배당총액	기말 NAV
2024	11.14	1.38	(1.37)	11.40
2023	11.60	0.92	(1.53)	11.14
2022	14.54	(1.82)	(1.24)	11.60
2021	12.76	3.01	(1.35)	14.54
2020	14.94	(0.76)	(1.42)	12.76
2019	14.90	1.42	(1.48)	14.94
2018	15.32	0.96	(1.38)	14.90
2017	14.28	2.82	(1.78)	15.32

2016	14.75	0.40	(1.38)	14.28
2015	15.60	0.52	(1.37)	14.75

투자 성과를 살펴보겠습니다. 2015년 1월 PCN에 1,000만 원을 투자했다면, 2025년 6월 투자금은 834만 원으로 줄어듭니다(-16.57%). 누적 배당금은 971만 원(97.12%)입니다. 결과적으로 1,000만 원은 1,806만 원이 되었고, 10.5년 동안의 누적 수익률은 80.56%, 연평균 수익률은 5.79%입니다.

PTY
기본 정보 & 운용 전략

PTY의 기본 정보	
자산운용사	Pacific Investment Management
펀드 설정일	2002-12-27
배당수익률	9.95%
AUM	$2.29B
총보수	1.19%

PTY^{PIMCO Corporate & Income Opportunity Fund}는 전 세계에 있는 회사채(하이일드 포함), 국채, 지방채, MBS 등 다양한 채권에 분산 투자하는 액티브 운용 폐쇄형 펀드입니다. 레버리지를 활용하며 전통적인 채권 외에 은행 대출^{Bank Loan}, 우선주, 전환사채 등에도 유연하게 투자합니

다. 앞서 살펴 본 PCN과 유사하지만, PCN은 높은 현금 소득 High Current Income을 목표로, PTY는 최대 총수익 Maximum Total Return을 목표로 한다는 차이가 있습니다. 2025년 6월 기준, 듀레이션은 약 2.81년*입니다.

성과 분석

20년 이상의 배당 이력을 보유하고 있습니다. 2024년 $1.43을 배당으로 지급했고, 배당수익률은 9.95%입니다.

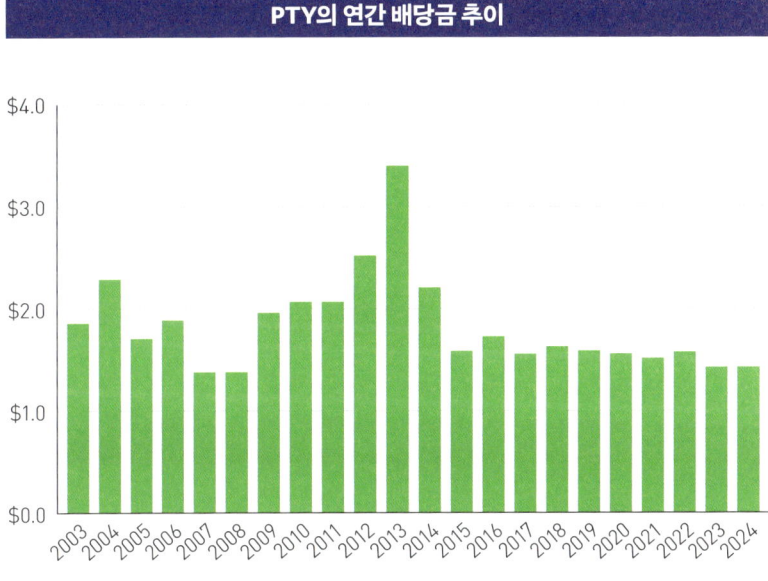

운용성과와 배당의 재원은 다음과 같습니다. 순투자소득이 꾸준

---

* 듀레이션을 0~8년 범위에서 적극적으로 조절하는 액티브 운용을 합니다. 따라서 시점에 따라 듀레이션이 크게 달라질 수 있습니다.

히 유입되고 있으며, 실현 및 미실현 손익은 편차를 보이지만, 전체적으로 총 운용성과가 우수한 편입니다.

PTY의 운용성과

연도	순투자소득	실현 및 미실현 손익	총 운용성과
2024	1.11	0.33	1.44
2023	1.32	(0.25)	1.07
2022	1.21	(3.22)	(2.01)
2021	1.32	1.78	3.10
2020	1.36	(2.41)	(1.05)
2019	1.36	0.09	1.45
2018	1.30	0.16	1.46
2017	1.21	2.06	3.27
2016	1.30	(0.65)	0.65
2015	0.68	(0.33)	0.35

PTY의 배당 재원

연도	순투자소득을 통한 배당 지급	자본이득을 통한 배당 지급	자본반환	배당총액
2024	(1.02)	0.00	(0.48)	(1.50)
2023	(1.70)	0.00	0.00	(1.70)
2022	(1.33)	0.00	0.00	(1.33)
2021	(1.22)	0.00	(0.34)	(1.56)
2020	(1.64)	0.00	0.00	(1.64)

2019	(1.76)	0.00	0.00	(1.76)
2018	(1.65)	0.00	0.00	(1.65)
2017	(1.63)	0.00	(0.14)	(1.77)
2016	(1.61)	0.00	0.00	(1.61)
2015	(1.69)	0.00	0.00	(1.69)

운용성과에 따른 NAV 변화입니다. 2015년부터 2019년까지는 $14 수준을 유지했으나, 2020년과 2022년 부진한 성과에 높은 배당이 더해지면서 NAV가 큰 폭으로 감소했습니다. 이후에도 비슷한 수준을 이어가고 있습니다.

PTY의 NAV 변화 추이

연도	기초 NAV	총 운용성과	배당총액	기말 NAV
2024	10.83	1.44	(1.50)	11.17
2023	11.21	1.07	(1.70)	10.83
2022	14.40	(2.01)	(1.33)	11.21
2021	12.44	3.10	(1.56)	14.40
2020	14.66	(1.05)	(1.64)	12.44
2019	14.80	1.45	(1.76)	14.66
2018	14.87	1.46	(1.65)	14.80
2017	13.27	3.27	(1.77)	14.87
2016	14.23	0.65	(1.61)	13.27
2015	15.41	0.35	(1.69)	14.23

투자 성과를 살펴보겠습니다. 2015년 1월 PTY에 1,000만 원을 투자했다면, 2025년 6월 투자금은 855만 원으로 줄어듭니다(-14.51%). 누적 배당금은 995만 원(99.55%)입니다. 결과적으로 1,000만 원은 1,850만 원이 되었고, 10.5년 동안의 누적 수익률은 85.04%, 연평균 수익률은 6.04%입니다.

RCS
기본 정보 & 운용 전략

RCS의 기본 정보	
자산운용사	Pacific Investment Management
펀드 설정일	1994-02-24
배당수익률	8.01%
AUM	$215.12M
총보수	1.15%

RCS PIMCO Strategic Income Fund는 주로 미국과 전 세계에 있는 국채, MBS 및 ABS*, 다양한 회사채에 분산 투자하는 액티브 운용 폐쇄형 펀드입니다. 미국 중기 투자등급 채권보다 더 높은 소득을 목표로 하며, 펀드매니저의 전략적인 판단에 따라 레버리지를 활용합니다.

---

* ABS(Asset-Backed Securities, 자산유동화증권)는 자동차 할부금, 학자금 대출, 신용카드 채권 등 현금흐름이 발생하는 다양한 자산을 묶고, 이를 기초로 발행되는 증권입니다.

2025년 6월 기준, 800여 개의 채권에 투자하고 있으며 듀레이션은 약 4.55년입니다.

성과 분석

30년 이상의 배당 이력을 보유하고 있습니다. 배당이 지속적으로 감소하다 최근 다시 안정화되는 모습입니다. 2024년 $0.61을 배당으로 지급했고, 배당수익률은 8.01%입니다.

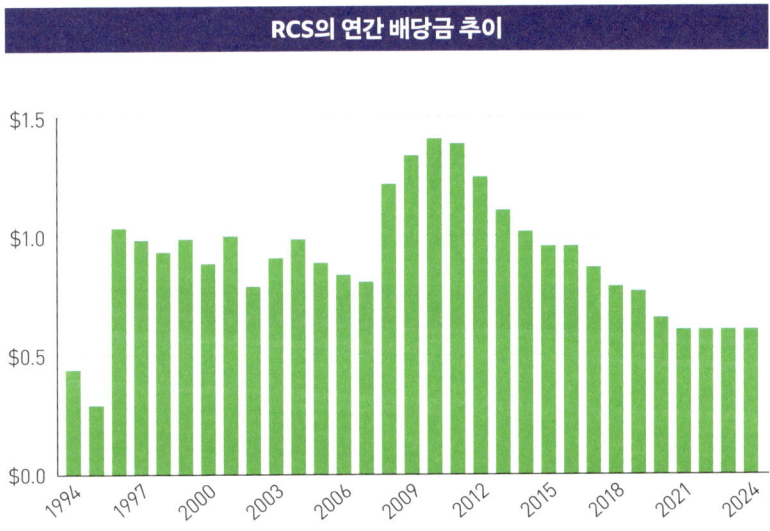

운용성과와 배당의 재원은 다음과 같습니다. 순투자소득이 꾸준히 유입되고 있으나 감소하는 추세이며, 실현 및 미실현 손익은 변동성을 보입니다. 배당은 순투자소득과 자본반환을 통해 지급되고 있습니다.

RCS의 운용성과

연도	순투자소득	실현 및 미실현 손익	총 운용성과
2024	0.38	0.30	0.68
2023	0.39	(0.14)	0.25
2022	0.61	(1.87)	(1.26)
2021	0.58	0.64	1.22
2020	0.74	(1.20)	(0.46)
2019	0.60	0.03	0.63
2018	0.77	(0.34)	0.43
2017	0.70	0.08	0.78
2016	0.76	(0.45)	0.31
2015	1.20	(0.44)	0.76

RCS의 배당 재원

연도	순투자소득을 통한 배당 지급	자본이득을 통한 배당 지급	자본반환	배당총액
2024	(0.43)	0.00	(0.18)	(0.61)
2023	(0.61)	0.00	0.00	(0.61)
2022	(0.60)	0.00	(0.01)	(0.61)
2021	(0.41)	0.00	(0.20)	(0.61)
2020	(0.49)	0.00	(0.23)	(0.72)
2019	(0.61)	0.00	(0.22)	(0.83)
2018	(0.86)	0.00	0.00	(0.86)

2017	(0.80)	0.00	(0.12)	(0.92)
2016	(1.00)	0.00	0.00	(1.00)
2015	(1.42)	0.00	0.00	(1.42)

운용성과에 따른 NAV 변화입니다. 거의 매년 운용성과를 뛰어넘는 배당이 이루어지면서 NAV가 지속적으로 감소했습니다. 다만 폐쇄형 펀드이므로 주가는 NAV와 괴리가 발생할 수 있으며, 2025년 6월 기준으로 NAV 대비 프리미엄이 붙은 가격에서 거래되고 있습니다. 그러나 현 추세대로 NAV가 계속 감소한다면 결국에는 배당을 줄일 수밖에 없고, 주가 역시 NAV 감소에 맞춰 하락할 가능성이 높습니다.

RCS의 NAV 변화 추이

연도	기초 NAV	총 운용성과	배당총액	기말 NAV
2024	4.32	0.68	(0.61)	4.39
2023	4.68	0.25	(0.61)	4.32
2022	6.55	(1.26)	(0.61)	4.68
2021	5.94	1.22	(0.61)	6.55
2020	7.12	(0.46)	(0.72)	5.94
2019	7.32	0.63	(0.83)	7.12
2018	7.75	0.43	(0.86)	7.32
2017	7.89	0.78	(0.92)	7.75
2016	8.58	0.31	(1.00)	7.89
2015	9.24	0.76	(1.42)	8.58

투자 성과를 살펴보겠습니다. 2015년 1월 RCS에 1,000만 원을 투자했다면, 2025년 6월 투자금은 728만 원으로 줄어듭니다(-27.20%). 누적 배당금은 801만 원(80.14%)입니다. 결과적으로 1,000만 원은 1,529만 원이 되었고, 10.5년 동안의 누적 수익률은 52.95%, 연평균 수익률은 4.13%입니다.

채권과 옵션 매도

채권의 안정적인 이자수익을 확보하면서 옵션 매도 전략을 통해 옵션 프리미엄 수익을 추가하면 수익을 극대화할 수 있습니다. 단, 이 경우 금리 외에도 다른 변수(옵션 매도 자산의 가격 변동)로 인해 NAV 및 배당이 영향을 받을 수 있다는 점을 유의해야 합니다.

CSHI
기본 정보 & 운용 전략

CSHI의 기본 정보	
자산운용사	NEOS Investment Management
펀드 설정일	2022-08-29
배당수익률	5.72%
AUM	$602.34M
총보수	0.38%

CSHI NEOS Enhanced Income 1-3 Month T-Bill ETF는 미국 초단기 국채에 투자하여 이자수익을 얻고, 동시에 S&P 500 지수에 대한 풋 스프레드 전략(풋옵션 매도+더 낮은 행사가 풋옵션 매수)을 활용하는 액티브 ETF입니다. 초단기 국채에 투자하므로 금리의 영향을 비교적 덜 받습니다.

성과 분석

2024년 $2.85를 배당으로 지급했고, 배당수익률은 5.72%입니다. 2022년과 2023년에 금리가 급등하면서 초단기 국채의 이자수익도 함께 증가했습니다. 덕분에 높은 배당이 가능했을 것으로 추정됩니다.

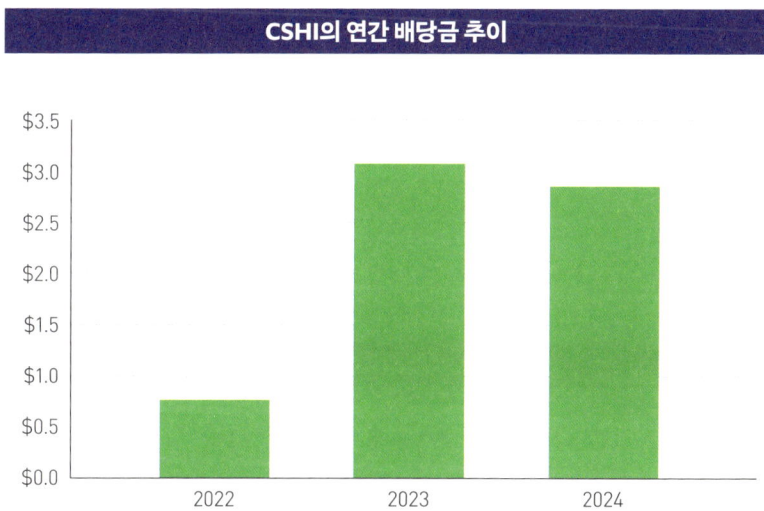

운용성과와 배당의 재원은 다음과 같습니다. 지난 2년간 우수한 운용성과를 기록했고, 성과의 대부분을 배당으로 지급했습니다. 일부 자본반환이 발생했으나 큰 문제는 되지 않을 것으로 판단됩니다.

CSHI의 운용성과

연도	순투자소득	실현 및 미실현 손익	총 운용성과
2024	2.49	0.34	2.83
2023	1.73	0.32	2.05

CSHI의 배당 재원

연도	순투자소득을 통한 배당 지급	자본이득을 통한 배당 지급	자본반환	배당총액
2024	(2.61)	(0.20)	(0.26)	(3.07)
2023	(1.31)	(0.63)	(0.06)	(2.00)

운용성과에 따른 NAV 변화입니다. 자산의 대부분을 단기 국채에 투자하고 있고, 성과의 대부분을 배당으로 지급하여 NAV 변동이 거의 없습니다.

CSHI의 NAV 변화 추이

연도	기초 NAV	총 운용성과	배당총액	기말 NAV
2024	50.05	2.83	(3.07)	49.81
2023	50.00	2.05	(2.00)	50.05

투자 성과를 살펴보겠습니다. 2022년 8월 CSHI에 1,000만 원을 투자했다면, 2025년 6월 투자금은 994만 원으로 줄어듭니다(-0.64%).

누적 배당금은 159만 원(15.94%)입니다. 결과적으로 1,000만 원은 1,153만 원이 되었고, 약 2.8년(2022년 9월~2025년 6월) 동안의 누적 수익률은 15.30%, 연평균 수익률은 5.15%입니다.

투자 성과 한눈에 보기!

*	투자 기간	투자 원금	배당금	합산	누적 수익률	연평균 수익률
TLT	10.5년	699	250	948	-5.17%	-0.50%
SGOV	약 5년	1,007	132	1,139	13.91%	2.60%
IIM	10.5년	711	477	1,188	18.75%	1.65%
EMB	10.5년	842	462	1,304	30.43%	2.56%
LQD	10.5년	916	346	1,263	26.27%	2.25%
VCIT	10.5년	962	352	1,314	31.39%	2.63%
AGG	10.5년	900	262	1,163	16.27%	1.45%
HYG	10.5년	899	506	1,405	40.54%	3.29%
JNK	10.5년	837	535	1,372	37.20%	3.06%
YLD	약 10년	967	537	1,504	50.36%	4.16%
PCN	10.5년	834	971	1,806	80.56%	5.79%
PTY	10.5년	855	995	1,850	85.04%	6.04%
RCS	10.5년	728	801	1,529	52.95%	4.13%
CSHI	약 2.8년	994	159	1,153	15.30%	5.15%

* 2022년과 2023년 진행된 금리 인상으로 채권 ETF들의 성과가 대체로 부진합니다. 그러나 향후 금리 인하가 단행된다면 성과가 크게 개선될 여지가 있습니다.

PART 5

매달 배당을 주는

리츠

리츠의
기본 개념

파트 5에서는 리츠REITs를 다룹니다. 리츠란 다수의 투자자로부터 자금을 모아 대형 빌딩이나 쇼핑몰 같은 수익형 부동산에 투자하고, 이를 통해 발생하는 안정적인 임대수익을 주주에게 배당으로 분배하는 부동산 투자회사입니다. 주식시장에 상장되어 있어 쉽게 사고팔 수 있으며, 법적으로 세후 이익의 90% 이상을 의무적으로 배당해야 하므로 배당수익률이 높아 투자자들의 관심이 많습니다.

상장 기업의 배당 지급 능력은 순이익을 통해 파악할 수 있습니다. 그렇다면 리츠의 배당 지급 능력은 어떻게 평가해야 할까요?

리츠의 회계상 순이익에는 실제 현금흐름과는 무관한 감가상각비가 포함되어 있습니다. 일반 기업과 달리 순이익을 보는 게 배당 투자자에게는 큰 의미가 없는 것입니다. 이 때문에 리츠를 평가할 때는 주주들에게 배당 가능한 현금이 얼마인지를 보여주는 AFFO(조정 운용자금)를 핵심 지표로 활용합니다.

- **FFO** Funds From Operations, 운용 자금

  = 순이익 + (감가상각비 + 부동산 손상 충당금 등) − (부동산 매각이익)

- **AFFO** Adjusted Funds From Operations, 조정 운용 자금

  = FFO − 반복적인 자본 지출(ex. 건물 유지보수 비용)

또한 리츠는 세후 이익의 90% 이상을 배당하기 때문에 내부 유보금이 거의 없습니다. 신규 투자 재원을 마련하려면 대출(부채)을 받거나 신주를 발행하는 유상증자를 해야 합니다. 그런데 금리 상승기에는 대출이자 부담이 커질 뿐만 아니라, 유상증자를 통한 자금 조달도 어려워집니다. 이런 이유에서 리츠는 금리 변화에 민감한 대표적인 자산으로 분류됩니다.

한편 ETF의 주가가 순자산가치NAV를 거의 실시간으로 따라가는 것과 달리, 리츠는 일반 상장 기업과 마찬가지로 시장의 수요와 공급 및 투자 심리에 의해 주가가 결정됩니다. 따라서 NAV와의 괴리가 장기간 지속될 수 있습니다.

그럼 월배당 리츠들을 알아볼까요?

주요 리츠
심층 분석

O

기본 정보 & 운용 전략

O의 기본 정보	
리츠명	Realty Income
상장연도	1994
배당수익률	5.37%

시가총액	$51.50B
P/AFFO*	13.59
총자산 대비 순부채비율**	34.89%

○ Realty Income는 미국을 대표하는 리츠로, 국내에서는 '리얼티인컴'이라는 이름으로 잘 알려져 있습니다. 미국 전역과 영국을 비롯해 유럽 6개국에서 15,000개 이상의 부동산 자산을 보유하고 있으며, 편의점, 약국, 초저가 할인점(달러 스토어) 등 경기 변동이나 전자상거래에 영향을 덜 받는 소매업을 중심으로 단일 임차인이 사용하는 부동산에 주로 투자합니다. 대부분의 계약을 장기 트리플 넷NNN 방식으로 체결하여, 안정적이고 예측 가능한 임대수익을 창출합니다.

특히 1969년 창사 이래 600회가 넘는 월배당을 연속으로 지급했습니다. 이를 통해 S&P 500 편입 종목 중 25년 이상 연속으로 배당을 늘린 기업만 가입할 수 있는 배당 귀족Dividend Aristocrats 지수에 포함된 점이 인상적입니다.

---

* 주가(Price)를 주당 AFFO로 나눈 값으로, 실질적인 현금 창출 능력에 비해 고평가인지 저평가인지를 판단하기 위해 사용합니다. 일반 주식의 PER에 해당하는 개념입니다.
** 총자산 대비 순부채비율은 순부채를 총자산으로 나눠 계산한 값으로, LTV와 함께 기업의 재무레버리지를 측정하는 대표 지표 중 하나입니다. LTV는 대출금액을 부동산 시장가치로 나눈 비율인데, 리츠에서는 부동산 포트폴리오의 정확한 시장가치를 실시간으로 파악하기 어려운 경우가 많습니다. 그래서 회계상 장부가치를 기준으로 하는 총자산 대비 순부채비율을 LTV와 함께 사용합니다.

임대차 계약 방식의 종류				
계약 종류	재산세	보험료	유지보수비	건물주의 수익성
그로스(Gross)	건물주	건물주	건물주	낮음
싱글 넷(N)	세입자	건물주	건물주	보통
더블 넷(NN)	세입자	세입자	건물주	높음
트리플 넷(NNN)	세입자	세입자	세입자	매우 높음

성과 분석

지난 30년간 배당이 꾸준히 증가했습니다. 2024년에는 $2.87을 배당으로 지급했고, 배당수익률은 5.37%입니다.

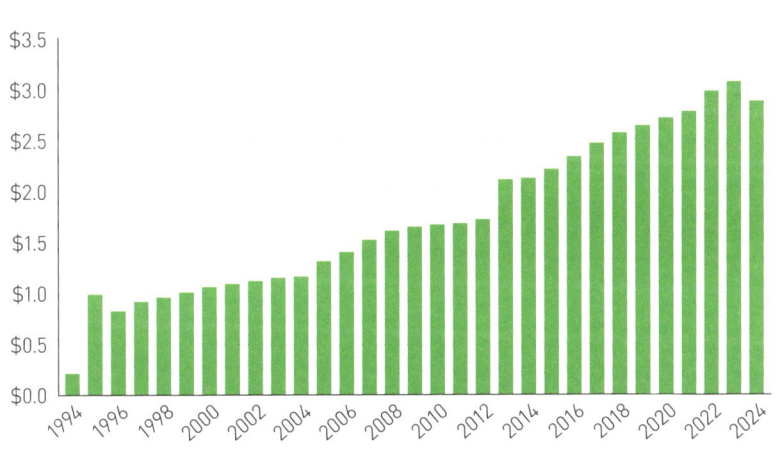

O의 연간 배당금 추이

---

* 임대차 계약 방식은 재산세, 보험료, 유지보수비 등의 부대비용을 건물주와 세입자 중 누가 부담하는지에 따라 구분됩니다.

AFFO와 배당 및 배당성향은 다음과 같습니다. AFFO가 꾸준히 증가하면서 배당도 함께 늘어나는 추세입니다. 배당성향은 평균 70% 후반에서 80% 초반 수준이었으나, 2024년 68%로 낮아져 배당 지급 여력이 더욱 확대되었습니다.

O의 AFFO와 배당 및 배당성향

한주당	2015	2016	2017	2018	2019	2020	2021	2022	2023	2024
AFFO*	2.74	2.88	3.06	3.19	3.32	3.39	3.59	3.92	4.00	4.19
배당	2.21	2.33	2.46	2.56	2.63	2.71	2.77	2.97	3.06	2.87
배당성향**	81%	81%	80%	80%	79%	80%	77%	76%	77%	68%

주가 변화는 다음과 같습니다. 2015년부터 2019년까지는 저금리 환경 속에서 우수한 사업 성과와 안정적인 배당 덕분에 주가가 상승했습니다. 그러나 2020년에는 코로나19로 인해, 2022년 이후에는 금리 인상 여파로 주가가 크게 하락했습니다.

* AFFO per diluted share로 모든 희석 가능 주식을 고려한 1주당 실질 배당 가능 현금흐름입니다.
** 미국의 리츠는 과세 대상 소득의 최소 90%를 주주에게 배당으로 지급해야 합니다. 이 표의 배당성향은 과세 대상 소득이 아닌, AFFO(또는 FFO)를 기준으로 합니다. 대부분의 경우 AFFO의 금액이 과세 대상 소득 금액보다 크기 때문에 배당성향은 90%보다 낮아질 수 있습니다.

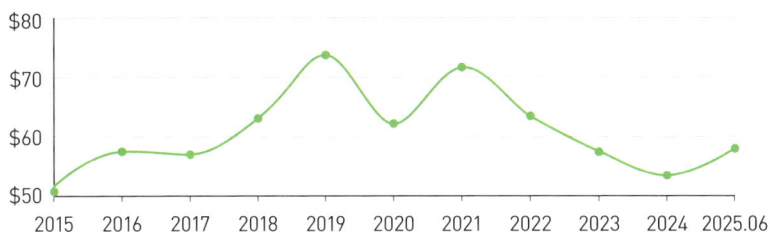

투자 성과를 살펴보겠습니다. 2015년 1월 O에 1,000만 원을 투자했다면, 2025년 6월 투자금은 1,281만 원으로 늘어납니다(+28.05%). 누적 배당금은 626만 원(62.59%)입니다. 결과적으로 1,000만 원은 1,906만 원이 되었고, 10.5년 동안의 누적 수익률은 90.64%, 연평균 수익률은 6.34%입니다.

ADC
기본 정보 & 운용 전략

ADC의 기본 정보	
리츠명	Agree Realty
상장연도	1994
배당수익률	4.26%
시가총액	$8.03B
P/AFFO	17.63
총자산 대비 순부채비율	33.35%

ADC^(Agree Realty)는 미국을 대표하는 리츠 중 하나로 미국 전역에 걸쳐 2,300여 개의 부동산을 보유하고 있습니다. 연간 임대료 수익의 약 68%가 월마트, 트랙터 서플라이, 크로거 등 신용등급이 우량한 대형 소매업체에서 발생하며, 대부분의 계약을 장기 트리플 넷NNN 방식으로 체결해 안정적이고 예측 가능한 현금흐름을 창출합니다. 분기배당을 이어오다 2021년부터 월배당으로 전환했습니다.

성과 분석

30년 이상의 배당 이력을 보유하고 있으며, 2011년 배당이 일시적으로 급감했으나, 이후 지속적으로 증가해 현재는 과거 수준을 뛰어넘는 배당을 지급하고 있습니다. 2024년 $3을 배당으로 지급했고, 배당수익률은 4.26%입니다.

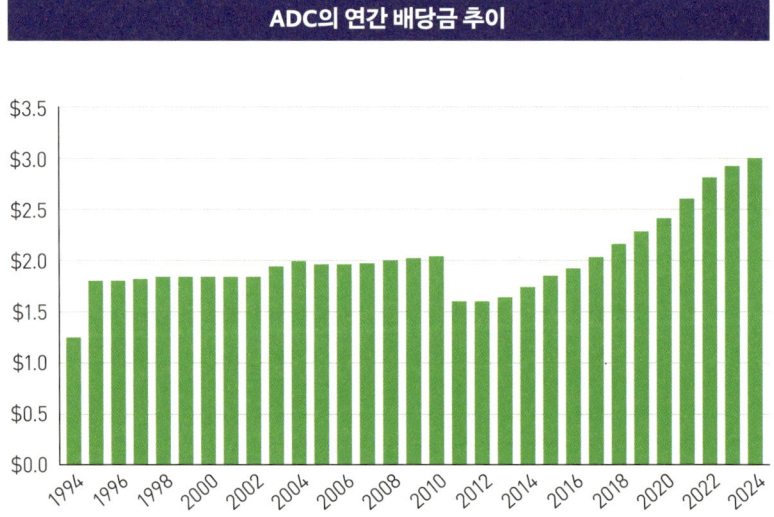

ADC의 연간 배당금 추이

AFFO와 배당 및 배당성향은 다음과 같습니다. AFFO가 꾸준히 증가하면서 배당도 함께 늘어나는 추세입니다. 배당성향은 배당이 증가함에도 70% 중반에서 유지되고 있습니다.

ADC의 AFFO와 배당 및 배당성향

한주당	2016	2017	2018	2019	2020	2021	2022	2023	2024
AFFO	2.51	2.70	2.83	3.02	3.20	3.51	3.83	3.95	4.14
배당	1.92	2.03	2.16	2.28	2.41	2.60	2.81	2.92	3.00
배당성향	76%	75%	76%	75%	75%	74%	73%	74%	72%

현재 투자 중인 부동산의 임대율은 99.6%로 완전 임대에 가까우며, 전체 임대료의 약 68.2%가 신용도 높은 투자등급Investment Grade 임차인으로부터 나옵니다. 이처럼 높은 임대율과 우량한 임차인 구성은 회사의 차별화된 경쟁력을 보여줍니다.

주가 변화는 다음과 같습니다. 주가가 꾸준히 우상향하고 있으며, 2020년 코로나19 팬데믹과 2022년, 2023년의 금리 인상 여파에도 높은 수준을 유지하고 있습니다.

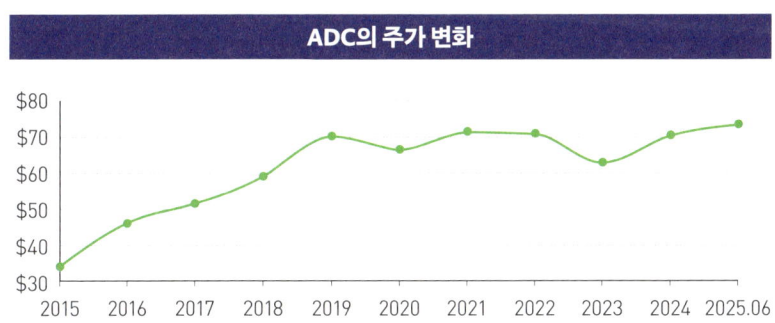

ADC의 주가 변화

투자 성과를 살펴보겠습니다. 2015년 1월 ADC에 1,000만 원을 투자했다면, 2025년 6월 투자금은 2,337만 원으로 늘어납니다(+133.72%). 누적 배당금은 807만 원(80.71%)입니다. 결과적으로 1,000만 원은 3,144만 원이 되었고, 10.5년 동안의 누적 수익률은 214.43%, 연평균 수익률은 11.53%입니다.

EPR
기본 정보 & 운용 전략

EPR의 기본 정보	
리츠명	EPR Properties
상장연도	1997
배당수익률	7.68%
시가총액	$4.31B
P/AFFO	11.59
총자산 대비 순부채비율	50.08%

EPR_{EPR Properties}은 체험_{Experiential}에 특화된 리츠로 미국 전역과 캐나다 일부에 걸쳐 330여 개의 부동산을 보유하고 있습니다. 영화관, 테마파크, 스키 리조트, 복합 엔터테인먼트 등을 운영하는 기업들과 장기 트리플 넷_{NNN} 계약을 맺어 안정적으로 수익을 창출합니다. 다만 포트폴리오의 특성상 경기 불황에 상당한 영향을 받으며, 실제로 코로나19 팬데믹 당시 영화관과 테마파크가 문을 닫으면서 큰 타격을 입

었습니다. 하지만 경기가 호황이면 높은 배당을 기대해 볼 수 있다는 점에서 매력이 있습니다.

성과 분석

오랜 배당 이력을 보유하고 있으나, 경기 변동에 큰 영향을 받는 만큼 2008년 글로벌 금융위기, 2020년 코로나19 팬데믹 등의 위기에서는 배당을 삭감했습니다. 2024년 $3.4를 배당으로 지급했고, 배당수익률은 7.68%입니다.

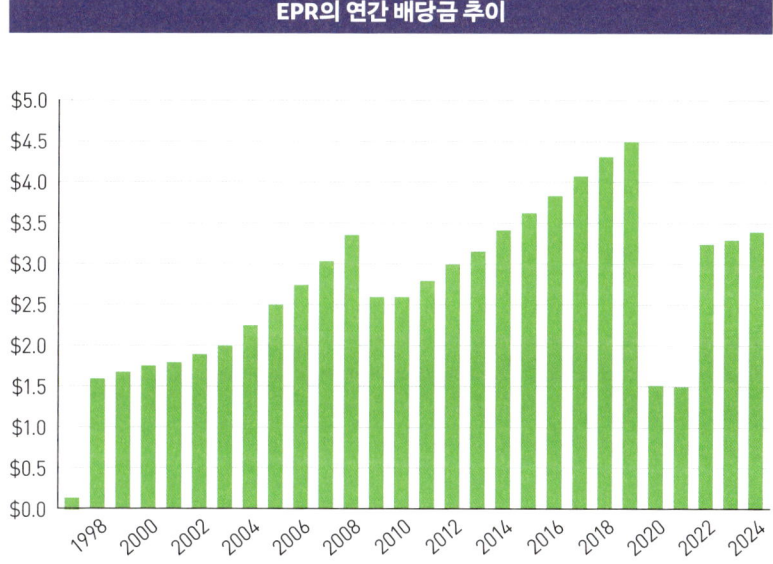

EPR의 연간 배당금 추이

AFFO와 배당 및 배당성향은 다음과 같습니다. AFFO는 2020년 코로나19 팬데믹 충격으로 급감했으나, 이후 다시 회복하는 모습입니다. 배당 역시 AFFO 감소에 따라 2020년과 2021년 크게 줄었으나,

최근 다시 증가했습니다. 배당성향은 2021년 크게 낮아졌는데, 이는 배당여력이 있음에도 배당을 더 지급하지 않았음을 의미합니다. 전반적으로 팬데믹 이전에는 성장과 높은 배당이 특징이었고, 이후에는 실적 회복과 함께 보수적인 배당정책을 펼치고 있습니다.

EPR의 AFFO와 배당 및 배당성향

한주당	2015	2016	2017	2018	2019	2020	2021	2022	2023	2024
AFFO	4.28	4.71	5.17	6.27	5.51	1.89	3.26	4.94	5.29	4.89
배당	3.63	3.84	4.08	4.32	4.50	1.52	1.50	3.25	3.30	3.40
배당성향	85%	82%	79%	69%	82%	80%	46%	66%	62%	70%

주가 변화는 다음과 같습니다. 2015년부터 2019년까지는 $60~$70 수준에서 거래되었으나, 2020년 큰 폭으로 하락했습니다. 이후 다시 상승하여 2025년 6월 기준, $50 후반에서 거래되고 있습니다.

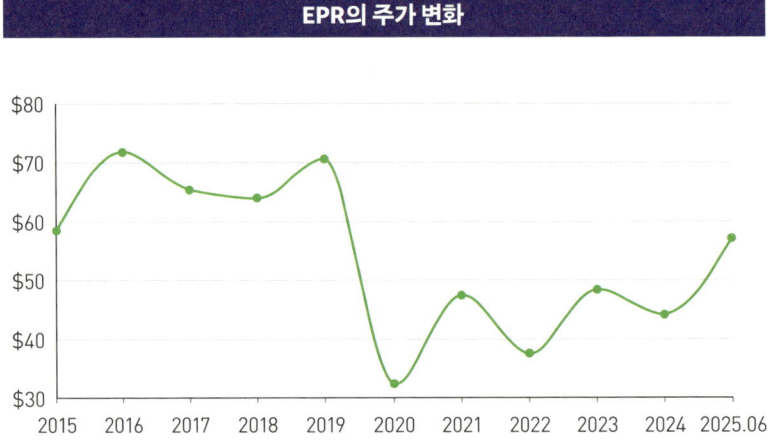

EPR의 주가 변화

투자 성과를 살펴보겠습니다. 2015년 1월 EPR에 1,000만 원을 투자했다면, 2025년 6월 투자금은 1,005만 원으로 늘어납니다(+0.48%). 누적 배당금은 600만 원(59.99%)입니다. 결과적으로 1,000만 원은 1,605만 원이 되었고, 10.5년 동안의 누적 수익률은 60.48%, 연평균 수익률은 4.61%입니다.

STAG
기본 정보 & 운용 전략

STAG의 기본 정보	
리츠명	STAG Industrial
상장연도	2011
배당수익률	4.38%
시가총액	$6.57B
P/AFFO	17.63
총자산 대비 순부채비율	42.67%

STAG STAG Industrial는 산업용 부동산Industrial Properties, 그중에서도 단일 임차인이 사용하는 물류창고 및 배송센터에 집중적으로 투자하는 리츠입니다. 전자상거래E-Commerce 시장 성장의 직접적인 수혜를 받는 물류 리츠로, 미국 전역에 걸쳐 600여 개의 부동산을 보유하고 있습니다. 특정 임차인이 전체 임대료 수익에서 차지하는 비중이 3%를 넘지 않도록 포트폴리오를 분산합니다. 또한 임대 계약의 대부분을

트리플 넷NNN 또는 더블 넷NN 방식으로 체결하여 예측 가능하고 안정적인 현금흐름을 창출합니다.

성과 분석

소폭이지만 배당이 꾸준히 증가하고 있습니다. 2024년에는 $1.48을 배당으로 지급했고, 배당수익률은 4.38%입니다.

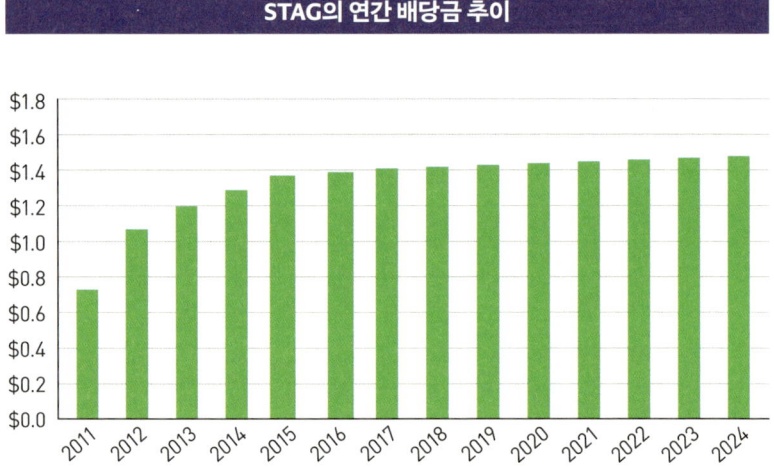

STAG의 연간 배당금 추이

FFO*와 배당 및 배당성향은 다음과 같습니다. FFO는 2015년 $1.42에서 2024년 $2.51로 증가했으며, 이에 맞춰 배당도 함께 늘었습니다. 배당성향은 2015~2016년 96~97%로 매우 높았으나, 이후 배당이 늘었음에도 지속적으로 하락해 2024년에는 58%까지 낮아졌

* AFFO가 공시되지 않아 FFO로 대체했습니다.

습니다. 이는 배당의 안정성과 지급 여력이 크게 개선되었음을 의미합니다.

STAG의 FFO와 배당 및 배당성향

한주당	2015	2016	2017	2018	2019	2020	2021	2022	2023	2024
FFO	1.42	1.43	1.67	1.80	1.85	1.91	2.02	2.24	2.33	2.51
배당	1.36	1.39	1.40	1.42	1.43	1.51	1.38	1.46	1.49	1.46
배당성향	96%	97%	84%	79%	77%	79%	68%	65%	64%	58%

주가 변화는 다음과 같습니다. 주가는 점진적으로 우상향하는 추세이며, 2022년 조정을 보였으나 점차 회복되는 모습입니다.

투자 성과를 살펴보겠습니다. 2015년 1월 STAG에 1,000만 원을 투자했다면, 2025년 6월 투자금은 1,474만 원으로 늘어납니다(+47.42%).

누적 배당금은 607만 원(60.67%)입니다. 결과적으로 1,000만 원은 2,081만 원이 되었고, 10.5년 동안의 누적 수익률은 108.09%, 연평균 수익률은 7.23%입니다.

LTC
기본 정보 & 운용 전략

LTC의 기본 정보	
리츠명	LTC Properties
상장연도	1992
배당수익률	6.6%
시가총액	$1.57B
P/AFFO	12.39
총자산 대비 순부채비율	37.11%

LTC LTC Properties는 헬스케어Healthcare 부동산, 특히 노인 주거 및 요양 시설에 집중적으로 투자하는 리츠입니다. 미국 25개 주에 걸쳐 200여 개의 부동산을 보유하고 있으며, 포트폴리오는 크게 의료진의 관리가 필요한 전문 요양 시설Skilled Nursing Facility과 독립적인 생활이 어려운 노인들을 위한 생활 보조 시설Assisted Living Facility로 구성됩니다. 단순히 부동산을 소유하고 임대(주로 트리플 넷 방식)하는 것뿐만 아니라, 시설 운영자들을 대상으로 담보대출(모기지론), 세일&리스백, 금융 리스, 조인트벤처, 메자닌 대출 등의 방식을 통해 수익 구조를 다각화

하고 있습니다.

성과 분석

30년 이상의 배당 이력을 보유하고 있습니다. 2000년부터 2003년까지 배당이 큰 폭으로 줄었으나, 이후 점진적으로 증가해 최근에는 일정한 수준에서 유지되고 있습니다. 2024년 $2.28을 배당으로 지급했고, 배당수익률은 6.6%입니다.

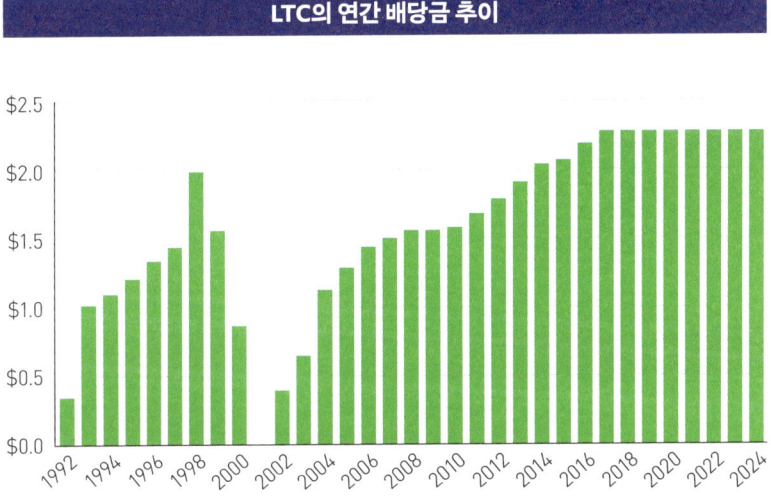

FFO*와 배당 및 배당성향은 다음과 같습니다. FFO는 대체로 $2.5~ $3 수준에서 유지되고 있으며, 배당은 $2.28을 일정하게 지급하고 있습니다. 배당성향은 2015~2019년 72~75% 수준을 유지해

* AFFO가 공시되지 않아 FFO로 대체합니다.

오다 2020년 95%, 2021년 104%로 급증했으나, 이후 점차 안정되어 2024년에는 80%로 낮아졌습니다. 일정한 배당을 꾸준히 지급하고 있어, FFO가 낮을 때는 배당성향이 올라가고 높을 때는 내려가는 모습입니다.

LTC의 FFO와 배당 및 배당성향

	2015	2016	2017	2018	2019	2020	2021	2022	2023	2024
FFO	2.77	3.06	3.10	3.06	3.08	2.41	2.20	2.56	2.54	2.84
배당	2.01	2.19	2.28	2.28	2.28	2.28	2.28	2.28	2.28	2.28
배당성향	72%	72%	74%	75%	74%	95%	104%	89%	90%	80%

주가는 2019년을 기점으로 하락 전환됐으며, 2024년과 2025년 들어 반등하는 모습입니다.

LTC의 주가 변화

투자 성과를 살펴보겠습니다. 2015년 1월 LTC에 1,000만 원을 투자했다면, 2025년 6월 투자금은 800만 원으로 줄어듭니다(-19.98%). 누적 배당금은 547만 원(54.66%)입니다. 결과적으로 1,000만 원은 1,347만 원이 되었고, 10.5년 동안의 누적 수익률은 34.68%, 연평균 수익률은 2.88%입니다.

GOOD
기본 정보 & 운용 전략

GOOD의 기본 정보	
리츠명	Gladstone Commercial Corporation
상장연도	2003
배당수익률	7.39%
시가총액	$616.55M
P/AFFO	8.23
총자산 대비 순부채비율	60.98%

GOOD^{Gladstone Commercial Corporation}은 산업용, 상업용 부동산에 특화된 리츠로, 미국 27개 주에 걸쳐 140여 개의 부동산을 보유하고 있습니다. 신용도가 높은 대기업부터 공식적인 등급이 없는 기업에 이르기까지 포트폴리오가 폭넓게 구성되어 있다는 점에서 대기업 임차인에 집중하는 대형 리츠들과 차별성을 갖습니다. 현재 대부분의 계약을 장기 트리플 넷^{NNN} 방식으로 체결하고 있습니다.

성과 분석

2008년부터 2022년까지 $1.5를 배당으로 지급했으나, 2023년과 2024년에는 $1.2로 줄었습니다. 배당수익률은 7.39%입니다.

FFO*와 배당 및 배당성향은 다음과 같습니다. FFO는 2015년부터 2022년까지 $1.5 수준에서 유지되고 있으며, 거의 대부분을 배당으로 지급하여 배당성향이 100%에 육박할 정도로 높습니다. 2023년부터는 배당을 줄여 배당성향이 80%대로 낮아졌습니다.

---

* AFFO가 공시되지 않아 FFO로 대체합니다.

GOOD의 FFO와 배당 및 배당성향

	2015	2016	2017	2018	2019	2020	2021	2022	2023	2024
FFO	1.54	1.53	1.54	1.58	1.55	1.56	1.60	1.54	1.46	1.41
배당	1.50	1.50	1.50	1.50	1.50	1.50	1.50	1.50	1.20	1.20
배당성향	97%	98%	97%	95%	97%	96%	94%	98%	82%	85%

주가는 2021년을 고점으로 크게 하락했으며, 2025년 6월 기준, $13 수준에서 거래되고 있습니다.

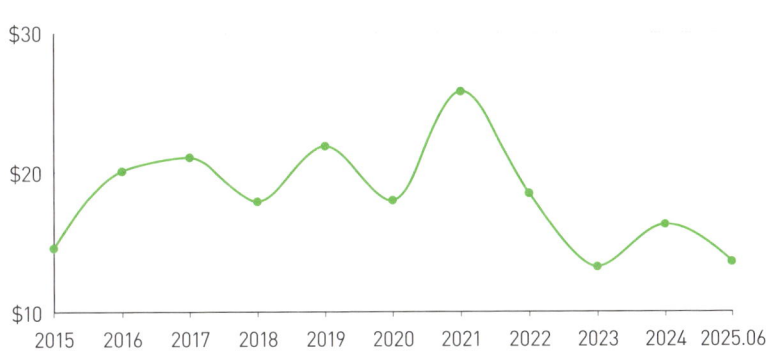

GOOD의 주가 변화

투자 성과를 살펴보겠습니다. 2015년 1월 GOOD에 1,000만 원을 투자했다면, 2025년 6월 투자금은 832만 원으로 줄어듭니다(-16.83%). 누적 배당금은 871만 원(87.11%)입니다. 결과적으로 1,000만 원은 1,703만 원이 되었고, 10.5년 동안의 누적 수익률은 70.28%, 연평균 수익률은 5.20%입니다.

 리츠 ETF

KBWY

기본 정보 & 운용 전략

KBWY의 기본 정보	
자산운용사	Invesco Capital Management
펀드 설정일	2010-12-02
배당수익률	8.71%
AUM	$247.75M
총보수	0.35%

KBWY Invesco KBW Premium Yield Equity REIT ETF는 미국의 중소형 Small- and Mid-Cap 리츠에 분산 투자하는 ETF입니다. 배당수익률이 높은 24~40개 내외의 리츠를 배당 가중방식*으로 편입합니다. 높은 배당수익률을 기대할 수 있지만, 재무 건전성이나 성장성보다는 현재의 배당수익률이 우선되기 때문에 경기 변동과 시장 충격에 상대적으로 더 취약할 수 있습니다.

성과 분석

코로나19 팬데믹 이후 배당이 감소했으며, 2024년 $1.56을 배당

---

* 배당을 많이 주는 리츠가 더 높은 투자 비중을 차지합니다.

으로 지급했습니다. 배당수익률은 8.71%입니다.

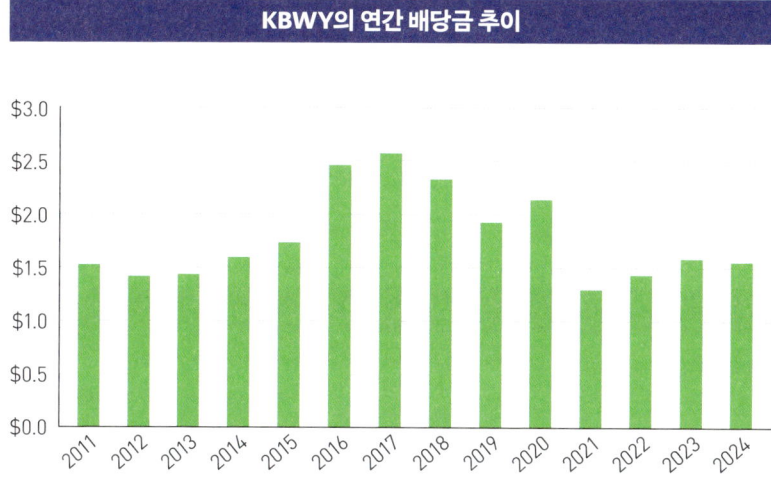

운용성과와 배당의 재원은 다음과 같습니다. 순투자소득이 꾸준히 유입되고 있으나 2021년 이후 감소하는 추세이며, 실현 및 미실현 손익은 높은 변동성을 보입니다. 총 운용성과는 2019년 이후 부진한 모습입니다. 배당은 순투자소득에서 지급되고 있습니다.

연도	순투자소득	실현 및 미실현 손익	총 운용성과
2024	0.59	2.24	2.83
2023	0.70	(2.04)	(1.34)
2022	0.74	(1.23)	(0.49)
2021	0.69	5.94	6.63

2020	1.36	(9.62)	(8.26)
2019	1.21	(5.86)	(4.65)
2018	1.45	(0.18)	1.27
2017	1.49	3.78	5.27
2016	1.40	3.36	4.76
2015	1.19	(1.80)	(0.61)

KBWY의 배당 재원

연도	순투자소득을 통한 배당 지급*	자본이득을 통한 배당 지급	자본반환	배당총액
2024	(1.57)	0.00	0.00	(1.57)
2023	(1.58)	0.00	0.00	(1.58)
2022	(1.35)	0.00	0.00	(1.35)
2021	(1.43)	0.00	0.00	(1.43)
2020	(2.28)	0.00	0.00	(2.28)
2019	(1.90)	0.00	0.00	(1.90)
2018	(2.11)	0.00	0.00	(2.11)
2017	(2.58)	0.00	0.00	(2.58)
2016	(2.32)	0.00	0.00	(2.32)
2015	(1.71)	0.00	0.00	(1.71)

* 운용성과에 있는 순투자소득보다 더 큰 금액이 매년 배당의 재원으로 쓰이고 있습니다. 2014년까지 쌓아놓은 누적 순투자소득이 배당의 재원으로 활용된 것으로 해석할 수 있습니다.

운용성과에 따른 NAV 변화입니다. 2015년부터 2018년까지는 $33~$35 수준을 유지했으나, 2019년 이후 부진한 성과에 높은 배당이 더해지면서 NAV가 큰 폭으로 감소했습니다.

KBWY의 NAV 변화 추이

연도	기초 NAV	총 운용성과	배당총액	기말 NAV
2024	19.15	2.83	(1.57)	20.41
2023	22.07	(1.34)	(1.58)	19.15
2022	23.91	(0.49)	(1.35)	22.07
2021	18.71	6.63	(1.43)	23.91
2020	29.25	(8.26)	(2.28)	18.71
2019	35.80	(4.65)	(1.90)	29.25
2018	36.64	1.27	(2.11)	35.80
2017	33.95	5.27	(2.58)	36.64
2016	31.51	4.76	(2.32)	33.95
2015	33.83	(0.61)	(1.71)	31.51

코로나19 팬데믹과 급격한 금리 인상 시기에도 일부 대형 리츠는 비교적 안정적인 모습을 보였습니다. 탄탄한 재무 건전성과 장기 성장성을 바탕으로 단기적인 충격을 흡수했기 때문입니다. 반면 KBWY는 고배당 여부를 최우선 기준으로 삼기에, 포트폴리오에 담긴 리츠들의 재무 건전성이나 성장 잠재력은 상대적으로 취약합니다. 경기 호황기에는 문제가 되지 않지만, 경기가 꺾이거나 시장에 충격이 가해지면

큰 타격을 입을 수밖에 없습니다. 따라서 리츠 혹은 리츠 ETF에 투자할 때는 단순히 배당수익률뿐 아니라 펀더멘털까지 꼼꼼하게 분석해야 합니다.

투자 성과를 살펴보겠습니다. 2015년 1월 KBWY에 1,000만 원을 투자했다면, 2025년 6월 투자금은 446만 원으로 줄어듭니다(-55.36%). 누적 배당금은 563만 원(56.28%)입니다. 결과적으로 1,000만 원은 1,009만 원이 되었고, 10.5년 동안의 누적 수익률은 0.92%, 연평균 수익률은 0.09%입니다.

SRET
기본 정보 & 운용 전략

SRET의 기본 정보	
자산운용사	Global X Management
펀드 설정일	2015-03-16
배당수익률	8.75%
AUM	$195.19M
총보수	0.58%

SRET Global X SuperDividend REIT ETF은 전 세계에서 가장 높은 배당수익률을 제공하는 30여 개의 리츠에 분산 투자하는 ETF입니다. 미국을 중심으로 다양한 국가의 리츠에 투자합니다. 높은 배당수익률을 기대할 수 있지만, 재무 건전성이나 성장성보다는 현재의 배당수익률이

우선되기 때문에 경기 변동과 시장 충격에 상대적으로 더 취약할 수 있습니다.

성과 분석

코로나19 팬데믹 이후 배당이 감소했으며, 2024년 $1.75를 배당으로 지급했습니다. 배당수익률은 8.75%입니다.

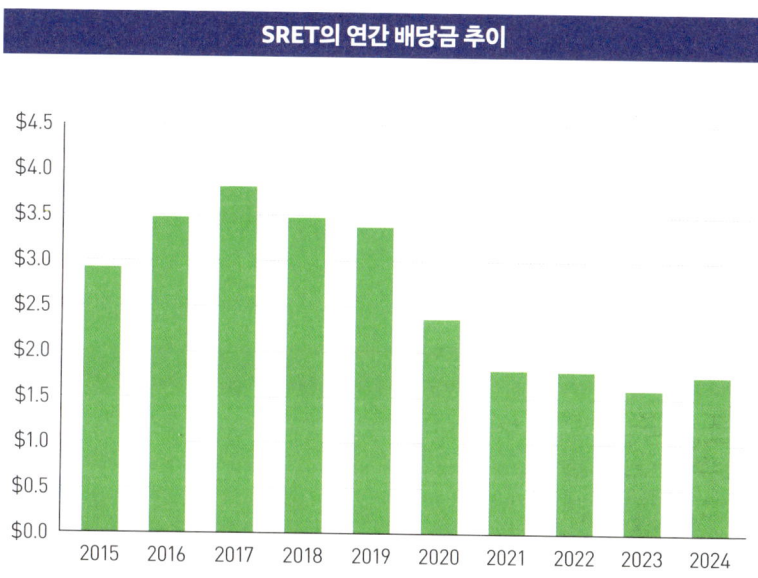

운용성과와 배당의 재원은 다음과 같습니다. 순투자소득은 2020년을 기점으로 절반 수준으로 감소했으며, 실현 및 미실현 손익은 2020년 큰 손실이 발생했고 이후로도 성과가 부진한 모습입니다. 이에 따라 배당도 2020년부터 거의 절반 수준으로 감액되었습니다.

SRET의 운용성과

연도	순투자소득	실현 및 미실현 손익	총 운용성과
2024	1.22	3.20	4.42
2023	1.28	(2.60)	(1.32)
2022	1.13	(7.14)	(6.01)
2021	1.14	7.50	8.64
2020	1.68	(22.23)	(20.55)
2019	2.97	2.73	5.70
2018	2.76	(0.84)	1.92
2017	2.58	2.88	5.46
2016	2.73	5.16	7.89
2015	1.89	(5.85)	(3.96)

SRET의 배당 재원

연도	순투자소득을 통한 배당 지급	자본이득을 통한 배당 지급	자본반환	배당총액
2024	(1.34)	0.00	(0.33)	(1.67)
2023	(1.10)	0.00	(0.56)	(1.66)
2022	(1.10)	0.00	(0.70)	(1.80)
2021	(1.23)	0.00	(0.63)	(1.86)
2020	(2.58)	0.00	(0.18)	(2.76)
2019	(3.57)	0.00	0.00	(3.57)
2018	(3.93)	0.00	0.00	(3.93)
2017	(3.39)	0.00	0.00	(3.39)

2016	(3.63)	0.00	0.00	(3.63)
2015	(1.86)	0.00	0.00	(1.86)

운용성과에 따른 NAV 변화입니다. 2015년부터 2019년까지는 고배당을 지급했음에도 NAV가 $40~$45 수준을 유지했습니다. 그러나 2020년 대규모 손실로 인해 NAV가 큰 폭으로 감소했고, 이후에도 비슷한 수준을 이어가고 있습니다.

SRET의 NAV 변화 추이

연도	기초 NAV	총 운용성과	배당총액	기말 NAV
2024	18.67	4.42	(1.67)	21.42
2023	21.65	(1.32)	(1.66)	18.67
2022	29.46	(6.01)	(1.80)	21.65
2021	22.68	8.64	(1.86)	29.46
2020	45.99	(20.55)	(2.76)	22.68
2019	43.86	5.70	(3.57)	45.99
2018	45.87	1.92	(3.93)	43.86
2017	43.80	5.46	(3.39)	45.87
2016	39.54	7.89	(3.63)	43.80
2015	45.36	(3.96)	(1.86)	39.54

참고로 우량한 대형 리츠는 주가가 하락하더라도 시간이 지나면 회복될 가능성이 있지만, KBWY나 SRET 같은 고배당을 우선하는 리

츠 ETF는 그렇지 않을 수 있습니다. 이들 ETF는 편입 종목의 주가가 회복되기 전에 더 높은 배당수익률을 제공하는 다른 리츠로 교체하는 전략을 취할 수 있기 때문입니다.

 투자 성과를 살펴보겠습니다. 2015년 3월 SRET에 1,000만 원을 투자했다면, 2025년 6월 투자금은 463만 원으로 줄어듭니다(-53.69%). 누적 배당금은 594만 원(59.38%)입니다. 결과적으로 1,000만 원은 1,057만 원이 되었고, 약 10.25년(2015년 4월~2025년 6월) 동안의 누적 수익률은 5.69%, 연평균 수익률은 0.54%입니다.

투자 성과 한눈에 보기!

	투자 기간	투자 원금	배당금	합산	누적 수익률	연평균 수익률
O	10.5년	1,281	626	1,906	90.64%	6.34%
ADC	10.5년	2,337	807	3,144	214.43%	11.53%
EPR	10.5년	1,005	600	1,605	60.48%	4.61%
STAG	10.5년	1,474	607	2,081	108.09%	7.23%
LTC	10.5년	800	547	1,347	34.68%	2.88%
GOOD	10.5년	832	871	1,703	70.28%	5.20%
KBWY	10.5년	446	563	1,009	0.92%	0.09%
SRET	약 10.25년	463	594	1,057	5.69%	0.54%

PART 6

매달 배당을 주는

BDC

BDC의
기본 개념

이번 파트에서는 BDC Business Development Company를 다룹니다. BDC란 다수의 투자자로부터 자금을 모아 중소기업이나 스타트업에 대출 혹은 투자를 제공하고, 이를 통해 발생하는 이자수익과 투자수익을 주주에게 배당으로 분배하는 투자회사입니다. 주식시장에 상장되어 있어 쉽게 사고팔 수 있으며, 법적으로 과세 대상 소득의 90% 이상을 의무적으로 배당해야 하므로 배당수익률이 높습니다.

BDC의 투자 유형은 다음과 같습니다.

첫째, 선순위 담보대출 First Lien Senior Secured Debt입니다. 기업의 자산을 담보로 확보한 후 제공하는 대출입니다. 투자한 기업이 파산하더라도 담보자산을 통해 가장 먼저 투자금을 회수할 수 있어 리스크가 낮지만 그만큼 수익률도 낮습니다.

둘째, 유니트랜치Unitranche입니다. 선순위 대출과 후순위 대출을 결합하여 통일된 금리와 조건으로 제공하는 하이브리드형 대출입니다. BDC는 선순위 대출보다 높은 수익을 얻을 수 있고, 자금을 빌리는 기업은 여러 대출 건을 따로 협상할 필요가 없다는 장점이 있습니다.

셋째, 후순위 대출Subordinated Debt입니다. 기업 파산 시 선순위 채권자가 모두 변제받은 후 상환받을 권리를 갖는 대출입니다. 변제 순위가 뒤로 밀리는 만큼 선순위 대출에 비해 신용위험이 높지만, 그에 대한 보상으로 더 높은 이자수익을 기대할 수 있습니다.

넷째, 메자닌 금융Mezzanine Financing입니다. 메자닌은 대출(채권)과 주식의 중간 성격을 지닌 금융 상품입니다. 기본적으로 이자를 받는 대출 형태이지만, 여기에 주식으로 전환할 수 있는 권리나 신주를 인수할 권리가 결합되어 있습니다. 따라서 기업이 성장할 경우, 대출을 주식으로 바꾸거나 신주를 취득해 주가 상승에 따른 추가 수익을 기대할 수 있습니다.

다섯째, 지분투자Equity Investment입니다. 기업에 직접 투자해 지분을 취득하는 방식입니다. 대출이 아닌 투자이므로 이자수익이 아닌 배당이나 주식 매각을 통한 자본이득(시세차익)을 목표로 합니다. 기업의 성장에 따라 높은 수익을 거둘 수 있지만 손실 위험도 그만큼 큽니다.

BDC의 투자 유형

유형	수익률	리스크	투자금 회수 가능성
선순위 담보대출	낮음~중간	낮음	가장 높음
유니트랜치	중간	중간	중간
후순위 대출	중간~높음	중간~높음	낮음
메자닌 금융	높음	높음	매우 낮음
지분투자	불확실	매우 높음	사실상 회수 불가능

BDC는 앞서 살펴본 리츠REITs와 유사한 특징을 지닙니다. 과세 대상 소득의 90% 이상을 의무적으로 배당하므로 배당수익률이 높지만, 그만큼 내부에 유보되는 자금이 없습니다. 따라서 신규 대출(즉, 수익 창출)을 위해서는 부재(대출 또는 채권 발행)나 유상증자를 통해 자금을 조달해야 합니다. 이러한 구조로 인해 BDC의 경쟁력은 우수한 기업을 선별해 투자(대출 또는 지분)하는 역량뿐만 아니라, 자금을 유리한 조건으로 저렴하게 조달하는 능력에도 달려 있습니다.

각각의 자금 조달 방식은 BDC의 상황과 전략에 따라 장단점이 있으며, 어떤 방법이 더 적절한지는 여러 요소를 고려해 판단해야 합니다.

예를 들어, 신주를 발행할 때는 주가가 높을수록 유리합니다. 특히 BDC는 주가가 NAV 이하에서 거래될 경우, 일반적으로 신주 발행이 제한됩니다. 따라서 주가가 NAV보다 높아야 하며, 주가가 높을수록 같은 금액을 조달하더라도 더 적은 주식을 발행할 수 있으므로 경쟁력이 커집니다.

대출을 받을 때는 신용등급과 부채비율이 중요합니다. 신용등급이 높을수록 낮은 금리로 대출을 받을 수 있으며*, 현재 자기자본 대비 부채비율이 낮다면** 더 많은 자금을 추가로 조달할 수 있습니다.

이 외에도 BDC는 정부 지원 프로그램인 SBIC Small Business Investment Company를 활용하거나 대출 증권화CLO를 통해 자금을 조달하기도 합니다. SBIC는 BDC 같은 민간 투자회사가 라이선스를 획득해 투자금을 모금하면, 미국 중소기업청SBA이 그에 비례해 저금리의 장기 대출을 지원하는 제도입니다. 대출 증권화는 보유한 포트폴리오를 기초자산으로 삼아, 시장에서 쉽게 거래할 수 있는 유동화 증권을 발행하는 방법으로 포트폴리오가 우량할수록 더 유리한 조건으로 자금을 조달할 수 있습니다.

한편 시가총액이 크다고 해서 무조건 좋은 것은 아니지만, 규모가 크면 자금을 조달할 때 더 유리하며, 활용할 수 있는 자금 조달 수단이 다양해집니다. 또한 투자 포트폴리오를 다변화하는 데도 이점이 있습니다.

BDC의 운용 형태는 크게 내부 운용과 외부 운용으로 나뉩니다.

내부 운용은 회사 내부에서 직접 운용을 하기 때문에 별도의 운용보수가 발생하지 않고, 운용 인력과 주주의 이해관계가 일치한다는 장점이 있습니다. 대신 운용 인력을 직접 고용하는 데 따른 인건비 등의

---

* 참고로 BDC 중에는 신용등급을 부여받지 않은 곳도 적지 않습니다. 신용등급이 없다고 해서 저신용을 뜻하는 것은 아니며, 실무적인 이유로 등급을 받지 않았을 수 있습니다.
** BDC는 총자본 대비 부채를 2배 이하로 유지해야 합니다.

일반 관리비가 발생합니다.

반면 외부 운용은 검증된 전문 운용사의 역량과 네트워크를 즉시 활용할 수 있다는 장점이 있습니다. 그러나 전문 운용사에게 운용보수와 성과보수를 지급해야 하므로 상대적으로 비용 부담이 크며, 운용사가 자사의 이익(ex. 더 많은 보수)을 위해 자산 규모를 키우는 등 주주와의 이해 상충이 발생할 우려가 있습니다.

주요 BDC
심층 분석

MAIN

기본 정보 & 운용 전략

MAIN의 기본 정보	
상장연도	2007
배당수익률	7.02%
시가총액	$5.91B
자본 대비 부채비율	0.83
운용 형태	내부 운용

MAIN^Main Street Capital 은 미국을 대표하는 BDC중 하나로, 로어 미들 마켓^Lower Middle Market, LMM 기업* 으로 분류되는 중소·중견 기업에 대출 및 지분투자를 제공합니다. LMM 기업들은 규모가 작아 은행의 대출 요건을 충족하기 어렵고, 초기 스타트업 단계도 지나 벤처캐피털이나 엔젤 투자 대상에서도 제외되는 경우가 많습니다. MAIN은 이러한 금융 소외 지대에 있는 기업들에 맞춤형 장기 대출을 제공하고, 필요에 따라 지분투자를 병행하여 기업 성장에 따른 자본이득^Capital Gain 을 함께 추구합니다. 특히 2007년 상장 이후 단 한 번도 월배당을 삭감하거나 중단한 적이 없으며, 정기적인 월배당 외에 수시로 특별 배당을 지급하는 것으로도 유명합니다.

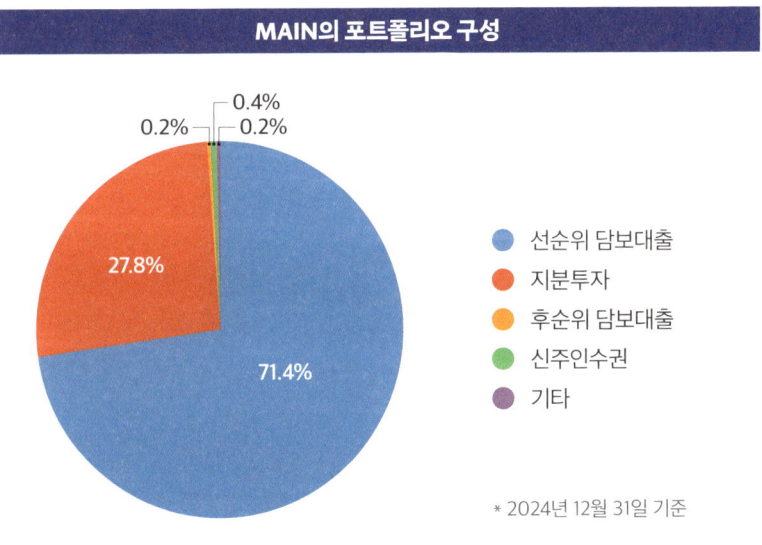

* 연 매출 $10M ~ $150M 수준의 비상장 중소·중견기업을 의미합니다.

성과 분석

장기적인 관점에서 배당이 꾸준히 증가하는 추세입니다. 2024년 $4.11을 배당으로 지급했고, 배당수익률은 7.02%입니다.

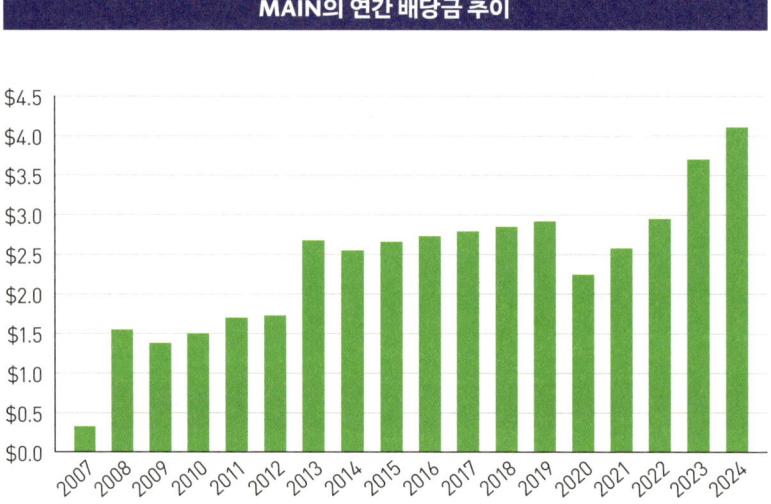

운용성과와 배당의 재원은 다음과 같습니다. 대출이자를 통해 순투자소득이 꾸준히 유입되고 있으며, 보유 지분의 매각 및 가치 변동을 나타내는 실현 및 미실현 손익은 변동성을 보입니다. 지난 10년 동안 총 운용성과가 모두 플러스이며, 특히 2023년과 2024년에 우수한 성과를 기록했습니다. 배당은 대체로 순투자소득 수준에서 지급되고 있습니다.

MAIN의 운용성과

연도	순투자소득	실현 및 미실현 손익	총 운용성과
2024	4.09	2.12	5.85
2023	4.14	1.37	5.23
2022	3.29	0.26	3.24
2021	2.65	2.63	4.80
2020	2.10	(1.86)	0.45
2019	2.50	(0.42)	2.06
2018	2.60	0.29	2.80
2017	2.39	1.05	3.01
2016	2.23	0.42	2.67
2015	2.18	(0.23)	2.13

MAIN의 배당 재원

연도	순투자소득을 통한 배당 지급	자본이득을 통한 배당 지급	자본반환	배당총액
2024	(4.11)	0.00	0.00	(4.11)
2023	(3.70)	0.00	0.00	(3.70)
2022	(2.95)	0.00	0.00	(2.95)
2021	(2.58)	0.00	0.00	(2.58)
2020	(2.46)	0.00	0.00	(2.46)
2019	(2.91)	0.00	0.00	(2.91)
2018	(2.69)	(0.16)	0.00	(2.85)
2017	(2.47)	(0.32)	0.00	(2.79)

2016	(1.99)	(0.74)	0.00	(2.73)
2015	(2.49)	(0.16)	0.00	(2.65)

운용성과에 따른 NAV 변화입니다. 대체로 운용성과 범위 내에서 배당이 지급되면서 NAV가 증가했습니다.

MAIN의 NAV 변화 추이

연도	기초 NAV	총 운용성과	배당총액	기말 NAV
2024	29.20	5.85	(4.11)	31.65
2023	26.86	5.23	(3.70)	29.20
2022	25.29	3.24	(2.95)	26.86
2021	22.35	4.80	(2.58)	25.29
2020	23.91	0.45	(2.46)	22.35
2019	24.09	2.06	(2.91)	23.91
2018	23.53	2.80	(2.85)	24.09
2017	22.10	3.01	(2.79)	23.53
2016	21.24	2.67	(2.73)	22.10
2015	20.85	2.13	(2.65)	21.24

한 가지 흥미로운 사실은 2025년 6월 30일 기준, MAIN의 NAV는 주당 $32 수준이지만, 주가는 약 $61 선에서 거래되고 있다는 점입니다. 실제로 MAIN은 설립 이후 대부분의 기간 동안 NAV 대비 높은 프리미엄을 유지해 왔습니다. 이것이 가능한 이유는 크게 두 가지입니다.

첫째, 배당 투자자들은 BDC의 순자산가치NAV보다는 현재의 배당수익률과 향후 배당 지속가능성에 더 주목합니다. 배당은 대체로 순투자소득을 통해 지급되므로, 순투자소득이 안정적으로 발생할 것으로 기대되면 NAV가 낮더라도 투자 매력이 유지됩니다.

둘째, BDC가 투자하는 대상은 비상장 중소기업입니다. 이들의 잠재적 가치를 순자산가치만으로 평가하기는 어렵습니다. 현재 NAV가 낮더라도, 높은 성장 가능성을 반영해 시장이 프리미엄을 부여할 수 있습니다.

물론 모든 BDC가 이런 프리미엄을 받는 것은 아니며, MAIN이 예외적으로 높은 프리미엄을 받는 BDC입니다.

투자 성과를 살펴보겠습니다. 2015년 1월 MAIN에 1,000만 원을 투자했다면, 2025년 6월 투자금은 2,021만 원으로 늘어납니다(+102.12%). 누적 배당금은 1,082만 원(108.16%)입니다. 결과적으로 1,000만 원은 3,103만 원이 되었고, 10.5년 동안의 누적 수익률은 210.28%, 연평균 수익률은 11.39%입니다.

GAIN

기본 정보 & 운용 전략

GAIN의 기본 정보	
상장연도	2005
배당수익률	12.53%

시가총액	$547.68M
자본 대비 부채비율	1.02
운용 형태	외부 운용

GAIN Gladstone Investment은 미국의 로어 미들 마켓 기업에 대출 및 지분투자를 제공하는 BDC입니다. 일반적인 BDC가 대출 중심으로 포트폴리오를 구성한다면, GAIN은 대출과 투자를 병행해 대출을 통한 이자수익뿐 아니라 지분 매각을 통한 자본이득을 적극적으로 추구합니다.

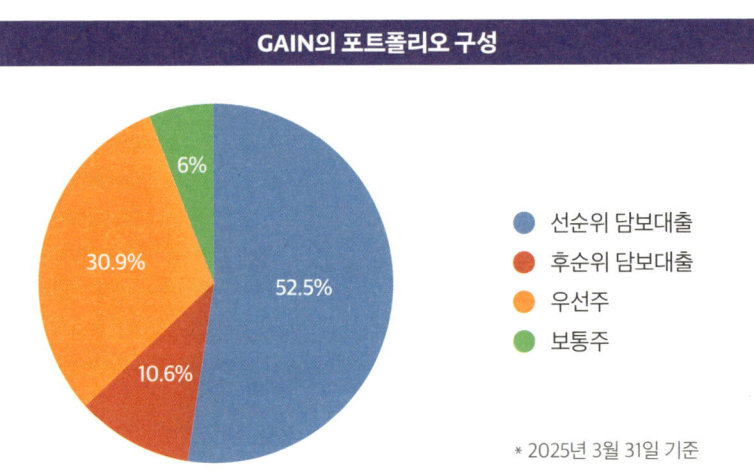

성과 분석

약 20년의 배당 이력을 보유하고 있습니다. 2010년 이후 배당을 꾸준히 늘려왔으며, 2024년에는 $1.66을 배당으로 지급했고, 배당수익률은 12.53%입니다. 참고로 2023년과 2024년에는 일회성의 특별 배당이 지급되어 다른 해보다 배당수익률이 높았습니다.

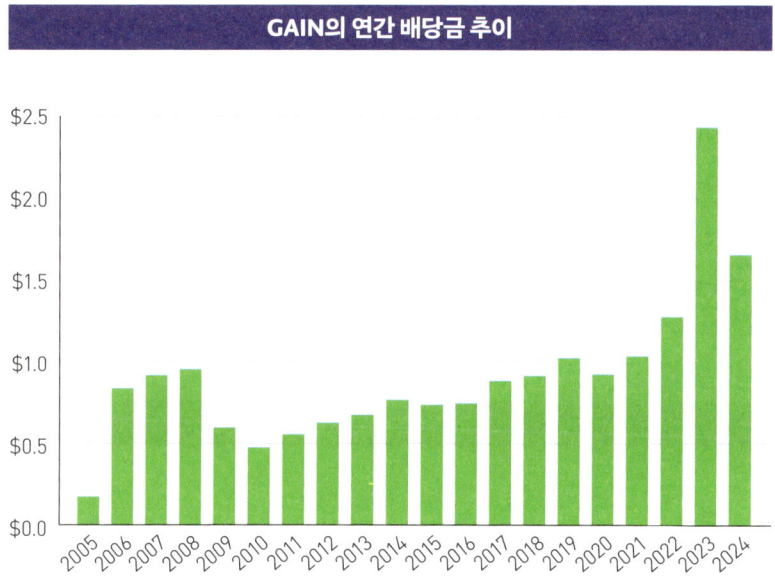

GAIN의 연간 배당금 추이

운용성과와 배당의 재원은 다음과 같습니다. 대출이자를 통해 순투자소득이, 보유 지분의 매각 및 가치 변동을 통해 실현 및 미실현 손익이 꾸준히 발생하고 있습니다. 배당은 순투자소득과 자본이득을 통해 지급됩니다.

GAIN의 운용성과			
연도	순투자소득	실현 및 미실현 손익	총 운용성과
2024	0.63	1.84	2.47

2023	1.11	(0.04)	1.07
2022	0.45	2.63	3.08
2021	0.54	0.74	1.28
2020	1.11	(1.33)	(0.53)
2019	0.23	2.26	2.08
2018	0.68	1.20	1.88
2017	0.74	0.74	1.48
2016	0.68	0.14	0.82
2015	0.75	1.13	1.88

GAIN의 배당 재원

연도	순투자소득을 통한 배당 지급	자본이득을 통한 배당 지급	자본반환	배당총액
2024	(1.08)	(1.12)	0.00	(2.20)
2023	(0.92)	(0.49)	0.00	(1.41)
2022	(0.91)	(0.26)	0.00	(1.17)
2021	(0.83)	(0.10)	0.00	(0.93)
2020	(0.75)	(0.28)	0.00	(1.03)
2019	(0.69)	(0.24)	0.00	(0.93)
2018	(0.84)	(0.05)	0.00	(0.89)
2017	(0.75)	0.00	0.00	(0.75)
2016	(0.64)	(0.11)	0.00	(0.75)
2015	(0.77)	0.00	0.00	(0.77)

운용성과에 따른 NAV 변화입니다. 대체로 운용성과 범위 내에서 배당이 지급되면서 NAV가 지속적으로 증가했습니다. 현재 주가는 NAV 수준에서 거래되고 있습니다.

GAIN의 NAV 변화 추이

연도	기초 NAV	총 운용성과	배당총액	기말 NAV
2024	13.09	2.47	(2.20)	13.43
2023	13.43	1.07	(1.41)	13.09
2022	11.52	3.08	(1.17)	13.43
2021	11.17	1.28	(0.93)	11.52
2020	12.40	(0.22)	(1.03)	11.17
2019	10.85	2.49	(0.93)	12.40
2018	9.95	1.88	(0.89)	10.85
2017	9.22	1.48	(0.75)	9.95
2016	9.18	0.82	(0.75)	9.22
2015	8.34	1.88	(0.77)	9.18

투자 성과를 살펴보겠습니다. 2015년 1월 GAIN에 1,000만 원을 투자했다면, 2025년 6월 투자금은 2,039만 원으로 늘어납니다(+103.86%). 누적 배당금은 1,722만 원(172.22%)입니다. 결과적으로 1,000만 원은 3,761만 원이 되었고, 10.5년 동안의 누적 수익률은 276.08%, 연평균 수익률은 13.45%입니다.

GLAD

기본 정보 & 운용 전략

GLAD의 기본 정보	
상장연도	2001
배당수익률	8.37%
시가총액	$602.68M
자본 대비 부채비율	0.71
운용 형태	외부 운용

GLAD Gladstone Capital는 앞서 살펴본 GAIN과 동일한 글래드스톤 그룹 계열의 BDC로, 로어 미들 마켓 기업에 맞춤형 대출을 제공합니다. 안정적인 이자수익을 창출하고 주주에게 지속적으로 증가하는 배당을

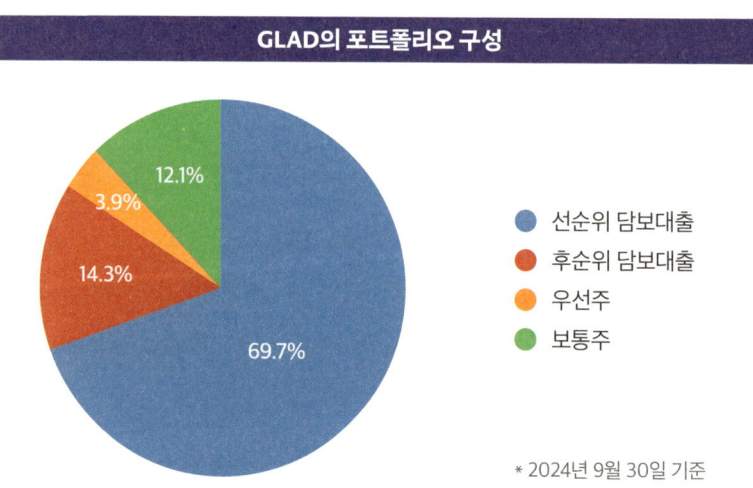

* 2024년 9월 30일 기준

지급하는 것을 주요 목표로 합니다. 또한 소수 지분투자를 병행하여 향후 기업 성장에 따른 자본이득을 얻을 기회도 함께 추구합니다.

성과 분석

20년 이상의 배당 이력을 보유하고 있습니다. 2024년에는 일회성 특별 배당이 더해져 $2.38을 배당으로 지급했고, 배당수익률은 8.37%입니다.

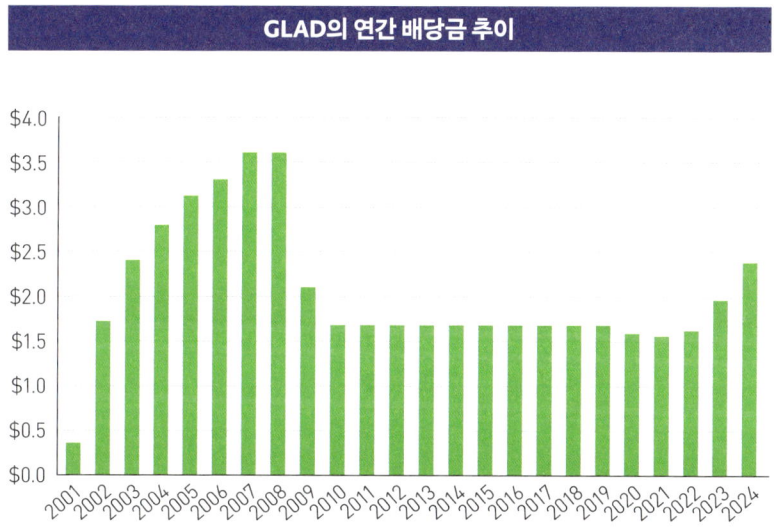

GLAD의 연간 배당금 추이

운용성과와 배당의 재원은 다음과 같습니다. 순투자소득이 증가하는 추세이며, 실현 및 미실현 손익은 대체로 소폭 손실을 기록해 왔습니다. 배당은 순투자소득 수준에서 지급되며, 2019~2022년에는 일부 자본반환이 발생했습니다.

GLAD의 운용성과

연도	순투자소득	실현 및 미실현 손익	총 운용성과
2024	2.11	2.23	4.34
2023	2.20	0.09	2.29
2022	1.88	(0.72)	1.16
2021	1.58	3.50	5.08
2020	1.62	(1.74)	(0.12)
2019	1.68	(0.32)	1.36
2018	1.70	(0.32)	1.38
2017	1.68	(0.34)	1.34
2016	1.68	(0.70)	0.98
2015	1.68	(0.88)	0.80

GLAD의 배당 재원

연도	순투자소득을 통한 배당 지급	자본이득을 통한 배당 지급	자본반환	배당총액
2024	(1.98)	0.00	0.00	(1.98)
2023	(1.89)	0.00	0.00	(1.89)
2022	(1.52)	0.00	(0.08)	(1.60)
2021	(1.50)	0.00	(0.06)	(1.56)
2020	(1.60)	0.00	(0.02)	(1.62)
2019	(1.64)	0.00	(0.04)	(1.68)
2018	(1.68)	0.00	0.00	(1.68)

2017	(1.68)	0.00	0.00	(1.68)
2016	(1.40)	(0.28)	0.00	(1.68)
2015	(1.68)	0.00	0.00	(1.68)

운용성과에 따른 NAV 변화입니다. 2015년부터 2020년까지는 운용성과를 상회하는 배당으로 인해 NAV가 점진적으로 감소했습니다. 그러나 2021년과 2024년 뛰어난 성과를 기록하면서 결과적으로 NAV가 소폭 증가했습니다. 한편 2025년 3월 기준, 주가는 NAV 대비 20~30% 프리미엄 상태에서 거래되고 있습니다.

GLAD의 NAV 변화 추이

연도	기초 NAV	총 운용성과	배당총액	기말 NAV
2024	18.79	4.34	(1.98)	21.18
2023	18.16	2.29	(1.89)	18.79
2022	18.56	1.16	(1.60)	18.16
2021	14.80	5.08	(1.56)	18.56
2020	16.44	(0.12)	(1.62)	14.80
2019	16.64	1.36	(1.68)	16.44
2018	16.80	1.38	(1.68)	16.64
2017	17.24	1.34	(1.68)	16.80
2016	18.12	0.98	(1.68)	17.24
2015	19.02	0.80	(1.68)	18.12

투자 성과를 살펴보겠습니다. 2015년 1월 GLAD에 1,000만 원을 투자했다면, 2025년 6월 투자금은 1,633만 원으로 늘어납니다(+63.26%). 누적 배당금은 1,120만 원(111.99%)입니다. 결과적으로 1,000만 원은 2,752만 원이 되었고, 10.5년 동안의 누적 수익률은 175.24%, 연평균 수익률은 10.12%입니다.

SCM
기본 정보 & 운용 전략

SCM의 기본 정보	
상장연도	2012
배당수익률	11.63%
시가총액	$415.73M
자본 대비 부채비율	1.65
운용 형태	외부 운용

SCM Stellus Capital Investment은 미국을 중심으로 일부 캐나다의 로어 미들 마켓 기업에 대출을 제공하는 BDC입니다. 포트폴리오의 대부분을 선순위 담보대출 First Lien Debt로 구성하는 것이 특징이며, 이자수익을 주주에게 안정적으로 배당하는 것을 목표로 합니다. 한편 선별적인 지분 공동 투자를 통해 장기적인 자본이득도 함께 추구합니다.

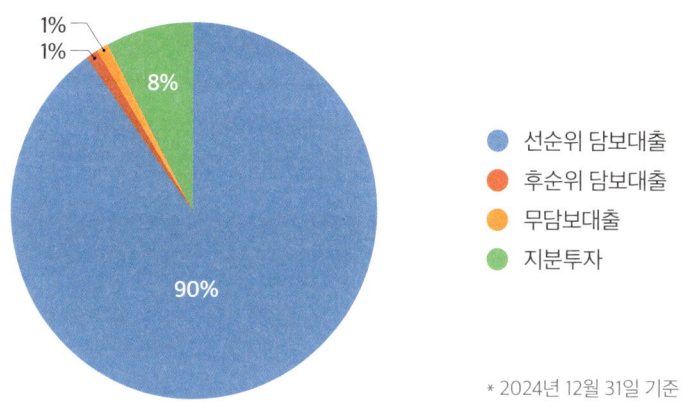

성과 분석

2024년 $1.6을 배당으로 지급했고, 배당수익률은 11.63%입니다.

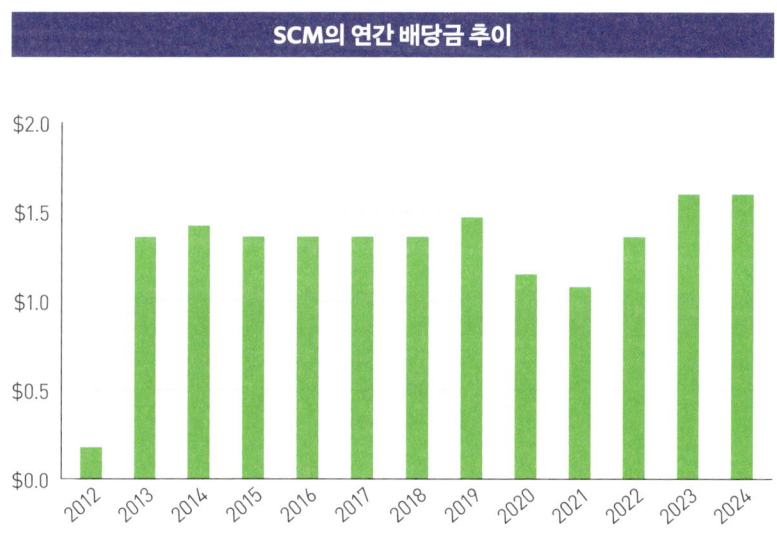

운용성과와 배당의 재원은 다음과 같습니다. 순투자소득이 꾸준히 유입되고 있으며, 선순위 담보대출이 포트폴리오의 대부분을 차지하는 만큼 실현 및 미실현 손익은 상대적으로 적은 편입니다. 배당은 대체로 순투자소득에서 지급되고, 일부 자본이득이 포함되어 있습니다.

SCM의 운용성과

연도	순투자소득	실현 및 미실현 손익	총 운용성과
2024	1.64	0.14	1.79
2023	1.92	(1.25)	0.8
2022	1.46	(0.71)	0.74
2021	1.01	0.86	1.72
2020	1.13	(0.08)	1.04
2019	1.23	0.22	1.45
2018	1.42	0.24	1.64
2017	1.21	0.31	1.52
2016	1.39	0.44	1.86
2015	1.33	(0.71)	0.61

SCM의 배당 재원

연도	순투자소득을 통한 배당지급	자본이득을 통한 배당지급	자본반환	배당총액
2024	(1.59)	(0.02)	0.00	(1.61)
2023	(1.59)	(0.02)	0.00	(1.61)

2022	(1.11)	(0.19)	0.00	(1.30)
2021	(1.09)	(0.05)	0.00	(1.14)
2020	(1.15)	0.00	0.00	(1.15)
2019	(0.54)	(0.82)	0.00	(1.36)
2018	(1.03)	(0.33)	0.00	(1.36)
2017	(1.2)	(0.16)	0.00	(1.36)
2016	(1.36)	0.00	0.00	(1.36)
2015	(1.33)	(0.03)	0.00	(1.36)

운용성과에 따른 NAV 변화입니다. 대체로 운용성과에 맞춰 배당이 지급되면서 NAV가 $13 수준을 유지하고 있습니다.

SCM의 NAV 변화 추이

연도	기초 NAV	총 운용성과	배당총액	기말 NAV
2024	13.26	1.79	(1.61)	13.46
2023	14.02	0.80	(1.61)	13.26
2022	14.61	0.74	(1.30)	14.02
2021	14.03	1.72	(1.14)	14.61
2020	14.14	1.04	(1.15)	14.03
2019	14.09	1.45	(1.36)	14.14
2018	13.81	1.64	(1.36)	14.09
2017	13.69	1.52	(1.36)	13.81
2016	13.19	1.86	(1.36)	13.69

| 2015 | 13.94 | 0.61 | (1.36) | 13.19 |

투자 성과를 살펴보겠습니다. 2015년 1월 SCM에 1,000만 원을 투자했다면, 2025년 6월 투자금은 1,179만 원으로 늘어납니다(+17.94%). 누적 배당금은 1,215만 원(121.54%)입니다. 결과적으로 1,000만 원은 2,395만 원이 되었고, 10.5년 동안의 누적 수익률은 139.48%, 연평균 수익률은 8.67%입니다.

PFLT
기본 정보 & 운용 전략

PFLT의 기본 정보	
상장연도	2010
배당수익률	11.26%
시가총액	$1.01B
자본 대비 부채비율	1.40
운용 형태	외부 운용

PFLT^{PennantPark Floating Rate Capital}는 주로 미국의 로어 미들 마켓 기업에 선순위 담보대출을 제공하는 BDC입니다. 회사 이름에서 알 수 있듯이 포트폴리오의 대부분을 변동금리 대출^{Floating Rate Loan}로 구성하는 것이 특징이며, 이로 인해 금리 민감도가 매우 높습니다.

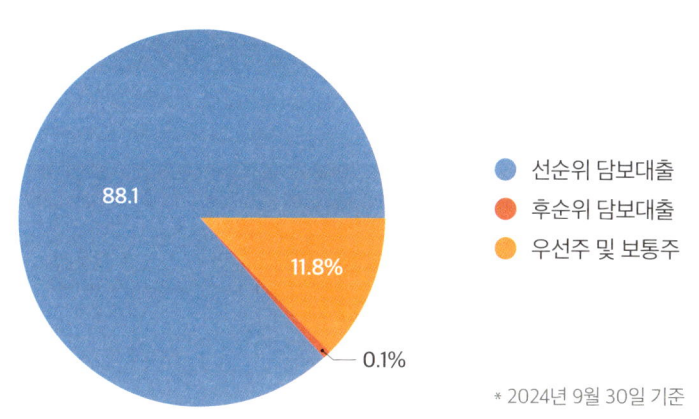

성과 분석

2024년 $1.23을 배당으로 지급했고, 배당수익률은 11.26%입니다.

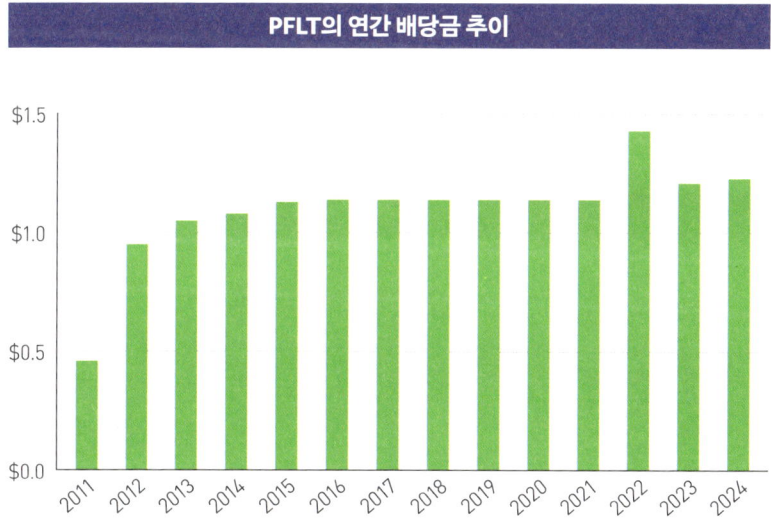

PART 6 매달 배당을 주는 BDC

운용성과와 배당의 재원은 다음과 같습니다. 매년 안정적으로 순투자소득이 유입되고 있고, 실현 및 미실현 손익은 변동성을 보입니다. 배당은 대체로 순투자소득을 재원으로 지급되고 있습니다.

PFLT의 운용성과

연도	순투자소득	실현 및 미실현 손익	총 운용성과
2024	1.18	0.22	1.40
2023	1.33	(0.56)	0.77
2022	1.18	(1.10)	0.08
2021	1.02	0.44	1.46
2020	1.12	(0.65)	0.47
2019	1.17	(0.88)	0.29
2018	0.81	0.06	0.87
2017	1.10	0.10	1.20
2016	1.02	0.23	1.25
2015	1.08	(0.31)	0.77

PFLT의 배당 재원

연도	순투자소득을 통한 배당 지급	자본이득을 통한 배당 지급	자본반환	배당총액
2024	(1.23)	0.00	0.00	(1.23)
2023	(1.19)	0.00	0.00	(1.19)
2022	(1.14)	0.00	0.00	(1.14)
2021	(1.14)	0.00	0.00	(1.14)

2020	(1.14)	0.00	0.00	(1.14)
2019	(1.14)	0.00	0.00	(1.14)
2018	(1.03)	(0.11)	0.00	(1.14)
2017	(1.15)	0.00	0.00	(1.15)
2016	(1.13)	(0.01)	0.00	(1.14)
2015	(0.98)	(0.18)	0.00	(1.16)

운용성과에 따른 NAV 변화입니다. 매년 우수한 운용성과를 기록했으나, 이를 뛰어넘는 배당이 자주 지급되면서 NAV가 지속적으로 감소했습니다. 주가는 NAV와 비슷한 수준에서 거래되고 있습니다.

PFLT의 NAV 변화 추이

연도	기초 NAV	총 운용성과	배당총액	기말 NAV
2024	11.13	1.40	(1.23)	11.31
2023	11.62	0.77	(1.19)	11.13
2022	12.62	0.08	(1.14)	11.62
2021	12.31	1.46	(1.14)	12.62
2020	12.97	0.47	(1.14)	12.31
2019	13.82	0.29	(1.14)	12.97
2018	14.10	0.87	(1.14)	13.82
2017	14.06	1.20	(1.15)	14.10
2016	13.95	1.25	(1.14)	14.06
2015	14.40	0.77	(1.16)	13.95

투자 성과를 살펴보겠습니다. 2015년 1월 PFLT에 1,000만 원을 투자했다면, 2025년 6월 투자금은 748만 원으로 줄어듭니다(-25.20%). 누적 배당금은 894만 원(89.39%)입니다. 결과적으로 1,000만 원은 1,642만 원이 되었고, 10.5년 동안의 누적 수익률은 64.19%, 연평균 수익률은 4.84%입니다.

SAR
기본 정보 & 운용 전략

SAR의 기본 정보	
상장연도	2010*
배당수익률	13.80%
시가총액	$403.58M
자본 대비 부채비율	2.03**
운용 형태	외부 운용

SAR^{Saratoga Investment}는 로어 미들 마켓 기업에 대출 및 지분투자를 제공하는 BDC입니다. 포트폴리오의 대부분이 선순위 담보대출로 구성되어 있으며, 대출이자 외에도 대출채권담보부증권^{CLO} 펀드를 운용하여 관리 수수료를 추가 수익원으로 확보하고 있습니다. 분

* 2007년에 설립되었으나, 2010년 Saratoga가 디폴트에 빠져있던 GSC에 지분을 투자해 경영권을 인수하고 현재의 회사로 재편했습니다.
** 업계 평균보다 부채 의존도가 높은 상태로 판단됩니다.

기배당을 이어오다 2025년 3월부터 월배당으로 전환하였습니다.

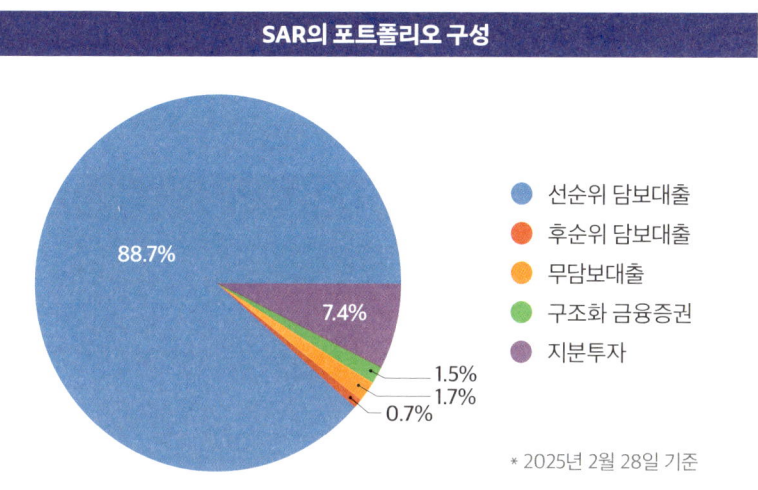

* 2025년 2월 28일 기준

성과 분석

2024년 $3.3을 배당으로 지급했고, 배당수익률은 13.80%입니다.

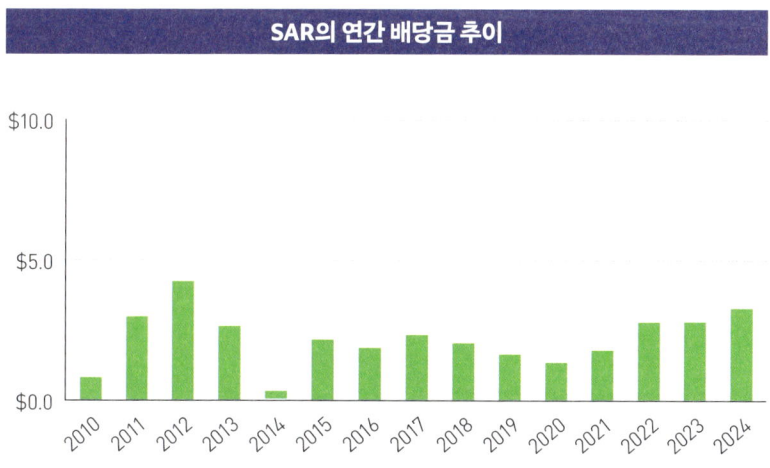

운용성과와 배당의 재원은 다음과 같습니다. 순투자소득이 꾸준히 유입되고 있으며, 최근 몇 년 사이 큰 폭으로 증가했습니다. 다만 같은 기간 실현 및 미실현 손실이 발생하여 총 운용성과에는 큰 영향이 없었습니다. 배당은 순투자소득 수준에서 지급되고 있습니다.

SAR의 운용성과

연도	순투자소득	실현 및 미실현 손익	총 운용성과
2025*	3.81	(1.79)	2.02
2024	4.49	(3.78)	0.71
2023	2.94	(0.88)	2.06
2022	1.74	2.25	3.99
2021	2.07	(0.75)	1.32
2020	1.59	4.39	5.98
2019	2.60	0.03	2.63
2018	2.11	0.82	2.93
2017	1.94	0.30	2.24
2016	1.91	0.18	2.09

* 2024년 3월 1일부터 2025년 2월 28일까지의 데이터입니다.

SAR의 배당 재원

연도	순투자소득을 통한 배당 지급	자본이득을 통한 배당 지급	자본반환	배당총액
2025	(3.30)	0.00	0.00	(3.30)
2024	(2.82)	0.00	0.00	(2.82)
2023	(2.28)	0.00	0.00	(2.28)
2022	(1.93)	0.00	0.00	(1.93)
2021	(1.23)	0.00	0.00	(1.23)
2020	(2.21)	0.00	0.00	(2.21)
2019	(2.06)	0.00	0.00	(2.06)
2018	(1.90)	0.00	0.00	(1.90)
2017	(1.93)	0.00	0.00	(1.93)
2016	(2.36)	0.00	0.00	(2.36)

운용성과에 따른 NAV 변화입니다. 2016년부터 2019년까지는 NAV가 $22 수준에서 유지되었으나, 2020년과 2022년 뛰어난 운용성과에 힘입어 큰 폭으로 증가했습니다. 2025년 6월 기준, 주가는 프리미엄 없이 NAV 수준에서 거래되고 있습니다.

SAR의 NAV 변화 추이

연도	기초 NAV	총 운용성과	배당총액	기말 NAV
2025	27.12	2.02	(3.30)	25.86
2024	29.18	0.71	(2.82)	27.12

2023	29.33	2.06	(2.28)	29.18
2022	27.25	3.99	(1.93)	29.33
2021	27.13	1.32	(1.23)	27.25
2020	23.62	5.98	(2.21)	27.13
2019	22.96	2.63	(2.06)	23.62
2018	21.97	2.93	(1.90)	22.96
2017	22.06	2.24	(1.93)	21.97
2016	22.70	2.09	(2.36)	22.06

투자 성과를 살펴보겠습니다. 2016년 1월 SAR에 1,000만 원을 투자했다면, 2025년 6월 투자금은 1,616만 원으로 늘어납니다(+61.56%). 누적 배당금은 1,403만 원(140.33%)입니다. 결과적으로 1,000만 원은 3,019만 원이 되었고, 9.5년 동안의 누적 수익률은 201.89%, 연평균 수익률은 12.33%입니다.

투자 성과 한눈에 보기!

	투자 기간	투자 원금	배당금	합산	누적 수익률	연평균 수익률
MAIN	10.5년	2,021	1,082	3,103	210.28%	11.39%
GAIN	10.5년	2,039	1,722	3,761	276.08%	13.45%
GLAD	10.5년	1,633	1,120	2,752	175.24%	10.12%
SCM	10.5년	1,179	1,215	2,395	139.48%	8.67%
PFLT	10.5년	748	894	1,642	64.19%	4.84%
SAR	9.5년	1,616	1,403	3,019	201.89%	12.33%

PART 7

매달 배당을 주는

MLP

MLP의
기본 개념

 원유, 천연가스, 석유 제품 같은 에너지 자원을 생산지에서 소비지까지 운송·저장하기 위해서는 각종 처리 시설, 파이프라인, 저장 탱크 같은 핵심 인프라가 반드시 필요합니다. 이러한 인프라를 구축하는 데는 천문학적인 비용이 들지만, 일단 완성되면 고속도로 통행료처럼 장기적이고 안정적인 수익이 발생합니다. 이 수익을 배당 형태로 받는다면 참 매력적이겠죠?

 하지만 개인 투자자가 에너지 인프라에 직접 투자하기는 현실적으로 어렵습니다. 이런 상황에서 등장한 것이 바로 MLP^{Master Limited Partnership}입니다. MLP는 에너지 인프라 자산에 대한 투자와 운용을 담당하는 파트너십 형태의 기업으로, 법인세를 면제받는 대신 전체 수입의 최소 90%를 에너지 관련 활동*에서 발생시켜야 합니다. 리츠REITs와 달리 세법상 의무 배당 비율은 정해져 있지 않지만, 각 MLP의 파트너십 계약에 따라 가용 현금Available Cash의 대부분을 파트너(투자자)들에게 분배하는 것을 기본 원칙으로 합니다. 즉 투자자는 MLP에 투자함으로써 높은 배당을 기대할 수 있습니다.

그러나 MLP 투자에는 세금 문제가 따릅니다. 국내 개인 투자자가 미국 MLP에 직접 투자할 경우, 배당금의 최대 37%에 달하는 세금이 원천 징수될 수 있으며 복잡한 세금 양식K-1을 작성해야 합니다. 또한 대부분의 MLP가 분기배당을 시행하고 있어, 월배당을 선호하는 투자자에게는 적합하지 않습니다.

다행히 이러한 문제들은 MLP ETF(또는 MLP 폐쇄형 펀드)를 통해 해결할 수 있습니다. MLP ETF에 투자하면 일반 해외 ETF와 동일한 세율이 적용되어 복잡한 세금 문제를 피할 수 있습니다. 또한 월배당 ETF라면 분기배당 MLP에서 발생한 분배금을 월별로 지급받을 수 있죠.

이번 파트에서는 월배당을 지급하는 대표적인 MLP ETF(또는 MLP 폐쇄형 펀드)를 살펴보겠습니다.

---

* 원유, 천연가스 등 천연자원의 탐사, 개발, 처리, 운송, 저장과 관련된 활동을 말합니다.

주요 MLP ETF 심층 분석

AMZA

기본 정보 & 운용 전략

AMZA의 기본 정보	
자산운용사	Virtus Investment Advisers
펀드 설정일	2014-10-01
배당수익률	7.29%
AUM	$411.59M
총보수	2.75%

AMZA^{InfraCap MLP ETF}는 에너지의 운송, 저장, 가공, 마케팅에 종사하는 미드스트림^{Midstream} 분야의 MLP에 주로 투자하는 액티브 운용 ETF입니다. 보유한 증권이나 ETF, 지수에 대한 옵션을 매도해 추가 수익을 창출하며, 필요에 따라 총 자산의 약 33% 내에서 레버리지를 활용합니다.

일반적인 ETF는 일정 요건을 충족하면 법인세가 면제됩니다. 하지만 AMZA와 같은 MLP ETF는 이러한 요건을 충족할 수 없어 일반 법인^{C-Corporation}의 구조로 설계됩니다. 이에 따라 미국 내 법인세율 21%를 적용받으며, 펀드 내 수익의 일부가 세금으로 차감된 후 투자자에게 분배됩니다. 즉 실제 펀드가 벌어들이는 수익에 비해 투자자가 분배받는 금액이 적을 수 있습니다.

성과 분석

2018년 이후 정부의 규제와 에너지 시장 침체로 MLP들이 분배금을 크게 삭감하면서 배당이 큰 폭으로 줄었습니다. 2024년 $3.12를 배당으로 지급했고, 배당수익률은 7.29%입니다.

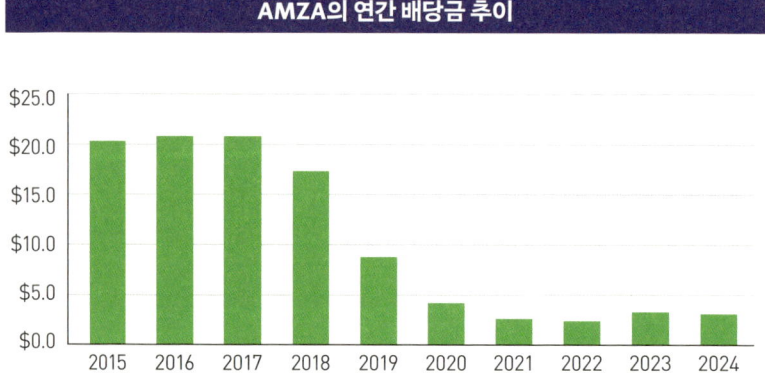

AMZA의 연간 배당금 추이

운용성과와 배당의 재원은 다음과 같습니다. 순투자소득에서 운용보수, 법인세, 레버리지 활용 시 이자비용 등이 차감되고, MLP로부터 받은 배당은 회계적으로 순투자소득이 아닌 자본반환으로 분류되어 순투자소득이 계속 마이너스를 기록하고 있습니다. 실현 및 미실현 손익은 보유 종목의 매매차익과 평가금액을 반영하는데, 에너지 섹터 특유의 높은 변동성을 잘 보여줍니다. 2015년과 2016년에는 미국 셰일 오일 생산량의 급증으로, 2020년에는 코로나19 팬데믹으로 국제 유가가 폭락했으며, 이 시기 AMZA 역시 큰 손실을 기록했습니다. 2021년부터는 경제가 회복되면서 에너지 수요가 급증하였고, 러시아·우크라이나 전쟁으로 원유 및 천연가스 공급에 차질이 생기면서 에너지 기업들의 수익성이 크게 개선되었습니다. 이후에도 이러한 흐름이 이어지며 2024년까지 양호한 성과를 보이고 있습니다. 배당은 2015년부터 2020년까지 급감했으나, 2021년부터 다시 증가하는 추세입니다.

AMZA의 운용성과

연도	순투자소득	실현 및 미실현 손익	총 운용성과
2024	(0.86)	9.09	8.23
2023	(0.65)	4.69	4.04
2022	(0.31)	8.86	8.55
2021	(0.33)	16.50	16.17
2020	(0.09)	(28.94)	(29.03)
2019	(1.00)	(7.90)	(8.90)

2018	(1.50)	(3.20)	(4.70)
2017	(1.70)	(0.10)	(1.80)
2016	(0.80)	(14.90)	(15.70)
2015	(0.60)	(78.40)	(79.00)

AMZA의 배당 재원			
연도	순투자소득을 통한 배당 지급	자본이득을 통한 배당 지급	자본반환	배당총액
2024	(3.08)	0.00	0.00	(3.08)
2023	(2.84)	0.00	0.00	(2.84)
2022	0.00	(2.64)	0.00	(2.64)
2021	0.00	0.00	(2.64)	(2.64)
2020	0.00	0.00	(1.99)	(1.99)
2019	(10.20)	0.00	0.00	(10.20)
2018	0.00	0.00	(15.10)	(15.10)
2017	(5.90)	0.00	(14.90)	(20.80)
2016	0.00	0.00	(20.80)	(20.80)
2015	(3.00)	0.00	(17.30)	(20.30)

운용성과에 따른 NAV 변화입니다. 2015년부터 2020년까지 부진한 성과에 높은 배당이 더해지면서 NAV가 큰 폭으로 감소했습니다. 다만 2021년을 기점으로 뛰어난 운용성과에 힘입어 다시 증가하고 있습니다.

AMZA의 NAV 변화 추이

연도	기초 NAV	총 운용성과	배당총액	기말 NAV
2024	34.42	8.23	(3.08)	39.57
2023	33.22	4.04	(2.84)	34.42
2022	27.31	8.55	(2.64)	33.22
2021	13.78	16.17	(2.64)	27.31
2020	44.80	(29.03)	(1.99)	13.78
2019	63.90	(8.90)	(10.20)	44.80
2018	83.70	(4.70)	(15.10)	63.90
2017	106.30	(1.80)	(20.80)	83.70
2016	142.80	(15.70)	(20.80)	106.30
2015	242.10	(79.00)	(20.30)	142.80

투자 성과를 살펴보겠습니다. 2015년 1월 AMZA에 1,000만 원을 투자했다면, 2025년 6월 투자금은 186만 원으로 줄어듭니다(-81.36%). 누적 배당금은 453만 원(45.33%)입니다. 결과적으로 1,000만 원은 640만 원이 되었고, 10.5년 동안의 누적 수익률은 -36.03%, 연평균 수익률은 -4.17%입니다.

SRV

기본 정보 & 운용 전략

SRV의 기본 정보	
자산운용사	Cushing Asset Management
펀드 설정일	2007-08-27
배당수익률	12.84%
AUM	$192.26M
총보수	2.84%

SRV^{NXG Cushing Midstream Energy Fund}는 주로 북미 지역 미드스트림 분야의 에너지 기업에 투자하는 폐쇄형 펀드입니다. 필요에 따라 레버리지를 활용하며, 현재 소득을 강조하면서 높은 총수익을 제공하는 것을 목표로 합니다. AMZA와 달리 적격투자회사^{RIC, Regulated Investment Company} 구조로 설계되어 있어 이 구조를 유지하는 한 법인세 면제 혜택을 받습니다.*

성과 분석

2015년부터 배당이 급감했습니다. 2024년 $5.71을 배당으로 지급했고, 배당수익률은 12.84%입니다.

---

* RIC 구조를 유지하기 위해서는 포트폴리오에서 MLP의 비중이 25% 이하가 되어야 합니다. 즉 SRV는 MLP에 25% 이하로 투자하며, 나머지 75%는 에너지 분야의 일반 기업에 투자합니다.

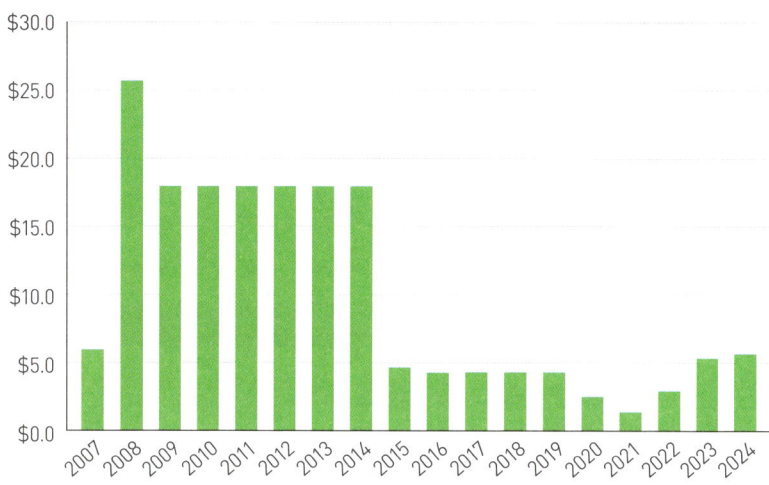

운용성과와 배당의 재원은 다음과 같습니다. 순투자소득이 계속 마이너스인데, 이유는 앞서 살펴본 AMZA와 동일합니다. 실현 및 미실현 손익은 높은 변동성을 보입니다. 2015년 큰 손실이 발생했으나, 2021년과 2024년에는 우수한 운용성과를 거뒀습니다. 배당은 순투자소득과 자본반환을 통해 지급되고 있습니다.

SRV의 운용성과

연도	순투자소득	실현 및 미실현 손익	총 운용성과
2024	(0.44)	15.57	15.13
2023	(0.10)	1.64	1.54
2022	(0.13)	8.40	8.27
2021	(0.03)	11.19	11.16

연도			
2020	(6.67)	(4.60)	(11.27)
2019	(0.48)	0.84	0.36
2018	(0.16)	1.72	1.56
2017	(1.68)	(5.24)	(6.92)
2016	(1.16)	9.80	8.64
2015	(35.32)	(19.60)	(54.92)

SRV의 배당 재원				
연도	순투자소득을 통한 배당 지급	자본이득을 통한 배당 지급	자본반환	배당총액
2024	(3.72)	(1.68)	0.00	(5.40)
2023	(0.96)	0.00	(4.44)	(5.40)
2022	(0.73)	0.00	(1.91)	(2.64)
2021	(0.44)	0.00	(1.00)	(1.44)
2020	(2.81)	0.00	0.00	(2.81)
2019	(4.32)	0.00	0.00	(4.32)
2018	(0.04)	0.00	(4.28)	(4.32)
2017	0.00	0.00	(4.32)	(4.32)
2016	0.00	0.00	(4.32)	(4.32)
2015	0.00	0.00	(8.84)	(8.84)

운용성과에 따른 NAV 변화입니다. 2015년부터 2020년까지는 부진한 성과에 높은 배당이 더해지면서 NAV가 지속적으로 감소했습니다. 특히 2015년의 감소폭이 매우 컸습니다. 그러나 2021년부터는 우

수한 성과에 힘입어 NAV가 증가하는 추세입니다.

SRV의 NAV 변화 추이

연도	기초 NAV	총 운용성과	배당총액	기말 NAV
2024	38.81	15.13	(5.40)	48.54
2023	42.67	1.54	(5.40)	38.81
2022	37.04	8.27	(2.64)	42.67
2021	27.32	11.16	(1.44)	37.04
2020	41.40	(11.27)	(2.81)	27.32
2019	45.36	0.36	(4.32)	41.40
2018	48.12	1.56	(4.32)	45.36
2017	59.36	(6.92)	(4.32)	48.12
2016	55.04	8.64	(4.32)	59.36
2015	118.80	(54.92)	(8.84)	55.04

투자 성과를 살펴보겠습니다. 2015년 1월 SRV에 1,000만 원을 투자했다면, 2025년 6월 투자금은 377만 원으로 줄어듭니다(-62.29%). 누적 배당금은 343만 원(34.27%)입니다. 결과적으로 1,000만 원은 720만 원이 되었고, 10.5년 동안의 누적 수익률은 -28.02%, 연평균 수익률은 -3.08%입니다.

KYN

기본 정보 & 운용 전략

KYN의 기본 정보	
자산운용사	KA Fund Advisors
펀드 설정일	2004-09-28
배당수익률	8.34%
AUM	$2.31B
총보수	5.18%*

KYN^{Kayne Anderson Energy Infrastructure Fund}은 주로 북미 지역 에너지 인프라 기업 증권에 투자하는 폐쇄형 펀드입니다. 전통적인 미드스트림 기업뿐만 아니라 유틸리티 및 신재생에너지 인프라 기업에도 투자합니다. 필요에 따라 레버리지를 활용하며, 일반 법인의 구조로 설계되어 미국 내 법인세율을 적용받습니다. 분기배당을 이어오다 2024년 11월 월배당으로 전환하였습니다.

성과 분석

약 20년의 배당 이력을 보유하고 있습니다. 2015년부터 배당이 지속적으로 감소했으며, 2021년을 기점으로 다시 증가하는 추세입니다. 2024년 $1.06을 배당으로 지급했고, 배당수익률은 8.34%입니다.

---

* 운용보수에 레버리지로 인한 이자비용이 더해져 총보수가 높습니다.

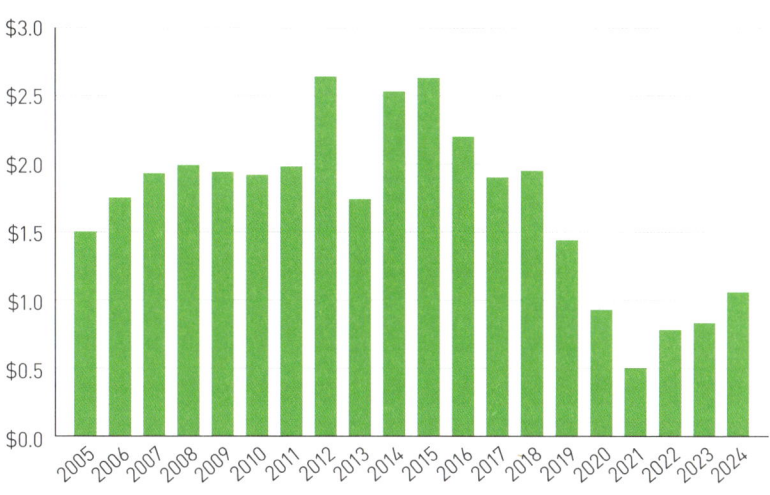

운용성과와 배당의 재원은 다음과 같습니다. 순투자소득이 대체로 마이너스인 이유는 앞서 살펴본 펀드들과 동일한 이유이며, 실현 및 미실현 손익은 높은 변동성을 보입니다. 2015년과 2020년에는 큰 손실이 발생했으나, 2021년 이후에는 우수한 성과를 기록했습니다. 배당은 순투자소득과 일부 자본반환을 통해 지급되고 있습니다.

KYN의 운용성과			
연도	순투자소득	실현 및 미실현 손익	총 운용성과
2024	0.08	5.42	5.50
2023	0.12	0.59	0.71

2022	0.07	2.44	2.51
2021	(0.08)	2.74	2.66
2020	(0.34)	(5.87)	(6.21)
2019	(0.26)	(0.75)	(1.01)
2018	(0.45)	2.74	2.29
2017	(0.45)	(0.92)	(1.37)
2016	(0.61)	2.80	2.19
2015	(0.53)	(14.39)	(14.92)

KYN의 배당 재원

연도	순투자소득을 통한 배당 지급	자본이득을 통한 배당 지급	자본반환	배당총액
2024	(0.98)	0.00	0.00	(0.98)
2023	(0.83)	0.00	0.00	(0.83)
2022	(0.78)	0.00	0.00	(0.78)
2021	0.00	0.00	(0.65)	(0.65)
2020	0.00	0.00	(0.78)	(0.78)
2019	0.00	0.00	(1.47)	(1.47)
2018	(1.80)	0.00	0.00	(1.80)
2017	(0.53)	0.00	(1.37)	(1.90)
2016	0.00	0.00	(2.20)	(2.20)
2015	(2.15)	0.00	(0.48)	(2.63)

운용성과에 따른 NAV 변화입니다. 2015년 부진한 운용성과에 높

은 배당이 더해지면서 NAV가 큰 폭으로 감소했습니다. 이후 2020년까지 지속적으로 감소하다가 2021년부터 에너지 섹터가 호황을 맞이하면서 다시 증가하는 추세입니다.

KYN의 NAV 변화 추이

연도	기초 NAV	총 운용성과	배당총액	기말 NAV
2024	10.51	5.50	(0.98)	15.03
2023	10.64	0.71	(0.83)	10.51
2022	8.91	2.51	(0.78)	10.64
2021	6.90	2.66	(0.65)	8.91
2020	13.89	(6.21)	(0.78)	6.90
2019	16.37	(1.01)	(1.47)	13.89
2018	15.90	2.29	(1.80)	16.37
2017	19.18	(1.37)	(1.90)	15.90
2016	19.20	2.19	(2.20)	19.18
2015	36.71	(14.92)	(2.63)	19.20

투자 성과를 살펴보겠습니다. 2015년 1월 KYN에 1,000만 원을 투자했다면, 2025년 6월 투자금은 334만 원으로 줄어듭니다(-66.59%). 누적 배당금은 386만 원(38.59%)입니다. 결과적으로 1,000만 원은 720만 원이 되었고, 10.5년 동안의 누적 수익률은 -27.99%, 연평균 수익률은 -3.08%입니다.

PART 7 매달 배당을 주는 MLP

투자 성과 한눈에 보기!

	투자 기간	투자 원금	배당금	합산	누적 수익률	연평균* 수익률
AMZA	10.5년	186	453	640	-36.03%	-4.17%
SRV	10.5년	377	343	720	-28.02%	-3.08%
KYN	10.5년	334	386	720	-27.99%	-3.08%

* 에너지 섹터 호황 국면인 2021년을 기준으로 보면 성과가 매우 뛰어납니다. 즉 에너지 섹터는 어떤 ETF(또는 폐쇄형 펀드)에 투자하는지보다, 언제 투자하는지가 더 중요합니다.

PART 8

매달 배당을 주는

멀티애셋 ETF &

펀드 오브 펀드

ETF

멀티애셋 ETF의 기본 개념

　분산 투자의 중요성은 잘 알고 있지만, 이를 직접 실행하기란 쉽지 않습니다. 주식, 채권, 원자재, 부동산 등 다양한 자산에 대한 이해가 필요하고, 이들을 각각 매매하는 것도 번거롭기 때문입니다. 이런 고민을 해결하는 상품이 바로 멀티애셋Multi-Asset ETF입니다. 멀티애셋 ETF는 이름 그대로 주식, 채권, 부동산, 원자재 등 다양한 종류의 자산을 하나의 ETF 안에 담아 운용하는 상품입니다. 투자자는 ETF를 매수하는 것만으로도 간편하게 여러 자산에 분산 투자하는 효과를 누릴 수 있습니다.

　이번 파트에서는 월배당을 지급하는 멀티애셋 ETF를 알아보겠습니다.

주요 멀티애셋 ETF
심층 분석

HIPS

기본 정보 & 운용 전략

HIPS의 기본 정보	
자산운용사	GraniteShares Advisors
펀드 설정일	2015-01-07
배당수익률	10.04%
AUM	$112.74M*

* AUM의 규모가 작아 주의가 필요합니다.

총보수	1.60%

HIPS GraniteShares HIPS US High Income ETF는 미국 시장에 상장된 고배당을 지급하는 네 가지 자산군인 폐쇄형 펀드, 리츠, BDC, MLP에 각각 25%씩 동일한 비중으로 분산 투자하는 멀티애셋 ETF입니다. 각기 다른 성격의 고수익 자산들을 하나의 포트폴리오에 담아 안정적인 배당을 추구합니다. 또한 총자산의 25%만 MLP에 투자함으로써 법인세가 면제되는 적격투자회사RIC의 지위를 유지하고 있습니다.

성과 분석

매년 $1.29를 배당으로 지급하고 있습니다. 2024년 기준, 배당 수익률은 10.04%입니다.

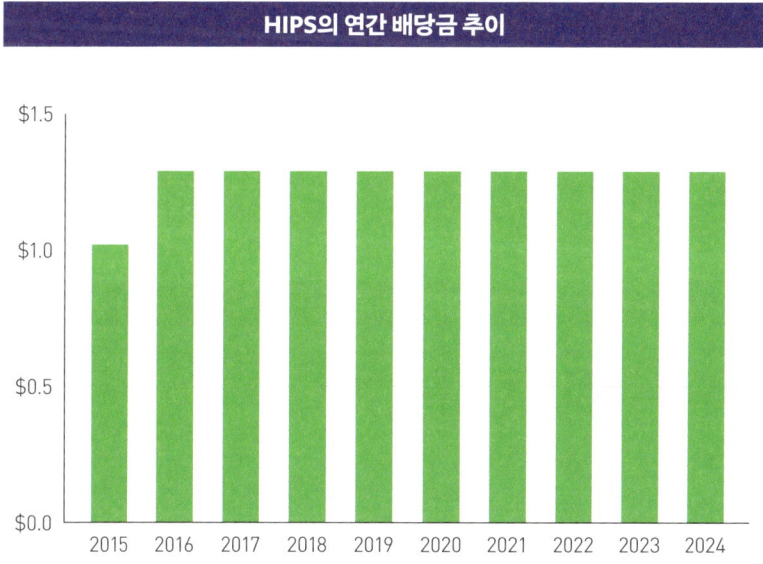

HIPS의 연간 배당금 추이

운용성과와 배당의 재원은 다음과 같습니다. 순투자소득이 꾸준하게 유입되고 있으며, 실현 및 미실현 손익은 변동성을 보입니다. 매년 높은 배당을 일정하게 지급하기 위해 자본반환을 적극적으로 활용하고 있습니다.

HIPS의 운용성과

연도	순투자소득	실현 및 미실현 손익	총 운용성과
2024	0.99	1.16	2.15
2023	0.92	(0.17)	0.75
2022	0.84	(2.92)	(2.08)
2021	0.87	4.36	5.23
2020	0.97	(4.70)	(3.73)
2019	0.56	0.25	0.81
2018	0.29	0.27	0.56
2017	0.57	0.80	1.37
2016	0.74	1.42	2.16
2015	0.63	(3.01)	(2.38)

HIPS의 배당 재원

연도	순투자소득을 통한 배당 지급	자본이득을 통한 배당 지급	자본반환	배당총액
2024	(0.62)	0.00	(0.67)	(1.29)
2023	(0.96)	0.00	(0.33)	(1.29)

연도				
2022	(0.64)	0.00	(0.65)	(1.29)
2021	(0.71)	0.00	(0.58)	(1.29)
2020	(0.82)	0.00	(0.47)	(1.29)
2019	(0.32)	0.00	(0.97)	(1.29)
2018	(0.58)	0.00	(0.17)	(0.75)[*]
2017	(0.48)	0.00	(0.81)	(1.29)
2016	(0.85)	0.00	(0.44)	(1.29)
2015	(0.59)	0.00	(0.49)	(1.08)

운용성과에 따른 NAV 변화입니다. 운용성과가 부진한 해에도 높은 배당이 지급되면서 NAV가 감소했습니다.

HIPS의 NAV 변화 추이

연도	기초 NAV	총 운용성과	배당총액	기말 NAV
2024	11.83	2.15	(1.29)	12.69
2023	12.37	0.75	(1.29)	11.83
2022	15.74	(2.08)	(1.29)	12.37
2021	11.80	5.23	(1.29)	15.74
2020	16.82	(3.73)	(1.29)	11.80
2019	17.30	0.81	(1.29)	16.82

[*] 2017년까지는 보고 일자가 11월 말이었습니다. 그러나 2018년부터 6월 말로 바뀌면서, 2018년 데이터가 2017년 12월~2018년 6월까지로 잡혔습니다. 이로 인해 배당이 적게 나온 것으로 판단됩니다.

2018	17.49	0.56	(0.75)	17.30
2017	17.41	1.37	(1.29)	17.49
2016	16.54	2.16	(1.29)	17.41
2015	20.00	(2.38)	(1.08)	16.54

투자 성과를 살펴보겠습니다. 2015년 1월 HIPS에 1,000만 원을 투자했다면, 2025년 6월 투자금은 600만 원으로 줄어듭니다(-39.96%). 누적 배당금은 659만 원(65.88%)입니다. 결과적으로 1,000만 원은 1,259만 원이 되었고, 약 10.5년(2015년 1월~2025년 6월) 동안의 누적 수익률은 25.92%, 연평균 수익률은 2.22%입니다.

MDIV
기본 정보 & 운용 전략

MDIV의 기본 정보	
자산운용사	First Trust Advisors
펀드 설정일	2012-08-13
배당수익률	6.38%
AUM	$436.11M
총보수	0.75%

MDIV First Trust ETF VI Multi-Asset Diversified Income Index Fund는 미국의 배당주, 리츠, 우선주, MLP, 하이일드 회사채 ETF 이렇게 다섯 가지 고

수익 자산군에 동일 비중으로 분산 투자하는 멀티애셋 ETF입니다. 분산 투자로 리스크를 줄이는 한편, 고수익 자산을 통해 높은 배당수익을 추구합니다. 또한 총자산의 25% 이하를 MLP에 투자함으로써 법인세가 면제되는 적격투자회사RIC의 지위를 유지하고 있습니다.

성과 분석

2024년 $1.03을 배당으로 지급했고, 배당수익률은 6.38%입니다.

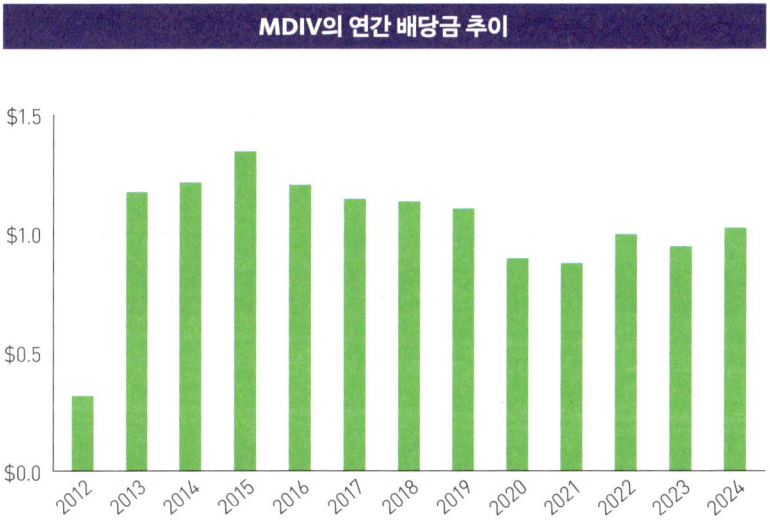

운용성과와 배당의 재원은 다음과 같습니다. 매년 순투자소득이 꾸준하게 유입되고 있으며, 실현 및 미실현 손익은 변동성을 보입니다. 배당은 순투자소득과 자본반환을 통해 지급되고 있습니다.

MDIV의 운용성과

연도	순투자소득	실현 및 미실현 손익	총 운용성과
2024	0.78	2.24	3.02
2023	0.77	0.38	1.15
2022	0.72	(1.67)	(0.95)
2021	0.49	3.18	3.67
2020	0.57	(4.52)	(3.95)
2019	0.83	0.18	1.01
2018	0.87	(0.36)	0.51
2017	0.81	0.59	1.40
2016	0.83	0.94	1.77
2015	0.99	(2.73)	(1.74)

MDIV의 배당 재원

연도	순투자소득을 통한 배당 지급	자본이득을 통한 배당 지급	자본반환	배당총액
2024	(1.03)	0.00	0.00	(1.03)
2023	(0.73)	0.00	(0.23)	(0.96)
2022	(0.97)	0.00	(0.02)	(0.99)
2021	(0.64)	0.00	(0.20)	(0.84)
2020	(0.79)	0.00	(0.17)	(0.96)
2019	(0.77)	0.00	(0.35)	(1.12)
2018	(0.76)	0.00	(0.43)	(1.19)
2017	(0.82)	0.00	(0.25)	(1.07)

2016	(0.85)	0.00	(0.40)	(1.25)
2015	(0.99)	0.00	(0.38)	(1.37)

운용성과에 따른 NAV 변화입니다. 2015년, 2020년 부진한 운용성과에 높은 배당이 더해지면서 NAV가 비교적 큰 폭으로 하락했습니다. 반면 2021년, 2024년에는 우수한 운용성과 덕분에 NAV가 상승했습니다. 나머지 해에는 NAV가 유지되거나 소폭 변동하는 모습입니다.

MDIV의 NAV 변화 추이

연도	기초 NAV	총 운용성과	배당총액	기말 NAV
2024	14.60	3.02	(1.03)	16.59
2023	14.41	1.15	(0.96)	14.60
2022	16.35	(0.95)	(0.99)	14.41
2021	13.52	3.67	(0.84)	16.35
2020	18.43	(3.95)	(0.96)	13.52
2019	18.54	1.01	(1.12)	18.43
2018	19.22	0.51	(1.19)	18.54
2017	18.89	1.40	(1.07)	19.22
2016	18.37	1.77	(1.25)	18.89
2015	21.48	(1.74)	(1.37)	18.37

투자 성과를 살펴보겠습니다. 2015년 1월 MDIV에 1,000만 원을 투자했다면, 2025년 6월 투자금은 743만 원으로 줄어듭니다(-25.67%).

누적 배당금은 529만 원(52.92%)입니다. 결과적으로 1,000만 원은 1,272만 원이 되었고, 10.5년 동안의 누적 수익률은 27.25%, 연평균 수익률은 2.32%입니다.

HNDL
기본 정보 & 운용 전략

HNDL의 기본 정보	
자산운용사	Rational Advisors
펀드 설정일	2018-01-16
배당수익률	7.03%
AUM	$676.93M
총보수	0.97%

HNDL Strategy Shares Nasdaq 7 Handl Index ETF은 연 7%의 분배율을 목표로 하는 멀티애셋 ETF입니다.* 포트폴리오의 약 50%는 미국 주식과 채권 ETF에 투자하고**, 나머지 50%는 12개의 고수익 자산군(커버드콜, 배당주, 하이일드 회사채, MLP, 리츠 등) 중에서 선별해 투자합니다. 그리고 추가 수익을 위해 레버리지를 활용합니다. 운용성과에 관계없이

---

* 주로 다른 ETF들을 매수해 포트폴리오를 구성하므로 그 구조는 뒤에서 다룰 펀드 오브 펀드에 가깝습니다. 그러나 투자 대상과 운용 전략이 멀티애셋 ETF에 해당하여 이 카테고리로 분류하였습니다.
** 투자 비중은 채권 70%, 주식 30%입니다.

연 7%라는 목표에 맞춰 매월 배당을 지급하므로, 성과가 부진할 경우 자본반환이 발생할 수 있습니다.

성과 분석

매년 7%대의 배당을 지급하고 있습니다. 2024년에는 $1.5를 배당으로 지급했고, 배당수익률은 7.03%입니다.

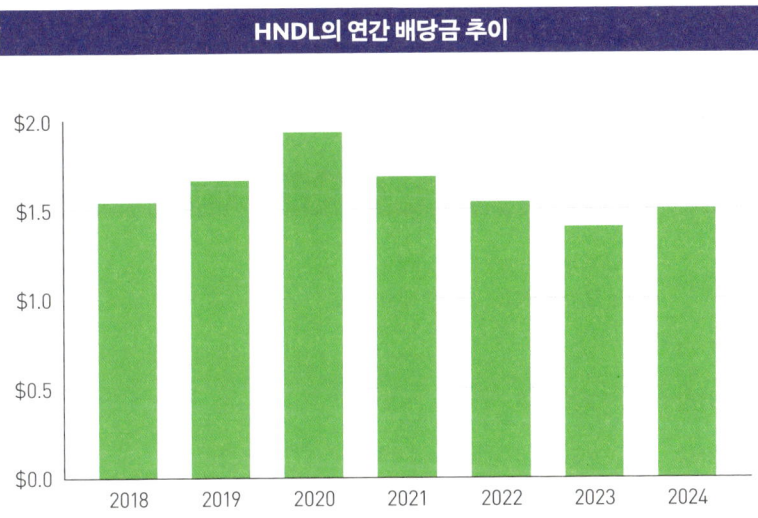

운용성과와 배당의 재원은 다음과 같습니다. 순투자소득이 꾸준히 유입되고 있으며, 실현 및 미실현 손익은 변동성을 보입니다. 배당은 순투자소득과 자본반환을 통해 지급됩니다.

HNDL의 운용성과

연도	순투자소득	실현 및 미실현 손익	총 운용성과
2024	0.41	0.84	1.25
2023	0.48	(0.93)	(0.45)
2022	0.45	(1.68)	(1.23)
2021	0.45	3.13	3.58
2020	0.59	0.79	1.38
2019	0.56	0.95	1.51
2018	0.13	(0.87)	(0.74)

HNDL의 배당 재원

연도	순투자소득을 통한 배당 지급	자본이득을 통한 배당 지급	자본반환	배당총액
2024	(1.02)	0.00	(0.40)	(1.42)
2023	(0.43)	0.00	(1.01)	(1.44)
2022	(1.69)	0.00	(0.07)	(1.76)
2021	(1.74)	0.00	0.00	(1.74)
2020	(1.40)	0.00	(0.28)	(1.68)
2019	(0.92)	0.00	(0.73)	(1.65)
2018	0.00	0.00	(0.42)	(0.42)

운용성과에 따른 NAV 변화입니다. 2018년부터 2021년까지는 $23~$25 수준을 유지했으나, 2022년과 2023년 부진한 성과에 높은 배당이 더해지면서 소폭 감소했습니다.

HNDL의 NAV 변화 추이

연도	기초 NAV	총 운용성과	배당총액	기말 NAV
2024	20.36	1.25	(1.42)	20.19
2023	22.25	(0.45)	(1.44)	20.36
2022	25.24	(1.23)	(1.76)	22.25
2021	23.40	3.58	(1.74)	25.24
2020	23.70	1.38	(1.68)	23.40
2019	23.84	1.51	(1.65)	23.70
2018	25.00	(0.74)	(0.42)	23.84

투자 성과를 살펴보겠습니다. 2018년 1월 HNDL에 1,000만 원을 투자했다면, 2025년 6월 투자금은 865만 원으로 줄어듭니다(-13.53%). 누적 배당금은 478만 원(47.82%)입니다. 결과적으로 1,000만 원은 1,343만 원이 되었고, 약 7.4년(2018년 2월~2025년 6월) 동안의 누적 수익률은 34.29%, 연평균 수익률은 4.05%입니다.

펀드 오브 펀드 ETF의 기본 개념

상장지수펀드ETF의 인기가 높아지면서 그 종류 또한 수없이 많아졌습니다. 여러 ETF 중 어떤 것을 골라 어떻게 조합해야 할지 판단하는 것은 투자자에게 또 다른 숙제가 되었습니다. 이런 고민을 해결하는 데 도움을 주는 상품이 바로 펀드 오브 펀드Fund of Funds, FOF ETF입니다. 펀드 오브 펀드 ETF는 이름 그대로 여러 ETF를 하나의 ETF 안에 담아 운용하는 상품입니다. 투자자는 ETF를 매수함으로써 수많은 ETF에 분산 투자하는 효과를 누릴 수 있습니다. 다만 자체 운용보수와 그 안에 담긴 개별 ETF들의 운용보수가 이중으로 발생하는 단점이 있습니다.

이번에는 월배당을 지급하는 펀드 오브 펀드 ETF에 대해서 살펴보겠습니다.

주요 펀드 오브 펀드 ETF 심층 분석

AOK

기본 정보 & 운용 전략

AOK의 기본 정보	
자산운용사	BlackRock Fund Advisors
펀드 설정일	2008-11-04
배당수익률	3.22%
AUM	$631.17M
총보수	0.15%

AOK iShares Core 30/70 Conservative Allocation ETF는 자사의 ETF 브랜드인

iShares ETF에 분산 투자하는 펀드 오브 펀드 구조의 ETF입니다. 주식형 펀드 30%, 채권형 펀드 70%의 비중으로 포트폴리오를 구성합니다. 주식 부문에서는 미국 대형주IVV, 미국 제외 선진국 주식IEFA, 신흥국 주식IEMG, 미국 중소형주IJH, IJR 등에, 채권 부문에서는 미국 종합 채권IUSB, 미국 단기 채권ISTB, 미국 투자등급 회사채USIG, 선진국 투자등급 채권IAGG 등에 분산 투자합니다. 투자자는 AOK에 투자함으로써 전 세계 주식과 채권 시장에 폭넓게 투자하는 효과를 기대할 수 있습니다. 다만 보수적인 자산 배분으로 인해 강세장에서 수익이 제한될 수 있으며, 채권 비중이 높아 금리 상승기에는 가격 변동 리스크에 노출되기도 합니다.

성과 분석

2024년 $1.2를 배당으로 지급했고, 배당수익률은 3.22%입니다.

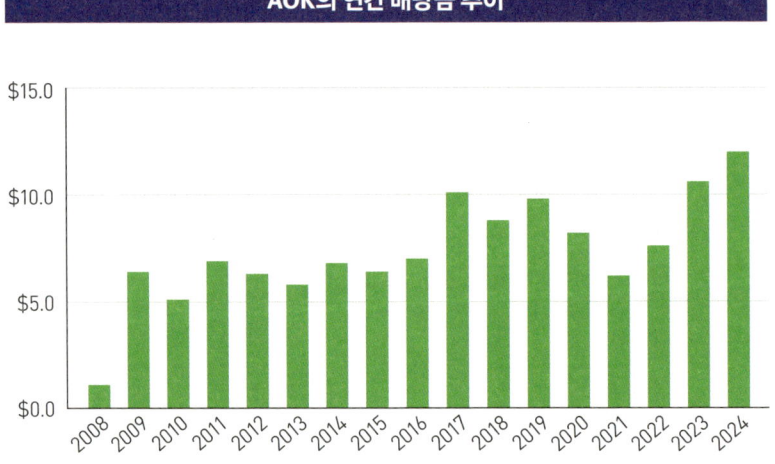

운용성과와 배당의 재원은 다음과 같습니다. 순투자소득이 꾸준하게 유입되고 있으며, 실현 및 미실현 손익도 비교적 안정적입니다. 배당은 대체로 순투자소득 수준에서 지급되고 있습니다.

	AOK의 운용성과		
연도	순투자소득	실현 및 미실현 손익	총 운용성과
2024	1.15	2.00	3.15
2023	0.88	(0.21)	0.67
2022	0.68	(4.32)	(3.64)
2021	0.61	2.96	3.57
2020	0.88	1.89	2.77
2019	0.98	1.08	2.06
2018	0.70	0.33	1.03
2017	0.74	0.84	1.58
2016	0.65	0.83	1.48
2015	0.66	(0.03)	0.63

	AOK의 배당 재원			
연도	순투자소득을 통한 배당 지급	자본이득을 통한 배당 지급	자본반환	배당총액
2024	(1.12)	0.00	0.00	(1.12)
2023	(0.87)	0.00	0.00	(0.87)
2022	(0.67)	0.00	0.00	(0.67)

2021	(0.67)	0.00	0.00	(0.67)
2020	(0.89)	0.00	0.00	(0.89)
2019	(0.97)	0.00	0.00	(0.97)
2018	(0.72)	(0.32)	0.00	(1.04)
2017	(0.73)	0.00	0.00	(0.73)
2016	(0.65)	0.00	0.00	(0.65)
2015	(0.66)	0.00	0.00	(0.66)

운용성과에 따른 NAV 변화입니다. 운용성과 범위 내에서 배당이 이루어지면서 NAV가 소폭이지만 꾸준하게 증가하는 모습입니다.

AOK의 NAV 변화 추이

연도	기초 NAV	총 운용성과	배당총액	기말 NAV
2024	35.54	3.15	(1.12)	37.57
2023	35.74	0.67	(0.87)	35.54
2022	40.05	(3.64)	(0.67)	35.74
2021	37.15	3.57	(0.67)	40.05
2020	35.27	2.77	(0.89)	37.15
2019	34.18	2.06	(0.97)	35.27
2018	34.19	1.03	(1.04)	34.18
2017	33.34	1.58	(0.73)	34.19
2016	32.51	1.48	(0.65)	33.34
2015	32.54	0.63	(0.66)	32.51

투자 성과를 살펴보겠습니다. 2015년 1월 AOK에 1,000만 원을 투자했다면, 2025년 6월 투자금은 1,198만 원으로 늘어납니다(+19.81%). 누적 배당금은 278만 원(27.80%)입니다. 결과적으로 1,000만 원은 1,476만 원이 되었고, 10.5년 동안의 누적 수익률은 47.61%, 연평균 수익률은 3.78%입니다.

SPE
기본 정보 & 운용 전략

SPE의 기본 정보	
자산운용사	Bulldog Investors
펀드 설정일	1993-06-08
배당수익률	7.79%
AUM	$180.79M
총보수	1.57%

SPE Special Opportunities Fund는 주로 순자산가치NAV 대비 할인되어 거래되는 다른 폐쇄형 펀드에 투자하는 독특한 컨셉의 미국 폐쇄형 펀드입니다. 투자한 펀드의 할인율을 좁히기 위해 자사주 매입, 공개 매수, 청산 또는 개방형 펀드로의 전환과 같은 주주가치 제고 전략을 활용합니다. 이 외에도 기업 분할, 파산, 합병, 인수 등 가격의 비효율(괴리)이 발생하는 '특수한 상황Special Situations'에 투자하여 추가 수익을 모색합니다. 참고로 SPE도 폐쇄형 펀드이므로 순자산가치NAV와 시장

가격 사이에 괴리(할인 또는 프리미엄)가 발생할 수 있습니다.

성과 분석

약 30년의 배당 이력을 보유하고 있습니다. 2024년 $1.14를 배당으로 지급했고, 배당수익률은 7.79%입니다.

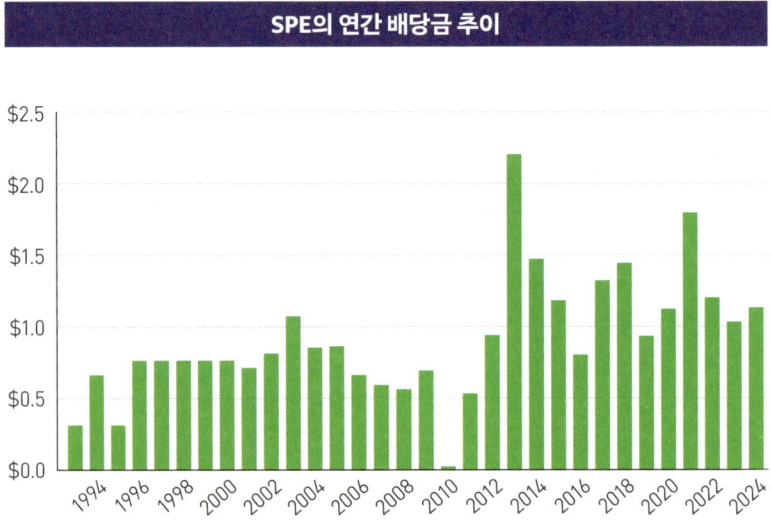

운용성과와 배당의 재원은 다음과 같습니다. 순투자소득이 꾸준히 유입되고 있으며, 실현 및 미실현 손익은 변동성을 보입니다. 배당은 순투자소득과 자본이득을 통해 지급되며, 일부 자본반환이 발생했지만 규모가 크지 않아 큰 문제는 없을 것으로 판단됩니다.

SPE의 운용성과

연도	순투자소득	실현 및 미실현 손익	총 운용성과
2024	0.66	2.75	3.41
2023	0.58	1.80	2.38
2022	0.28	(2.43)	(2.15)
2021	0.18	4.06	4.24
2020	0.59	0.84	1.43
2019	0.31	3.13	3.44
2018	(0.18)	(1.06)	(1.24)
2017	0.44	2.26	2.70
2016	0.63	0.64	1.27
2015	0.41	(1.09)	(0.68)

SPE의 배당 재원

연도	순투자소득을 통한 배당 지급	자본이득을 통한 배당 지급	자본반환	배당총액
2024	(0.69)	(0.46)	0.00	(1.15)
2023	(0.55)	0.00	(0.49)	(1.04)
2022	(0.34)	(0.96)	(0.02)	(1.32)
2021	(0.23)	(1.57)	0.00	(1.80)
2020	(0.65)	(0.48)	0.00	(1.13)
2019	(0.20)	(0.73)	0.00	(0.93)
2018	(0.26)	(1.15)	(0.04)	(1.45)

2017	(0.33)	(1.00)	0.00	(1.33)
2016	(0.58)	(0.23)	0.00	(0.81)
2015	(0.35)	(0.84)	0.00	(1.19)

운용성과에 따른 NAV 변화입니다. 연도별로 변동이 있지만, 대체로 $14~$16 수준에서 유지되는 모습입니다.

SPE의 NAV 변화 추이

연도	기초 NAV	총 운용성과	배당총액	기말 NAV
2024	14.30	3.41	(1.15)	16.47
2023	13.01	2.38	(1.04)	14.30
2022	16.55	(2.15)	(1.32)	13.01
2021	16.13	4.24	(1.80)	16.55
2020	16.06	1.43	(1.13)	16.13
2019	13.78	3.44	(0.93)	16.06
2018	16.70	(1.24)	(1.45)	13.78
2017	15.56	2.70	(1.33)	16.70
2016	15.11	1.27	(0.81)	15.56
2015	16.94	(0.68)	(1.19)	15.11

투자 성과를 살펴보겠습니다. 2015년 1월 SPE에 1,000만 원을 투자했다면, 2025년 6월 투자금은 1,005만 원으로 늘어납니다(0.52%). 누적 배당금은 824만 원(82.39%)입니다. 결과적으로 1,000만 원은

1,829만 원이 되었고, 10.5년 동안의 누적 수익률은 82.91%, 연평균 수익률은 5.92%입니다.

CEFS
기본 정보 & 운용 전략

CEFS의 기본 정보	
자산운용사	Exchange Traded Concepts
펀드 설정일	2017-03-20
배당수익률	8.78%
AUM	$313.56M
총보수	4.29%

CEFS^{Saba Closed-End Funds ETF}는 순자산가치^{NAV} 대비 할인되어 거래되는 폐쇄형 펀드에 투자하는 액티브 ETF입니다. 단순히 할인된 펀드를 매수하는 것에서 그치지 않고, 금리 변동 등의 시장위험을 줄이기 위해 적극적으로 헤지^{Hedge} 전략을 구사합니다. 이를 통해 순수하게 할인율 축소에서 발생하는 수익을 얻는 것을 추구합니다.

성과 분석

2024년 $1.88을 배당으로 지급했고, 배당수익률은 8.78%입니다.

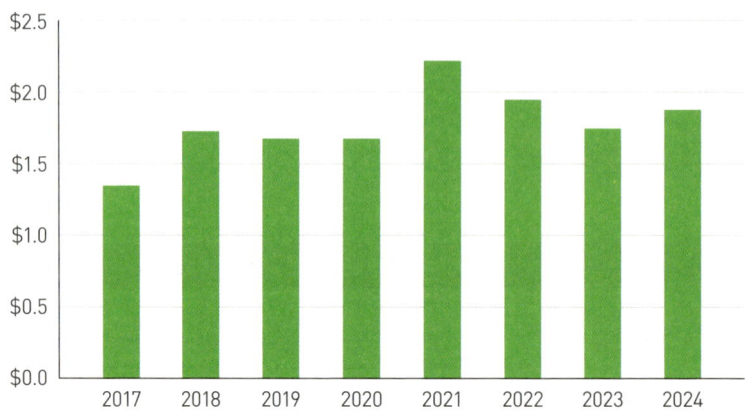

CEFS의 연간 배당금 추이

운용성과와 배당의 재원은 다음과 같습니다.* 순투자소득이 꾸준히 유입되고 있으며, 실현 및 미실현 손익은 변동성을 보입니다. 배당은 순투자소득과 자본이득을 통해 지급되며, 자본반환이 일부 발생했지만 운용성과 범위 내에서 배당이 지급되고 있어 큰 문제는 없을 것으로 판단됩니다.

CEFS의 운용성과

연도	순투자소득	실현 및 미실현 손익	총 운용성과
2024	0.54	5.06	5.60
2023	0.48	1.72	2.20
2022	0.67	(1.10)	(0.43)

* 펀드는 2017년 설정되었으나 자료를 찾을 수 없는 관계로 2020년부터 분석했습니다.

2021	0.53	2.69	3.22
2020	1.05	(0.05)	1.00

CEFS의 배당 재원

연도	순투자소득을 통한 배당 지급	자본이득을 통한 배당 지급	자본반환	배당총액
2024	(0.83)	(0.92)	0.00	(1.75)
2023	(0.62)	(0.12)	(1.21)	(1.95)
2022	(1.45)	(0.64)	(0.13)	(2.22)
2021	(1.59)	(0.09)	0.00	(1.68)
2020	(1.21)	0.00	(0.47)	(1.68)

운용성과에 따른 NAV 변화입니다. 전체적으로 $18~$20 수준에서 유지되는 모습입니다. 2024년 뛰어난 운용성과에 힘입어 NAV가 소폭 증가했습니다.

CEFS의 NAV 변화 추이

연도	기초 NAV	총 운용성과	배당총액	기말 NAV
2024	18.51	5.60	(1.75)	22.36
2023	18.26	2.20	(1.95)	18.51
2022	20.91	(0.43)	(2.22)	18.26
2021	19.37	3.22	(1.68)	20.91
2020	20.05	1.00	(1.68)	19.37

투자 성과를 살펴보겠습니다. 2017년 3월 CEFS에 1,000만 원을 투자했다면, 2025년 6월 투자금은 1,110만 원으로 늘어납니다(11.03%). 누적 배당금은 752만 원(75.24%)입니다. 결과적으로 1,000만 원은 1,863만 원이 되었고, 약 8.25년(2017년 3월~2025년 6월) 동안의 누적 수익률은 86.28%, 연평균 수익률은 7.83%입니다.

FCEF
기본 정보 & 운용 전략

FCEF의 기본 정보

자산운용사	First Trust Advisors
펀드 설정일	2016-09-27
배당수익률	7.13%
AUM	$53.48M*
총보수	3.67%

FCEF First Trust Income Opportunities ETF는 고배당 자산을 담고 있는 폐쇄형 펀드와 ETF에 투자하는 액티브 ETF입니다. 여러 펀드에 투자하여 우선주, 전환사채, 하이일드 채권, 리츠 등 다양한 자산에 분산 투자하는 효과를 얻습니다. 높은 수준의 현재 소득을 창출하고, 자본 상승을 추구하는 것을 목표로 합니다.

* AUM의 규모가 매우 작아 주의가 필요합니다.

성과 분석

배당이 증가하는 추세입니다. 2024년 $1.54를 배당으로 지급했고, 배당수익률은 7.13%입니다.

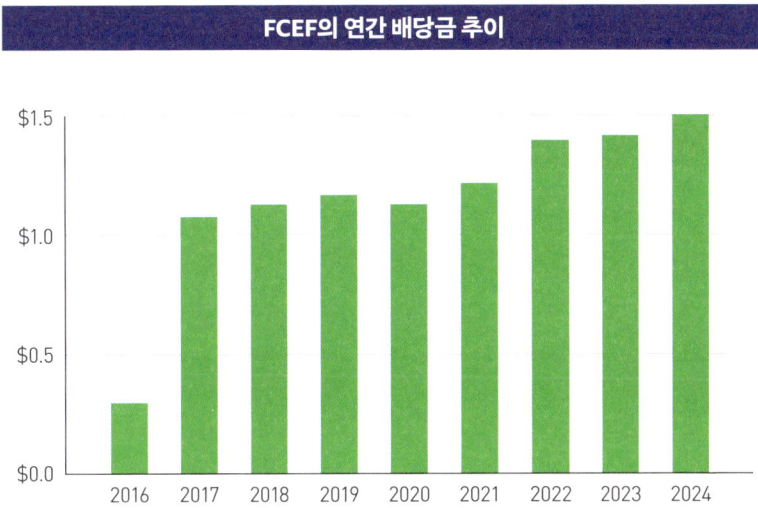

FCEF의 연간 배당금 추이

운용성과와 배당의 재원은 다음과 같습니다. 순투자소득이 꾸준히 유입되고 있으며, 실현 및 미실현 손익은 변동성을 보입니다. 배당은 자본반환 없이 순투자소득과 자본이득을 통해 지급되고 있습니다.

연도	순투자소득	실현 및 미실현 손익	총 운용성과
2024	1.02	3.04	4.06
2023	0.79	(0.69)	0.10
2022	0.87	(4.53)	(3.66)

FCEF의 운용성과

2021	0.65	6.07	6.72
2020	0.82	(1.29)	(0.47)
2019	0.82	(0.18)	0.64
2018	0.78	0.93	1.71
2017	1.02	1.61	2.63

FCEF의 배당 재원

연도	순투자소득을 통한 배당 지급	자본이득을 통한 배당 지급	자본반환	배당총액
2024	(1.43)	(0.05)	0.00	(1.48)
2023	(1.36)	(0.05)	0.00	(1.41)
2022	(1.26)	(0.11)	0.00	(1.37)
2021	(0.84)	(0.30)	0.00	(1.14)
2020	(1.10)	(0.06)	0.00	(1.16)
2019	(0.96)	(0.19)	0.00	(1.15)
2018	(1.01)	(0.10)	0.00	(1.11)
2017	(0.79)	(0.12)	(0.11)	(1.02)

운용성과에 따른 NAV 변화입니다. 2021년과 2022년에 총 운용성과가 높은 변동성을 보이면서 NAV에 큰 변화가 있었으나, 그 외의 기간에는 전체적으로 $20 수준에서 유지되고 있습니다.

FCEF의 NAV 변화 추이

연도	기초 NAV	총 운용성과	배당총액	기말 NAV
2024	19.36	4.06	(1.48)	21.94
2023	20.67	0.10	(1.41)	19.36
2022	25.70	(3.66)	(1.37)	20.67
2021	20.12	6.72	(1.14)	25.70
2020	21.75	(0.47)	(1.16)	20.12
2019	22.26	0.64	(1.15)	21.75
2018	21.66	1.71	(1.11)	22.26
2017	20.05	2.63	(1.02)	21.66

투자 성과를 살펴보겠습니다. 2016년 9월 FCEF에 1,000만 원을 투자했다면, 2025년 6월 투자금은 1,110만 원으로 늘어납니다(10.99%). 누적 배당금은 554만 원(55.39%)입니다. 결과적으로 1,000만 원은 1,664만 원이 되었고, 약 8.75년(2016년 9월~2025년 6월) 동안의 누적 수익률은 66.38%, 연평균 수익률은 5.99%입니다.

PCEF
기본 정보 & 운용 전략

PCEF의 기본 정보

자산운용사	Invesco Capital Management
펀드 설정일	2010-02-19

배당수익률	8.77%
AUM	$832.02M
총보수	3.07%

PCEF^{Invesco CEF Income Composite ETF}는 고정 인컴^{Fixed Income}을 제공하는 폐쇄형 펀드에 투자하는 패시브 ETF입니다. 투자등급 채권에 투자하는 폐쇄형 펀드, 하이일드 채권에 투자하는 폐쇄형 펀드, 커버드콜 전략을 활용하는 폐쇄형 펀드에 투자합니다. 정해진 규칙(펀드 유형, 유동성, 할인율 등의 기준)에 따라 폐쇄형 펀드를 편입하고 비중을 조절하며, 분기별로 리밸런싱을 진행합니다.

성과 분석

2024년 $1.68을 배당으로 지급했고, 배당수익률은 8.77%입니다.

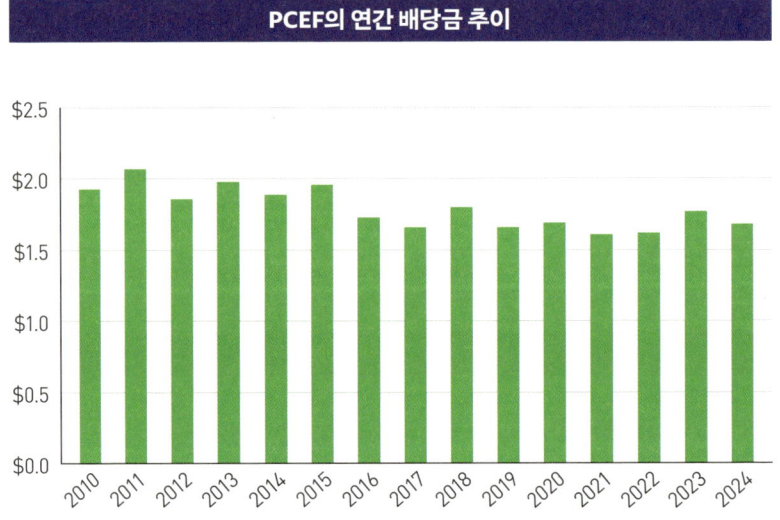

PCEF의 연간 배당금 추이

운용성과와 배당의 재원은 다음과 같습니다. 순투자소득이 꾸준히 유입되고 있으며, 실현 및 미실현 손익은 변동성을 보입니다. 배당은 대체로 순투자소득에서 지급되지만, 종종 자본반환도 발생하고 있습니다.

PCEF의 운용성과

연도	순투자소득	실현 및 미실현 손익	총 운용성과
2024	1.03	2.07	3.10
2023	1.21	(1.17)	0.04
2022	1.11	(4.48)	(3.37)
2021	0.98	4.33	5.31
2020	1.35	(1.05)	0.30
2019	1.18	(0.19)	0.99
2018	1.26	(0.84)	0.42
2017	1.13	2.28	3.41
2016	1.30	0.77	2.07
2015	1.53	(2.07)	(0.54)

PCEF의 배당 재원

연도	순투자소득을 통한 배당 지급	자본이득을 통한 배당 지급	자본반환	배당총액
2024	(1.08)	0.00	(0.59)	(1.67)
2023	(1.60)	0.00	(0.19)	(1.79)
2022	(1.60)	0.00	0.00	(1.60)
2021	(1.62)	0.00	0.00	(1.62)

2020	(1.73)	0.00	0.00	(1.73)
2019	(1.63)	0.00	0.00	(1.63)
2018	(1.39)	0.00	0.00	(1.39)
2017	(1.13)	0.00	(0.55)	(1.68)
2016	(1.34)	0.00	(0.41)	(1.75)
2015	(1.49)	0.00	(0.47)	(1.96)

운용성과에 따른 NAV 변화입니다. 2017년, 2021년, 2024년처럼 뛰어난 운용성과를 거둔 해에는 NAV가 증가했지만, 그 외의 해에는 총 운용성과가 플러스이더라도 높은 배당으로 인해 NAV가 지속적으로 감소하는 모습입니다. 특히 2022년에 감소폭이 컸습니다.

PCEF의 NAV 변화 추이

연도	기초 NAV	총 운용성과	배당총액	기말 NAV
2024	17.89	3.10	(1.67)	19.32
2023	19.64	0.04	(1.79)	17.89
2022	24.61	(3.37)	(1.60)	19.64
2021	20.92	5.31	(1.62)	24.61
2020	22.35	0.30	(1.73)	20.92
2019	22.99	0.99	(1.63)	22.35
2018	23.96	0.42	(1.39)	22.99
2017	22.23	3.41	(1.68)	23.96
2016	21.91	2.07	(1.75)	22.23
2015	24.41	(0.54)	(1.96)	21.91

투자 성과를 살펴보겠습니다. 2015년 1월 PCEF에 1,000만 원을 투자했다면, 2025년 6월 투자금은 826만 원으로 줄어듭니다(-17.45%). 누적 배당금은 760만 원(76.01%)입니다. 결과적으로 1,000만 원은 1,586만 원이 되었고, 10.5년 동안의 누적 수익률은 58.56%, 연평균 수익률은 4.49%입니다.

YYY

기본 정보 & 운용 전략

YYY의 기본 정보	
자산운용사	Amplify Investments
펀드 설정일	2012-06-12
배당수익률	12.50%
AUM	$600.47M
총보수	3.25%

YYY$^{Amplify\ High\ Income\ ETF}$는 미국에 상장된 폐쇄형 펀드에 투자하는 패시브 ETF입니다. 수익률, 순자산가치^{NAV} 대비 할인율, 유동성을 기준으로 폐쇄형 펀드를 선별한 후 펀드·수익률 가중$^{Modified\ Fund\cdot Yield\ Weighted}$ 방식에 따라 비중을 달리해 투자합니다. 반기마다 리밸런싱을 통해 종목과 비중을 재조정합니다.

성과 분석

2024년 $1.44를 배당으로 지급했고, 배당수익률은 12.50%입니다.

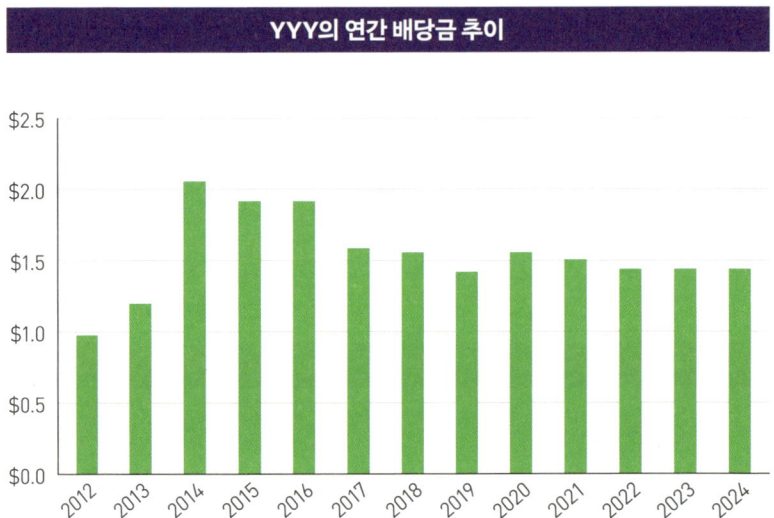

운용성과와 배당의 재원은 다음과 같습니다. 순투자소득이 꾸준히 유입되고 있으며, 실현 및 미실현 손익은 변동성을 보입니다. 높은 배당을 지급하기 위해 자본반환이 지속적으로 발생하고 있습니다.

연도	순투자소득	실현 및 미실현 손익	총 운용성과
2024	0.92	2.10	3.02
2023	1.12	(0.68)	0.44
2022	0.89	(4.89)	(4.00)
2021	0.81	3.48	4.29

YYY의 운용성과

2020	0.97	(2.69)	(1.72)
2019	0.86	1.97	2.83
2018	1.13	(2.97)	(1.84)
2017	1.22	1.31	2.53
2016	1.22	1.41	2.63
2015	1.30	(2.97)	(1.67)

YYY의 배당 재원				
연도	순투자소득을 통한 배당 지급	자본이득을 통한 배당 지급	자본반환	배당총액
2024	(0.93)	0.00	(0.39)	(1.32)
2023	(1.09)	0.00	(0.35)	(1.44)
2022	(0.93)	0.00	(0.51)	(1.44)
2021	(0.86)	0.00	(0.67)	(1.53)
2020	(1.03)	0.00	(0.59)	(1.62)
2019	(0.87)	0.00	(0.43)	(1.30)
2018	(1.13)	0.00	(0.43)	(1.56)
2017	(1.20)	0.00	(0.39)	(1.59)
2016	(1.20)	0.00	(0.72)	(1.92)
2015	(1.30)	0.00	(0.62)	(1.92)

운용성과에 따른 NAV 변화입니다. 매년 자본반환이 발생하면서 NAV가 지속적으로 감소했습니다. 특히 2022년 부진한 성과에 높은 배당이 더해져 감소폭이 컸습니다.

YYY의 NAV 변화 추이				
연도	기초 NAV	총 운용성과	배당총액	기말 NAV
2024	10.60	3.02	(1.32)	12.30
2023	11.60	0.44	(1.44)	10.60
2022	17.04	(4.00)	(1.44)	11.60
2021	14.28	4.29	(1.53)	17.04
2020	17.62	(1.72)	(1.62)	14.28
2019	16.09	2.83	(1.30)	17.62
2018	19.49	(1.84)	(1.56)	16.09
2017	18.55	2.53	(1.59)	19.49
2016	17.84	2.63	(1.92)	18.55
2015	21.43	(1.67)	(1.92)	17.84

투자 성과를 살펴보겠습니다. 2015년 1월 YYY에 1,000만 원을 투자했다면, 2025년 6월 투자금은 538만 원으로 줄어듭니다(-46.21%). 누적 배당금은 759만 원(75.86%)입니다. 결과적으로 1,000만 원은 1,297만 원이 되었고, 10.5년 동안의 누적 수익률은 29.65%, 연평균 수익률은 2.50%입니다.

투자 성과 한눈에 보기!

	투자 기간	투자 원금	배당금	합산	누적 수익률	연평균 수익률
HIPS	약 10.5년	600	659	1,259	25.92%	2.22%
MDIV	10.5년	743	529	1,272	27.25%	2.32%
HNDL	약 7.4년	865	478	1,343	34.29%	4.05%

	투자 기간	투자 원금	배당금	합산	누적 수익률	연평균 수익률
AOK	10.5년	1,198	278	1,476	47.61%	3.78%
SPE	10.5년	1,005	824	1,829	82.91%	5.92%
CEFS	약 8.25년	1,110	752	1,863	86.28%	7.83%
FCEF	약 8.75년	1,110	554	1,664	66.38%	5.99%
PCEF	10.5년	826	760	1,586	58.56%	4.49%
YYY	10.5년	538	759	1,297	29.65%	2.50%

PART 9

매달 배당을 주는

배당 &

NAV 성장 ETF

배당 & NAV 성장 ETF의 기본 개념

지금까지 커버드콜, 리츠, BDC 등 다양한 유형의 월배당 ETF를 살펴보았습니다. 이들의 공통된 매력은 단연 높은 배당수익률입니다. 매달 꾸준히 발생하는 현금흐름은 분명 매력적인 요소입니다. 하지만 당장의 높은 배당수익률보다는 시간이 지남에 따라 배당금이 꾸준히 증가하거나, 순자산가치NAV가 성장해 원금까지 함께 늘어나는 것을 목표로 하는 투자자도 많습니다.

이번 파트에서는 배당 & NAV 성장에 초점을 맞춘 ETF를 소개합니다. 이 ETF들은 배당수익률이 다소 낮지만, 배당금 증액과 주가 상승을 통해 장기적으로 투자자에게 더 높은 총수익Total Return을 제공할 수 있습니다.

그럼 지금부터 배당 & NAV 성장 ETF들을 살펴보겠습니다.

주요 배당 & NAV 성장 ETF 심층분석

DGRW

기본 정보 & 운용 전략

DGRW의 기본 정보	
자산운용사	WisdomTree Asset Management
펀드 설정일	2013-05-22
배당수익률	1.55%
AUM	$16.40B
총보수	0.28%

DGRW WisdomTree U.S. Quality Dividend Growth Fund는 미국에 상장된 종목

중에서 성장성이 뛰어나고 향후 높은 배당을 지급할 것으로 예상되는 종목에 투자하는 패시브 ETF입니다. 자체 기준으로 종목을 선별하고, 성장 요소와 품질 요소를 고려해 300개 종목에 분산 투자합니다. 성장 요소는 미래 수익 추정치, 품질 요소는 자기자본수익률ROE과 자산수익률ROA의 3년 평균이 기준이며, 각 종목마다 예상되는 배당금 규모에 따라 투자 비중을 조절합니다.

성과 분석

2024년 $1.25를 배당으로 지급했고, 배당수익률은 1.55%입니다.

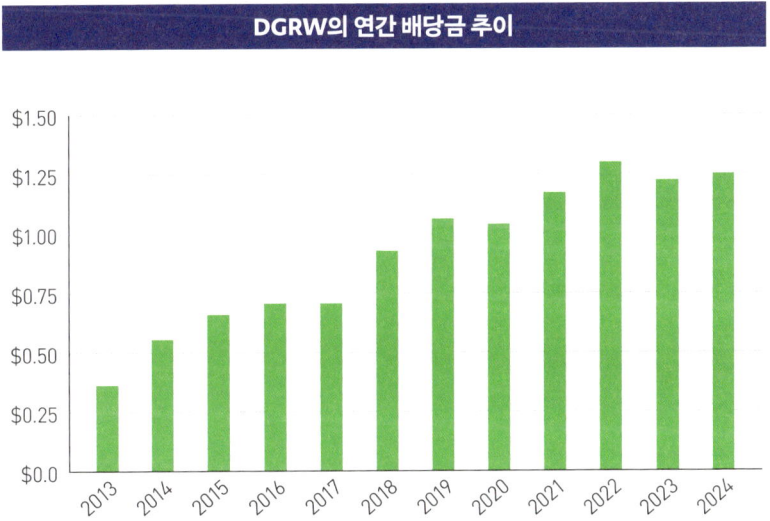

DGRW의 연간 배당금 추이

운용성과와 배당의 재원은 다음과 같습니다. 순투자소득이 꾸준히 증가하고 있으며, 2020년을 제외하면 총 운용성과가 모두 플러스입니다. 배당은 순투자소득 수준에서 지급되고 있습니다.

DGRW의 운용성과

연도	순투자소득	실현 및 미실현 손익	총 운용성과
2024	1.24	13.86	15.10
2023	1.28	(1.17)	0.11
2022	1.22	6.37	7.59
2021	1.07	18.27	19.34
2020	1.09	(4.21)	(3.12)
2019	0.97	2.71	3.68
2018	0.78	4.84	5.62
2017	0.73	4.20	4.93
2016	0.70	(0.02)	0.68
2015	0.66	3.21	3.87

DGRW의 배당 재원

연도	순투자소득을 통한 배당 지급	자본이득을 통한 배당 지급	자본반환	배당총액
2024	(1.23)	0.00	0.00	(1.23)
2023	(1.32)	0.00	0.00	(1.32)
2022	(1.17)	0.00	0.00	(1.17)
2021	(1.05)	0.00	0.00	(1.05)
2020	(1.07)	0.00	0.00	(1.07)
2019	(0.93)	(0.03)	0.00	(0.96)
2018	(0.75)	0.00	0.00	(0.75)
2017	(0.73)	0.00	0.00	(0.73)

| 2016 | (0.66) | 0.00 | 0.00 | (0.66) |
| 2015 | (0.59) | 0.00 | 0.00 | (0.59) |

운용성과에 따른 NAV 변화입니다. 운용성과가 우수한 데다 배당이 성과 내에서 지급되고 있어 NAV가 지속적으로 증가하는 모습입니다. 코로나19 팬데믹이 발생한 2020년에도 손실이 크지 않았고, 이듬해 뛰어난 성과를 기록하면서 NAV가 크게 증가한 점이 인상적입니다.

DGRW의 NAV 변화 추이

연도	기초 NAV	총 운용성과	배당총액	기말 NAV
2024	62.35	15.10	(1.23)	76.22
2023	63.56	0.11	(1.32)	62.35
2022	57.14	7.59	(1.17)	63.56
2021	38.85	19.34	(1.05)	57.14
2020	43.04	(3.12)	(1.07)	38.85
2019	40.32	3.68	(0.96)	43.04
2018	35.45	5.62	(0.75)	40.32
2017	31.25	4.93	(0.73)	35.45
2016	31.23	0.68	(0.66)	31.25
2015	27.95	3.87	(0.59)	31.23

참고로 DGRW는 기술 섹터의 비중이 약 25%입니다(2025년 6월 기준). 다른 고배당 ETF들과 비교하면 굉장히 높은 편이죠. 고배당

ETF에 왜 기술주가 포함되어 있을까요?

마이크로소프트, 애플, 브로드컴, 시스코와 같이 사업이 성숙기에 접어든 기술 기업들은 안정적인 현금흐름을 바탕으로 꾸준히 배당을 지급할 뿐 아니라 그 규모도 함께 늘려 나갑니다. 이러한 기업들이라면 충분히 종목 선별 기준에 포함될 수 있습니다. DGRW를 비롯해 일부 고배당 ETF에 기술주가 편입되어 있는 이유입니다.

투자 성과를 살펴보겠습니다. 2015년 1월 DGRW에 1,000만 원을 투자했다면, 2025년 6월 투자금은 2,696만 원으로 늘어납니다(+169.61%). 누적 배당금은 343만 원(34.33%)입니다. 결과적으로 1,000만 원은 3,039만 원이 되었고, 10.5년 동안의 누적 수익률은 203.94%, 연평균 수익률은 11.17%입니다.

DLN, DON, DES

기본 정보 & 운용 전략

위즈덤트리WisdomTree가 운용하는 배당 ETF 시리즈인 DLN, DON, DES는 각각 미국 시장에 상장된 대형, 중형, 소형 배당주에 투자합니다. 이 시리즈 ETF의 가장 큰 특징은 시가총액이 큰 순서대로 투자 비중을 정하는 것이 아니라, 각 기업이 향후 1년간 지급할 것으로 예상되는 배당금의 총액*을 기준으로 투자 비중을 정한다는 것입니다. 덕분에 주가 상승으로 고평가된 종목에 과도하게 투자하는 것을 피하고,

---

* 기업이 주주에게 지급하는 배당금의 절대적인 금액을 말합니다. 예를 들어, 마이크로소프트 같은 대기업은 배당수익률이 0.7% 수준으로 낮지만, 발행주식 수가 많기 때문에 연간 지급되는 배당금의 총액은 매우 큽니다.

현금흐름 창출이 우수한 기업에 좀 더 집중할 수 있게 됩니다. 다만 배당주에 투자하는 만큼 성장주 중심의 강세장에서는 성과가 상대적으로 저조할 수 있습니다.

DLN의 기본 정보

자산운용사	WisdomTree Asset Management
펀드 설정일	2006-06-16
배당수익률	2.01%
AUM	$5.29B
총보수	0.28%

DLN WisdomTree U.S. LargeCap Dividend Fund 은 미국에 상장된 대형주 중에서 배당총액에 따라 비중을 조절하여 약 300개 기업에 투자합니다.

DON의 기본 정보

자산운용사	WisdomTree Asset Management
펀드 설정일	2006-06-16
배당수익률	2.28%
AUM	$3.85B
총보수	0.38%

DON WisdomTree U.S. MidCap Dividend Fund 은 미국에 상장된 중형주 중에서 배당총액에 따라 비중을 조절하여 약 300개 기업에 투자합니다.

DES의 기본 정보

자산운용사	WisdomTree Asset Management
펀드 설정일	2006-06-16
배당수익률	2.82%
AUM	$1.91B
총보수	0.38%

DES WisdomTree U.S. SmallCap Dividend Fund는 미국에 상장된 소형주 중에서 배당총액에 따라 비중을 조절하여 약 600개 기업에 투자합니다.

성과 분석

① DLN

장기적인 관점에서 배당이 지속적으로 증가하는 모습입니다. 2024년 $1.56을 배당으로 지급했고, 배당수익률은 2.01%입니다.

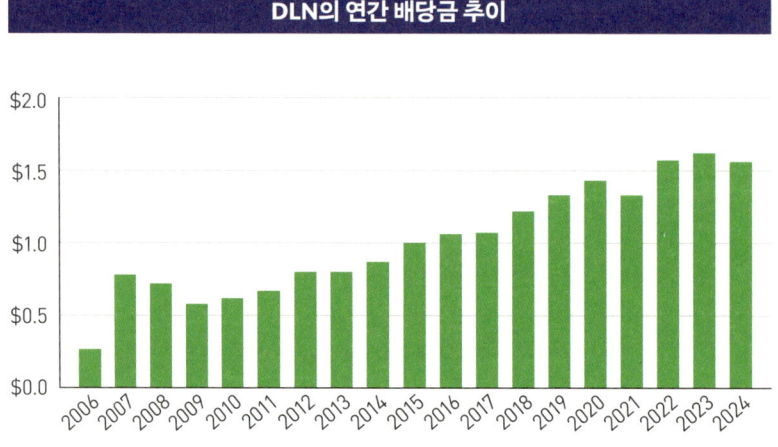

DLN의 연간 배당금 추이

운용성과와 배당의 재원은 다음과 같습니다. 순투자소득이 꾸준히 증가하고 있으며, 실현 및 미실현 손익은 2020년과 2023년을 제외하면 모두 플러스입니다. 배당은 순투자소득 수준에서 지급되고 있습니다.

DLN의 운용성과

연도	순투자소득	실현 및 미실현 손익	총 운용성과
2024	1.60	10.30	11.90
2023	1.59	(3.74)	(2.15)
2022	1.42	8.33	9.75
2021	1.36	16.79	18.15
2020	1.36	(6.64)	(5.28)
2019	1.27	2.83	4.10
2018	1.11	2.79	3.90
2017	1.02	4.82	5.84
2016	1.01	0.07	1.07
2015	0.93	2.80	3.73

DLN의 배당 재원

연도	순투자소득을 통한 배당 지급	자본이득을 통한 배당 지급	자본반환	배당총액
2024	(1.57)	0.00	0.00	(1.57)
2023	(1.65)	0.00	0.00	(1.65)

2022	(1.36)	0.00	0.00	(1.36)
2021	(1.35)	0.00	0.00	(1.35)
2020	(1.36)	0.00	0.00	(1.36)
2019	(1.24)	0.00	0.00	(1.24)
2018	(1.11)	0.00	0.00	(1.11)
2017	(1.09)	0.00	0.00	(1.09)
2016	(1.00)	0.00	0.00	(1.00)
2015	(0.89)	0.00	0.00	(0.89)

운용성과에 따른 NAV 변화입니다. 우수한 운용성과에 힘입어 NAV가 지속적으로 증가했습니다. 소소한 배당 수익과 주가 상승, 두 가지 목표를 모두 달성한 모습입니다.

DLN의 NAV 변화 추이

연도	기초 NAV	총 운용성과	배당총액	기말 NAV
2024	61.86	11.90	(1.57)	72.19
2023	65.66	(2.15)	(1.65)	61.86
2022	57.27	9.75	(1.36)	65.66
2021	40.47	18.15	(1.35)	57.27
2020	47.11	(5.28)	(1.36)	40.47
2019	44.25	4.10	(1.24)	47.11
2018	41.46	3.90	(1.11)	44.25
2017	36.71	5.84	(1.09)	41.46

| 2016 | 36.64 | 1.07 | (1.00) | 36.71 |
| 2015 | 33.80 | 3.73 | (0.89) | 36.64 |

투자 성과를 살펴보겠습니다. 2015년 1월 DLN에 1,000만 원을 투자했다면, 2025년 6월 투자금은 2,209만 원으로 늘어납니다(+120.93%). 누적 배당금은 375만 원(37.55%)입니다. 결과적으로 1,000만 원은 2,585만 원이 되었고, 10.5년 동안의 누적 수익률은 158.47%, 연평균 수익률은 9.47%입니다.

② DON

장기적인 관점에서 배당이 지속적으로 증가하는 모습입니다. 2024년 $1.16을 배당으로 지급했고, 배당수익률은 2.28%입니다.

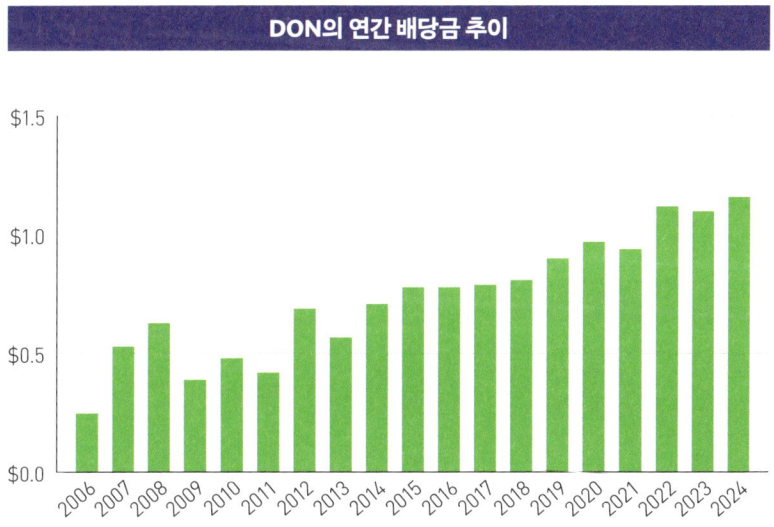

DON의 연간 배당금 추이

운용성과와 배당의 재원은 다음과 같습니다. 순투자소득이 꾸준히 증가하고 있으며, 실현 및 미실현 손익은 2020년과 2023년을 제외하면 모두 플러스입니다. 배당은 순투자소득 수준에서 지급되고 있습니다.

DON의 운용성과

연도	순투자소득	실현 및 미실현 손익	총 운용성과
2024	1.14	7.78	8.92
2023	1.19	(3.27)	(2.08)
2022	0.99	3.89	4.88
2021	0.80	16.24	17.04
2020	1.01	(11.56)	(10.55)
2019	0.82	1.61	2.43
2018	0.76	1.59	2.35
2017	0.78	3.89	4.67
2016	0.71	0.08	0.79
2015	0.72	2.95	3.67

DON의 배당 재원

연도	순투자소득을 통한 배당 지급	자본이득을 통한 배당 지급	자본반환	배당총액
2024	(1.13)	0.00	0.00	(1.13)
2023	(1.21)	0.00	0.00	(1.21)

2022	(0.97)	0.00	0.00	(0.97)
2021	(0.83)	0.00	0.00	(0.83)
2020	(1.02)	0.00	0.00	(1.02)
2019	(0.78)	0.00	0.00	(0.78)
2018	(0.74)	0.00	0.00	(0.74)
2017	(0.86)	0.00	0.00	(0.86)
2016	(0.68)	(0.10)	0.00	(0.78)
2015	(0.65)	0.00	0.00	(0.65)

운용성과에 따른 NAV 변화입니다. 우수한 운용성과에 힘입어 NAV가 지속적으로 증가했습니다. 소소한 배당 수익과 주가 상승, 두 가지 목표를 모두 달성한 모습입니다.

DON의 NAV 변화 추이

연도	기초 NAV	총 운용성과	배당총액	기말 NAV
2024	41.02	8.92	(1.13)	48.81
2023	44.31	(2.08)	(1.21)	41.02
2022	40.40	4.88	(0.97)	44.31
2021	24.19	17.04	(0.83)	40.40
2020	35.76	(10.55)	(1.02)	24.19
2019	34.11	2.43	(0.78)	35.76
2018	32.50	2.35	(0.74)	34.11
2017	28.69	4.67	(0.86)	32.50

2016	28.68	0.79	(0.78)	28.69
2015	25.66	3.67	(0.65)	28.68

투자 성과를 살펴보겠습니다. 2015년 1월 DON에 1,000만 원을 투자했다면, 2025년 6월 투자금은 1,787만 원으로 늘어납니다(+78.68%). 누적 배당금은 354만 원(35.37%)입니다. 결과적으로 1,000만 원은 2,141만 원이 되었고, 10.5년 동안의 누적 수익률은 114.05%, 연평균 수익률은 7.52%입니다.

③ DES

장기적인 관점에서 배당이 지속적으로 증가하는 모습입니다. 2024년 $0.97을 배당으로 지급했고, 배당수익률은 2.82%입니다.

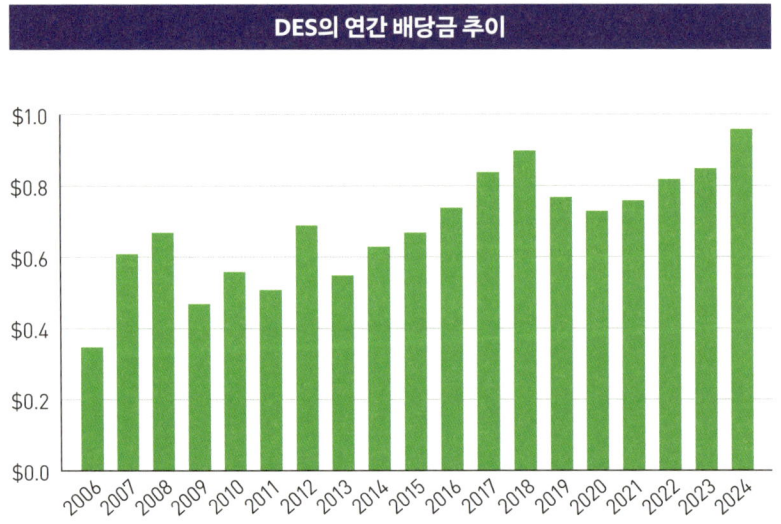

DES의 연간 배당금 추이

운용성과와 배당의 재원은 다음과 같습니다. 순투자소득이 꾸준히 유입되고 있으며, 실현 및 미실현 손익은 대체로 우수한 편입니다. 배당은 순투자소득 수준에서 지급되고 있습니다.

DES의 운용성과

연도	순투자소득	실현 및 미실현 손익	총 운용성과
2024	0.86	4.12	4.98
2023	0.88	(3.31)	(2.43)
2022	0.85	0.76	1.61
2021	0.66	12.99	13.65
2020	0.79	(9.40)	(8.61)
2019	0.82	0.08	0.90
2018	0.81	0.53	1.34
2017	0.70	4.09	4.79
2016	0.69	(1.13)	(0.44)
2015	0.66	1.20	1.86

DES의 배당 재원

연도	순투자소득을 통한 배당 지급	자본이득을 통한 배당 지급	자본반환	배당총액
2024	(0.84)	0.00	0.00	(0.84)
2023	(0.87)	0.00	0.00	(0.87)
2022	(0.84)	0.00	0.00	(0.84)
2021	(0.67)	0.00	0.00	(0.67)

2020	(0.82)	0.00	0.00	(0.82)
2019	(0.79)	0.00	0.00	(0.79)
2018	(0.79)	0.00	0.00	(0.79)
2017	(0.82)	0.00	0.00	(0.82)
2016	(0.64)	0.00	0.00	(0.64)
2015	(0.65)	0.00	0.00	(0.65)

운용성과에 따른 NAV 변화입니다. 우수한 운용성과에 힘입어 NAV가 꾸준히 증가했습니다. 단 2020년과 2021년에 높은 변동성을 보였으며, 앞선 두 ETF보다는 NAV의 증가폭이 작습니다.

DES의 NAV 변화 추이

연도	기초 NAV	총 운용성과	배당총액	기말 NAV
2024	28.56	4.98	(0.84)	32.70
2023	31.86	(2.43)	(0.87)	28.56
2022	31.09	1.61	(0.84)	31.86
2021	18.11	13.65	(0.67)	31.09
2020	27.54	(8.61)	(0.82)	18.11
2019	27.43	0.90	(0.79)	27.54
2018	26.88	1.34	(0.79)	27.43
2017	22.91	4.79	(0.82)	26.88
2016	23.99	(0.44)	(0.64)	22.91
2015	22.78	1.86	(0.65)	23.99

투자 성과를 살펴보겠습니다. 2015년 1월 DES에 1,000만 원을 투자했다면, 2025년 6월 투자금은 1,338만 원으로 늘어납니다(+33.78%). 누적 배당금은 356만 원(35.57%)입니다. 결과적으로 1,000만 원은 1,693만 원이 되었고, 10.5년 동안의 누적 수익률은 69.35%, 연평균 수익률은 5.15%입니다.

DTD
기본 정보 & 운용 전략

DTD의 기본 정보	
자산운용사	WisdomTree Asset Management
펀드 설정일	2006-06-16
배당수익률	2.07%
AUM	$1.45B
총보수	0.28%

DTD^{WisdomTree U.S. Total Dividend Fund}는 위즈덤트리^{WisdomTree}가 운용하는 미국 배당주 투자 ETF입니다. 대·중·소형주를 아우르는 약 800개 기업에 분산 투자하며, 시가총액이 아닌 연간 배당금 총액을 기준으로 투자 비중을 결정합니다. 앞서 소개한 DLN, DON, DES를 합쳐 놓은 ETF라고 이해하면 됩니다.

성과 분석

장기적인 관점에서 배당이 지속적으로 증가하는 모습입니다. 2024년 $1.57을 배당으로 지급했고, 배당수익률은 2.07%입니다.

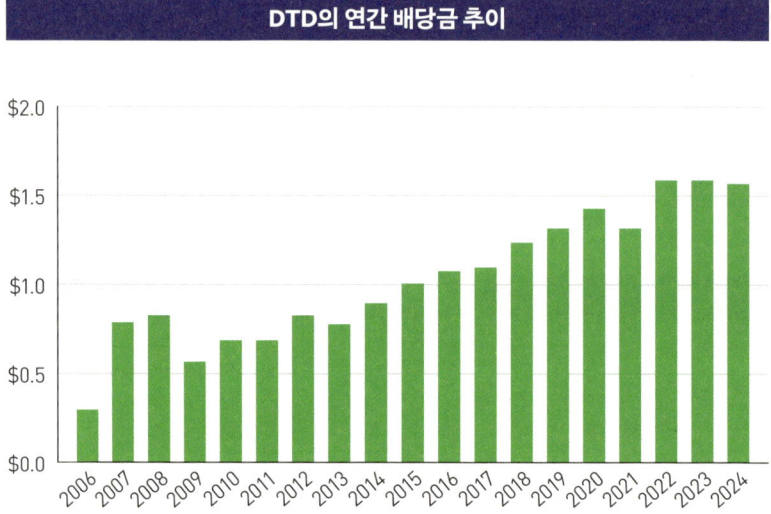

운용성과와 배당의 재원은 다음과 같습니다. 순투자소득이 꾸준히 증가하고 있으며, 실현 및 미실현 손익도 우수한 편입니다. 2020년 큰 손실을 기록했으나, 이듬해 훨씬 큰 규모의 수익을 달성했습니다. 배당은 순투자소득 수준에서 지급되고 있습니다.

연도	순투자소득	실현 및 미실현 손익	총 운용성과
2025	1.60	6.24	7.84
2024	1.60	10.15	11.75

DTD의 운용성과

2023	1.60	(3.86)	(2.26)
2022	1.43	7.94	9.37
2021	1.33	17.30	18.63
2020	1.38	(8.12)	(6.74)
2019	1.28	2.71	3.99
2018	1.14	2.53	3.66
2017	1.04	4.99	6.02
2016	1.02	(0.02)	1.01

DTD의 배당 재원

연도	순투자소득을 통한 배당 지급	자본이득을 통한 배당 지급	자본반환	배당총액
2025	(1.59)	0.00	0.00	(1.59)
2024	(1.55)	0.00	0.00	(1.55)
2023	(1.71)	0.00	0.00	(1.71)
2022	(1.34)	0.00	0.00	(1.34)
2021	(1.33)	0.00	0.00	(1.33)
2020	(1.38)	0.00	0.00	(1.38)
2019	(1.24)	0.00	0.00	(1.24)
2018	(1.13)	0.00	0.00	(1.13)
2017	(1.12)	0.00	0.00	(1.12)
2016	(1.01)	0.00	0.00	(1.01)

운용성과에 따른 NAV 변화입니다. 우수한 운용성과에 힘입어

NAV가 꾸준히 증가했습니다. 소소한 배당 수익과 주가 상승, 두 가지 목표를 모두 달성한 모습입니다.

DTD의 NAV 변화 추이

연도	기초 NAV	총 운용성과	배당총액	기말 NAV
2025	70.75	7.84	(1.59)	77.00
2024	60.55	11.75	(1.55)	70.75
2023	64.52	(2.26)	(1.71)	60.55
2022	56.49	9.37	(1.34)	64.52
2021	39.19	18.63	(1.33)	56.49
2020	47.31	(6.74)	(1.38)	39.19
2019	44.56	3.99	(1.24)	47.31
2018	42.02	3.66	(1.13)	44.56
2017	37.12	6.02	(1.12)	42.02
2016	37.13	1.01	(1.01)	37.12

투자 성과를 살펴보겠습니다. 2015년 1월 DTD에 1,000만 원을 투자했다면, 2025년 6월 투자금은 2,122만 원으로 늘어납니다(+112.17%). 누적 배당금은 375만 원(37.45%)입니다. 결과적으로 1,000만 원은 2,496만 원이 되었고, 10.5년 동안의 누적 수익률은 149.62%, 연평균 수익률은 9.10%입니다.

SPLV

기본 정보 & 운용 전략

SPLV의 기본 정보	
자산운용사	Invesco Capital Management
펀드 설정일	2011-05-05
배당수익률	1.87%
AUM	$8.16B
총보수	0.25%

SPLV^{Invesco S&P 500 Low Volatility ETF}는 S&P 500 지수 구성 종목 중에서 지난 1년간 주가 변동성이 가장 낮았던 100개 종목에 집중 투자하는 패시브 ETF입니다. 투자 비중은 시가총액 순이 아니라, 변동성의 역순^{Inverse Volatility}으로 결정됩니다. 즉 변동성이 가장 낮은 종목이 포트폴리오에서 가장 높은 비중을 차지하게 됩니다. 이러한 전략은 전통적으로 변동성이 낮은 유틸리티, 필수소비재, 금융 섹터의 비중을 높이는 경향이 있습니다. 그 결과 시장 하락기에는 S&P 500 지수보다 하락폭이 작은 성과를 기대할 수 있지만, 반대로 강세장에서는 시장의 평균 수익률에 미치지 못하기도 합니다.

성과 분석

장기적인 관점에서 배당이 증가하는 모습입니다. 2024년 $1.31을 배당으로 지급했고, 배당수익률은 1.87%입니다.

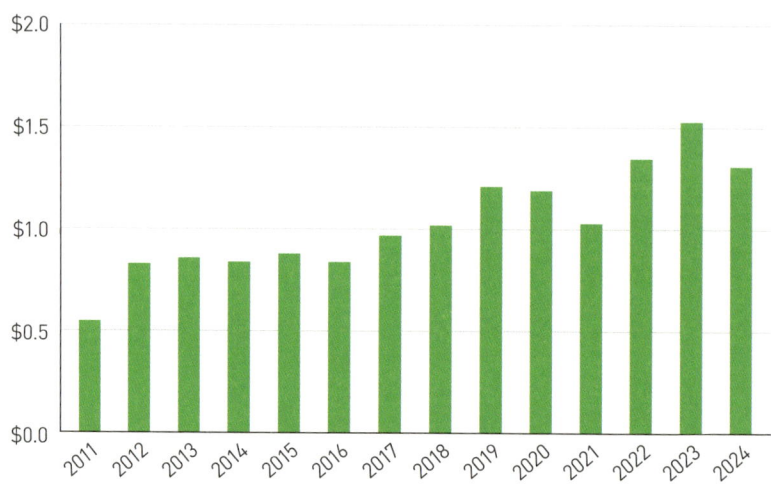

SPLV의 연간 배당금 추이

운용성과와 배당의 재원은 다음과 같습니다. 순투자소득이 꾸준히 유입되고 있으며, 실현 및 미실현 손익은 대체로 우수한 편입니다. 특히 성과가 부진한 해에도 손실 규모가 크지 않은 점이 인상적입니다. ETF의 목표처럼 시장 하락기에 뛰어난 방어력을 보여줍니다. 배당은 순투자소득 수준에서 지급되고 있습니다.

SPLV의 운용성과

연도	순투자소득	실현 및 미실현 손익	총 운용성과
2024	1.30	10.02	11.32
2023	1.46	(1.95)	(0.49)
2022	1.35	(0.96)	0.39
2021	0.91	9.42	10.33

2020	1.27	(2.01)	(0.74)
2019	1.16	6.96	8.12
2018	0.81	3.23	4.04
2017	0.95	6.09	7.04
2016	0.81	2.16	2.97
2015	0.85	1.78	2.63

SPLV의 배당 재원				
연도	순투자소득을 통한 배당 지급	자본이득을 통한 배당 지급	자본반환	배당총액
2024	(1.46)	0.00	0.00	(1.46)
2023	(1.44)	0.00	0.00	(1.44)
2022	(1.27)	0.00	0.00	(1.27)
2021	(0.95)	0.00	0.00	(0.95)
2020	(1.32)	0.00	0.00	(1.32)
2019	(1.14)	0.00	0.00	(1.14)
2018	(0.83)	0.00	0.00	(0.83)
2017	(0.95)	0.00	0.00	(0.95)
2016	(0.84)	0.00	0.00	(0.84)
2015	(0.89)	0.00	0.00	(0.89)

운용성과에 따른 NAV 변화입니다. 우수한 운용성과에 힘입어 NAV가 지속적으로 증가하는 모습입니다.

SPLV의 NAV 변화 추이

연도	기초 NAV	총 운용성과	배당총액	기말 NAV
2024	61.26	11.32	(1.46)	71.12
2023	63.19	(0.49)	(1.44)	61.26
2022	64.07	0.39	(1.27)	63.19
2021	54.69	10.33	(0.95)	64.07
2020	56.75	(0.74)	(1.32)	54.69
2019	49.77	8.12	(1.14)	56.75
2018	46.56	4.04	(0.83)	49.77
2017	40.47	7.04	(0.95)	46.56
2016	38.34	2.97	(0.84)	40.47
2015	36.60	2.63	(0.89)	38.34

투자 성과를 살펴보겠습니다. 2015년 1월 SPLV에 1,000만 원을 투자했다면, 2025년 6월 투자금은 1,911만 원으로 늘어납니다(+91.13%). 누적 배당금은 315만 원(31.53%)입니다. 결과적으로 1,000만 원은 2,227만 원이 되었고, 10.5년 동안의 누적 수익률은 122.65%, 연평균 수익률은 7.92%입니다.

CDL

기본 정보 & 운용 전략

CDL의 기본 정보	
자산운용사	Victory Capital Management
펀드 설정일	2015-07-07
배당수익률	3.28%
AUM	$370.35M
총보수	0.35%

CDL VictoryShares US Large Cap High Div Volatility Wtd ETF 은 미국의 대형주 중에서 수익성, 고배당, 저변동성이라는 세 가지 요소를 결합하여 투자하는 ETF입니다. 지난 4분기 동안 순이익이 플러스를 기록한 기업을 선별하고, 그중에서 배당수익률이 가장 높은 상위 100개 종목을 포트폴리오에 편입합니다. 이때 투자 비중은 변동성의 역순 Inverse Volatility 으로 결정됩니다. 즉 지난 180일간 주가 변동성이 가장 낮았던 종목이 가장 높은 비중을 차지하게 됩니다. 이를 통해 높은 배당수익률과 낮은 변동성이라는 두 가지 목표를 동시에 추구할 수 있습니다. 유틸리티와 필수소비재, 금융 섹터의 비중이 높아 안정성이 뛰어나지만, 성장주 중심의 강세장에서는 상승이 제한되기도 합니다.

성과 분석

배당이 지속적으로 증가하는 모습입니다. 2024년 $2.14를 배당으로 지급했고, 배당수익률은 3.28%입니다.

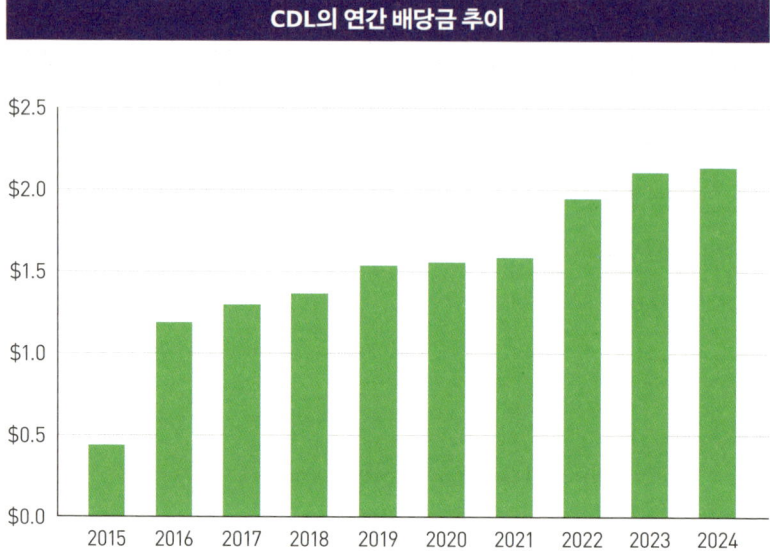

운용성과와 배당의 재원은 다음과 같습니다. 순투자소득이 꾸준히 증가하고 있으며, 실현 및 미실현 손익은 2020년 큰 손실을 기록했으나, 이듬해 이를 훨씬 상회하는 수익을 달성하는 등 전체적으로 우수한 편입니다. 배당은 순투자소득 수준에서 지급되고 있습니다.

연도	순투자소득	실현 및 미실현 손익	총 운용성과
2024	2.12	4.63	6.75
2023	2.04	(1.52)	0.52

2022	1.84	1.30	3.14
2021	1.45	17.10	18.55
2020	1.58	(7.44)	(5.86)
2019	1.51	1.83	3.34
2018	1.34	2.92	4.26
2017	1.24	4.46	5.70
2016	1.28	2.35	3.63

CDL의 배당 재원				
연도	순투자소득을 통한 배당 지급	자본이득을 통한 배당 지급	자본반환	배당총액
2024	(2.21)	0.00	0.00	(2.21)
2023	(1.99)	0.00	0.00	(1.99)
2022	(1.80)	0.00	0.00	(1.80)
2021	(1.39)	0.00	0.00	(1.39)
2020	(1.65)	0.00	0.00	(1.65)
2019	(1.37)	0.00	0.00	(1.37)
2018	(1.37)	0.00	0.00	(1.37)
2017	(1.11)	0.00	0.00	(1.11)
2016	(1.05)	0.00	0.00	(1.05)

운용성과에 따른 NAV 변화입니다. 우수한 운용성과에 힘입어 NAV가 지속적으로 증가했습니다.

CDL의 NAV 변화 추이

연도	기초 NAV	총 운용성과	배당총액	기말 NAV
2024	56.55	6.75	(2.21)	61.09
2023	58.02	0.52	(1.99)	56.55
2022	56.68	3.14	(1.80)	58.02
2021	39.52	18.55	(1.39)	56.68
2020	47.03	(5.86)	(1.65)	39.52
2019	45.06	3.34	(1.37)	47.03
2018	42.17	4.26	(1.37)	45.06
2017	37.58	5.70	(1.11)	42.17
2016	35.00	3.63	(1.05)	37.58

투자 성과를 살펴보겠습니다. 2015년 7월 CDL에 1,000만 원을 투자했다면, 2025년 6월 투자금은 1,916만 원으로 늘어납니다(+91.63%). 누적 배당금은 464만 원(46.43%)입니다. 결과적으로 1,000만 원은 2,381만 원이 되었고, 약 10년(2015년 7월~2025년 6월) 동안의 누적 수익률은 138.06%, 연평균 수익률은 9.06%입니다.

투자 성과 한눈에 보기!

	투자 기간	투자 원금	배당금	합산	누적 수익률	연평균 수익률
DGRW	10.5년	2,696	343	3,039	203.94%	11.17%
DLN	10.5년	2,209	375	2,585	158.47%	9.47%
DON	10.5년	1,787	354	2,141	114.05%	7.52%
DES	10.5년	1,338	356	1,693	69.35%	5.15%
DTD	10.5년	2,122	375	2,496	149.62%	9.10%
SPLV	10.5년	1,911	315	2,227	122.65%	7.92%
CDL	약 10년	1,916	464	2,381	138.06%	9.06%

PART 10

포트폴리오

완성하기

투자자가 빠지기 쉬운 7가지 함정

지금까지 미국 증시에 상장된 85개의 월배당 ETF를 살펴봤습니다. 각각의 ETF가 가진 특징과 장단점을 파악했다면, 이제 자신만의 포트폴리오를 구축할 차례입니다. 투자의 세계에 모두에게 들어맞는 정답이란 없습니다. 20대 사회 초년생과 50대 은퇴 준비자는 투자 목표와 기간, 위험 감수 수준이 전혀 다르기 때문입니다. 따라서 이번 장에서는 최고의 포트폴리오를 제시하는 대신, 스스로 훌륭한 포트폴리오를 구성하는 방법을 알려드리고자 합니다. 포트폴리오를 구성할 때는 '무엇을 해야 하는지'보다 '무엇을 하지 말아야 하는지'를 아는 것이 더 중요합니다. 그렇다면 무엇을 피해야 할까요? 투자자가 빠지기 쉬운 7가지 함정을 알아보겠습니다.

특정 섹터 & 전략으로만 구성하는 함정

　　JEPQ, GPIQ, EOS, BST는 모두 최근 우수한 운용성과를 보여준 펀드입니다. 이 4개 펀드에 분산 투자하면* 연 8.56%라는 매력적인 배당수익률**을 기대할 수 있습니다. 그런데 이 포트폴리오에는 함정이 있습니다. 바로 미국 기술 섹터의 비중이 지나치게 높다는 것입니다. 언뜻 보기에는 4개 종목으로 잘 분산한 듯싶지만, 실은 전체 투자금의 절반 이상을 미국 기술 섹터 한 곳에 집중 투자한 것과 다르지 않습니다. 또한 4개 펀드 모두 커버드콜 전략을 사용하므로, 기초자산이 크게 상승할 때 이를 온전히 따라가지 못한다는 공통적인 한계가 있습니다.

섹터와 전략이 중복된 포트폴리오

종목	운용 전략	배당수익률	기술 섹터 비중
JEPQ	나스닥100 + 커버드콜	9.65%	50% 이상
GPIQ	나스닥100 + 커버드콜	9.18%	50% 이상
EOS	미국 대형주 + 커버드콜	7.18%	40% 이상
BST	미국 과학기술 기업 + 커버드콜	8.21%	70% 이상

---

* 동일 비중 투자를 가정했습니다.
** 2024년 기준입니다.

🎯 신규 ETF로만 구성하는 함정

GPIX, FEPI, MSTY, IDVO 역시 최근 우수한 운용성과를 보여준 ETF입니다. 이 4개 ETF에 분산 투자하면 무려 연 36.33%%의 높은 배당수익률을 기대할 수 있습니다. 하지만 이 포트폴리오에도 함정이 숨어 있습니다. 바로 운용 이력이 1~3년으로 매우 짧다는 것입니다. 초기에는 우수한 운용성과를 기록했지만, 현재는 성과가 부진한 ETF 들이 적지 않습니다. 따라서 최소 5년 이상의 검증된 성과를 확인하고 투자하는 것이 안전합니다. 또한 4개 ETF 모두 커버드콜 전략을 사용하므로 상승장에서 수익이 제한될 수 있습니다.

신규 펀드로만 구성된 포트폴리오

종목	운용 전략	배당수익률	펀드 설정일
GPIX	S&P500 + 커버드콜	7.46%	2023-10-26
FEPI	미국 기술주 + 커버드콜	27.18%	2023-10-11
MSTY	마이크로스트래티지 + 커버드콜	104.56%	2024-02-21
IDVO	해외 고배당 + 커버드콜	6.13%	2022-09-07

🎯 배당수익률이 높은 ETF로만 구성하는 함정

KBWD, SRET, HIPS, YYY는 모두 높은 배당수익률을 자랑하는 ETF입니다. 이 4개 ETF에 분산 투자하면 연 10.94%에 달하는 배당수익률을 기대할 수 있습니다. 그러나 이 ETF들은 실질적인 수익을 나타내는 연평균 수익률이 낮습니다. 투자 기간 동안 배당을 받은 만큼 주가가 하락했기 때문입니다. 따라서 단순히 높은 배당수익률만 봐서는 안 되고, 반드시 NAV의 추이를 함께 확인해야 합니다.

배당을 받은 만큼 주가가 하락한 포트폴리오

종목	운용 전략	배당수익률	연평균 수익률
KBWD	고배당 금융주 투자	12.47%	2.51%
SRET	리츠 ETF	8.75%	0.54%
HIPS	멀티에셋	10.04%	2.22%
YYY	폐쇄형 펀드 투자	12.50%	2.50%

🎯 금리 민감도가 높은 ETF로만 구성하는 함정

TLT, EMB, O, ADC는 대표적인 배당형 자산으로, 이 4개 자산에 분산 투자하면 연 4.85%의 배당수익률을 기대할 수 있습니다. 그러나 이 포트폴리오는 금리 인상 시기에 매우 취약합니다. 채권, 특히 듀레이션이 긴 장기채는 금리가 큰 폭으로 상승하면 가격이 크게 하락할 수 있으며, 리츠도 자금 조달 비용이 증가해 운용에 어려움을 겪습니다.

금리 민감도가 높은 포트폴리오

종목	운용 전략	배당수익률
TLT	미국 장기국채	4.29%
EMB	신흥국 채권	5.46%
O	미국 대표 리츠	5.37%
ADC	미국 대표 리츠	4.26%

🎯 변동성이 높은 ETF로만 구성하는 함정

　NVDY, YBTC, TLT, AMZA에 분산 투자하면 연 34.93%에 달하는 배당수익률을 기대할 수 있습니다. 초고배당 ETF와 중배당 ETF를 적절히 조합해 높은 수익률을 추구한 것처럼 보입니다. 그러나 이 포트폴리오는 변동성이 매우 크다는 함정이 있습니다. 엔비디아^{NVDY}는 기술주 특유의 높은 변동성을 지니며, 비트코인^{YBTC}의 변동성은 말할 것도 없습니다. 미국 장기채^{TLT}는 금리 변화에 민감하고, 에너지 섹터 ^{AMZA} 역시 대표적인 고변동성 자산입니다. 이렇게 변동성이 높은 자산들로 포트폴리오를 구성할 경우, 시장의 작은 충격에도 전체 자산이 크게 흔들릴 수 있습니다.

변동성이 높은 포트폴리오

종목	운용 전략	배당수익률
NVDY	엔비디아 + 커버드콜	83.63%

YBTC	비트코인 + 커버드콜	44.52%
TLT	미국 장기국채	4.29%
AMZA	MLP 투자	7.29%

🎯 운용자산 규모가 작은 ETF로만 구성하는 함정

APLY, MAXI, GLU, FCEF는 서로 성격이 다른 펀드입니다. 이 4개 펀드에 분산 투자하면 연 18.03%의 배당수익률을 기대할 수 있습니다. 그러나 이들 모두 운용자산 규모AUM가 과도하게 작기 때문에 각별한 주의가 필요합니다. 유동성이 부족해 매수·매도 호가 차이(스프레드)가 벌어지기 쉽고, 이로 인해 거래 시 불필요한 비용이 늘어날 수 있습니다. 또한 운용자산 규모가 기준에 미달할 경우, 펀드가 청산·상장폐지 될 위험도 존재합니다.

운용자산 규모가 작은 포트폴리오

종목	운용 전략	배당수익률	AUM
APLY	애플 + 커버드콜	24.95%	$136.43M
MAXI	비트코인 + 옵션 매도	32.05%	$53.73M
GLU	유틸리티 섹터 투자	8.00%	$105.10M
FCEF	펀드 오브 펀드	7.13%	$50.74M

총보수가 높은 ETF로만 구성하는 함정

MAXI, PDT, IIM, CEFS는 각기 다른 전략을 구사하는 ETF들로, 얼핏 보면 분산이 잘 된 포트폴리오 같습니다. 이 4개 펀드에 분산 투자하면 13.79%의 배당수익률을 기대할 수 있죠. 그러나 이 포트폴리오는 총보수가 높다는 함정이 존재합니다. 총보수는 매일 순자산가치 NAV에 조금씩 반영되므로 투자자가 간과하기 쉽습니다. 하지만 이 보이지 않는 비용이 오랜 기간 누적되면 수익률에 적지 않은 영향을 미칩니다. 따라서 비슷한 전략의 ETF라면 총보수가 낮은 상품을 선택하는 것이 장기 투자에 유리합니다.

총보수가 높은 포트폴리오

종목	운용 전략	배당수익률	총보수
MAXI	비트코인 + 옵션 매도	32.05%	6.10%
PDT	미국 주식과 채권 투자	7.77%	2.31%
IIM	미국 지방채 투자	6.56%	2.97%
CEFS	펀드 오브 펀드	8.78%	4.29%

지금까지 투자자가 빠지기 쉬운 7가지 함정을 살펴봤습니다. 이 모든 함정을 피하는 핵심은 바로 '균형'입니다. 성공적인 포트폴리오를 위해 아래 원칙들을 반드시 기억하세요.

🎯 총정리

1. 특정 섹터나 전략에 치우치지 않도록 분산 투자합니다.
2. 신규 펀드보다는 최소 5년 이상의 검증된 운용 이력을 가진 펀드를 선택합니다.
3. 배당수익률이 지나치게 높다면 NAV 추이를 반드시 함께 살핍니다.
4. 금리 민감도가 너무 높지는 않은지 점검합니다.
5. 변동성이 큰 자산은 감당할 수 있는 수준으로 비중을 제한합니다.
6. 비슷한 펀드 중에서는 운용 규모^{AUM}가 더 큰 것을 고릅니다.
7. 비슷한 전략이라면 총보수가 더 낮은 것을 선택합니다.

에필로그

시중에 나와 있는 배당 ETF를 주제로 한 책들을 보면서 항상 아쉬운 마음이 컸습니다. 대부분의 책이 "이 ETF는 배당수익률이 높아요", "이런 종목들이 들어있어요"라는 식으로 표면적인 정보만 제공하고 있었거든요. 마치 맛있어 보이는 음식의 사진만 보여주고 재료나 조리법은 알려주지 않는 것 같았습니다.

투자자에게 정말 필요한 것은 관심 ETF가 그동안 어떤 성과를 냈는지, 앞으로도 이러한 성과가 지속 가능할지를 판단할 수 있는 재무제표라고 생각했습니다. 그래서 이 책을 통해 ETF의 재무제표를 직접 들여다보고, 고배당 뒤에 숨겨진 이야기를 여러분과 공유하고 싶었습니다. 책을 읽고 단순히 남이 추천하는 ETF를 따라 투자하는 것이 아니라, 스스로 판단하고 선택할 수 있는 투자자로 성장하셨기를 바랍니다.

끝으로 독자 여러분께 진심으로 감사드립니다. 이 책이 여러분의 투자 여정에서 든든한 나침반 역할을 할 수 있다면 저에게는 그보다 큰 보람이 없을 것입니다. 앞으로의 성공적인 투자를 응원하며, 언제나 건강하고 행복한 날들 보내시길 바랍니다.

감사합니다.
저자, 고은미 올림

월배당 ETF 재무제표 완전정복

초판 1쇄 발행 2025년 9월 25일

지은이 고은미
펴낸곳 티더블유아이지(주)
펴낸이 자몽

기획총괄 신슬아
편집 자몽·양지우
디자인 윤지은
마케팅 자몽

출판등록 제 300-2016-34호
주 소 서울특별시 종로구 새문안로3길 36, 1139호 (내수동, 용비어천가)
이메일 twigbackme@gmail.com

ⓒ 고은미, 2025, Printed in Korea
ISBN 979-11-91590-35-7 (03320)

* 잘못된 책은 구입하신 곳에서 바꾸어 드립니다.
  이 책의 전부 또는 일부 내용을 재사용하려면 사전에 저작권자와 펴낸곳의 동의를 받아야 합니다.

* 본 도서는 저작권의 보호를 받습니다. 무단 전재와 복제를 금지합니다.